三峡移民社会适应性研究

湖北省高校人文社科重点研究基地三峡大学移民研究中心规划项目资助成果

彭豪祥　冯耕耘　著

武汉大学出版社

WUHAN UNIVERSITY PRESS

图书在版编目(CIP)数据

三峡移民社会适应性研究/彭豪祥,冯耕耘著.—武汉:武汉大学出版社,2015.11

ISBN 978-7-307-17129-9

Ⅰ.三… Ⅱ.①彭… ②冯… Ⅲ.三峡水利工程—水库移民—社会问题—研究 Ⅳ.D632.4

中国版本图书馆 CIP 数据核字(2015)第 265194 号

责任编辑:王智梅   责任校对:李孟潇   版式设计:韩闻锦

出版发行:**武汉大学出版社** (430072 武昌 珞珈山)
(电子邮件:cbs22@whu.edu.cn 网址:www.wdp.whu.edu.cn)
印刷:湖北民政印刷厂
开本:720×1000 1/16 印张:18.75 字数:269 千字 插页:1
版次:2015 年 11 月第 1 版   2015 年 11 月第 1 次印刷
ISBN 978-7-307-17129-9   定价:40.00 元

前　言

　　三峡工程是迄今为止世界上最宏伟的水电工程，与之配套的三峡移民也是世界工程移民史上规模空前的移民工程。随着三峡水电工程的竣工与并网发电，三峡移民工程也尘埃落定。时至今日，三峡工程在发电与防洪方面已显现出巨大的经济效益。当横卧在长江西陵峡上的这条如巨龙般的水电枢纽工程将源源不断的电流输送到各地区时，当它在为长江中下游数以千里的广袤土地充当水利守护神时，人们不会忘记为这座惠及当代、福泽后世的巨大工程而做出巨大牺牲的百万三峡移民。如今，他们在新的地方过得好吗？他们是否已经完全适应了新的环境，开始全新的生活？这是需要中国政府及地方各级组织高度关注的问题，也是需要认真解决好的国家层面的大事。

　　为了安置好百万三峡移民，自 20 世纪三峡移民工程启动以来，中国政府先后出台了多个三峡移民安置的文件，就三峡移民的安置做了科学、合理和充满人文关怀的规划部署，同时许多地方基础政府组织为落实好中央政府的有关部署做了大量深入细致的工作，使得百万三峡移民的安置工作得以顺利完成。然而移民尤其是强制性的水利工程移民毕竟是一项复杂而艰巨的工程，由于移民所经历的是一种近乎断崖式的"社会脱域"到一个从新的完全"嵌入"过程，在这个过程中，它不仅涉及地理学意义上的空间变化，更涉及社会学与心理学意义上的社会网络及心理结构的重建，其间充斥着移民各种复杂的社会心理及行为的嬗变，因而其移民所涉及的内容及问题绝不能毕其功于一役。

　　在我们看来，无论是从地理学还是从社会学及心理学方面，移民都要解决一个基本的适应问题。其适应问题若不能够得到解决，移民就无法在新的环境条件下安居乐业，过上安稳幸福的生活。同时，移民的社会适应问题不仅影响其移民后的生存与发展，也会影响到移民所在地的社会安定团结。因此移民的社会适应不只是事关每一个移民自身的问题，同时也是一个重要的社会问题。尽管根据人所具有的未特定化、未确定性、活动性与开放性等特性，我们有理由坚信，三峡移民的社会适应性问题最终是可以解决的，但解决并非一朝一夕，需要经历一定的时间，有一定的历史周期，同时其过程与周期的长短是有一定条件的。在此期间既需要移民自我调整的自适应，也需要外在的各种社会支持，且通过各种内外因素的有效交互作用以完成其最基本的社会适应。

由此可见，关注与加强三峡移民社会适应性研究，为帮助解决好三峡移民社会适应，促进移民及其所在地的社会安定与经济发展具有重要的现实意义。

尽管移民社会适应性会因移民的对象、性质、类型、范围而有所不同，但也反映出一定的共性，且作为工程性移民有其自身的特点。因此，我们基于移民的一般性及三峡工程移民的特点，根据有关社会学和心理学关于社会适应的理论，构建了对三峡移民社会适应性研究内容的基本框架：

首先，在一般意义上，就移民社会适应性的基本理论展开一定的讨论，并在此基础上对三峡移民社会适应性做出整体的概括性的分析，进而通过所获得的调查数据，围绕三峡移民的社会适应性问题，在如下方面展开了深入细致的分析：一是三峡移民的自然环境的适应性分析，二是三峡移民的人际适应性分析，三是三峡移民的生活适应性分析，四是三峡移民生产适应性分析，五是三峡移民社会心理适应性分析，六是与三峡移民社会适应性关系密切的三峡移民心理健康的分析。在此基础上，我们分别对影响三峡移民社会适应性的外在社会因素和内在的心理因素展开了专门的探讨，并对少部分三峡移民存在的适应障碍问题及其处理加以介绍，最后有针对性地提出了改善与增强三峡移民社会适应性的对策与措施。

为了使研究更有实际针对性和应有的说服力，我们带着一份厚重的社会责任和历史使命感，利用寒暑假，冒着严寒，顶着酷暑，深入上百个三峡移民点，走访和调查一户又一户三峡移民，对三峡移民社会适应性这一基本的现实问题展开了深入的调查研究，获得了一个又一个关于三峡移民社会适应性方面的调查数据，并将此以专著的成果形式呈现于世。该著作的公开出版得到武汉大学出版社的领导和编辑的大力支持与细心指导，在此，对他们表示最诚挚的感谢！同时，还要感谢关心与研究三峡移民的各位专家同仁，是他们为本书提供了许多有参考价值的研究材料，从而更加充实了我们的研究成果。

如今研究成果即将问世，尽管我们有将此研究做得更深入与完善一些的主观意愿，但由于各种主客观原因，尤其是作者知识能力所限，因此难免留下缺憾，其不足甚至差误恐怕在所难免，在此敬请有关专家与读者诸君批评指正为盼！

作者于 2015 年 10 月

目　　录

第一章　总论 …………………………………………………………… 1
　　第一节　社会适应性概述 …………………………………………… 2
　　第二节　移民社会适应性 …………………………………………… 7
　　第三节　三峡移民社会适应性 …………………………………… 16

第二章　三峡移民自然环境适应性研究 …………………………… 30
　　第一节　自然环境适应性概述 …………………………………… 30
　　第二节　三峡移民前后自然环境的特点及变化 ………………… 36
　　第三节　三峡移民自然环境适应性状况分析 …………………… 40

第三章　三峡移民人际适应性研究 ………………………………… 55
　　第一节　人际适应性概述 ………………………………………… 55
　　第二节　三峡移民前后人际交往及关系的特点及变化 ……… 58
　　第三节　三峡移民人际适应阶段分析 ………………………… 62
　　第四节　三峡移民后人际适应性状况的调查分析 …………… 65

第四章　三峡移民生活适应性研究 ………………………………… 82
　　第一节　生活适应性概述 ………………………………………… 82
　　第二节　三峡移民前后生活的变化 …………………………… 85
　　第三节　三峡移民生活适应性调查分析 ……………………… 92

第五章　三峡移民生产适应性研究 ………………………………… 111
　　第一节　生产适应性概述 ………………………………………… 111
　　第二节　三峡移民前后生产的特点及其变化 ………………… 116

第三节　三峡移民生产适应性现状分析……………………… 122

第六章　三峡移民社会心理适应性研究………………… 136
第一节　社会心理适应性概述………………………………… 136
第二节　三峡移民前后社会心理变化特点…………………… 141
第三节　三峡移民社会心理适应问题………………………… 145
第四节　三峡移民社会心理适应现状的调查分析…………… 152

第七章　三峡移民心理健康的研究……………………… 160
第一节　心理健康概述………………………………………… 160
第二节　三峡移民环境变化所产生的心理应激……………… 164
第三节　三峡移民心理健康现状调查分析…………………… 170

第八章　三峡移民社会适应性的社会影响因素………… 190
第一节　物质经济因素………………………………………… 190
第二节　社会文化因素………………………………………… 198
第三节　生活环境因素………………………………………… 203

第九章　三峡移民社会适应性的心理影响因素………… 210
第一节　相对剥夺感…………………………………………… 210
第二节　特殊公民思想………………………………………… 215
第三节　特殊依赖心理………………………………………… 220
第四节　攀比心理……………………………………………… 224
第五节　“抱团”心理 ………………………………………… 227
第六节　情感困惑……………………………………………… 230
第七节　对未来发展的信心…………………………………… 235

第十章　三峡移民社会适应性障碍的处理策略………… 237
第一节　社会适应性障碍概述………………………………… 237
第二节　三峡移民适应性障碍分析…………………………… 241
第三节　三峡移民社会适应性障碍的处理…………………… 247

第十一章　三峡移民社会适应性的改善对策……………………… 262

第一节　国家方针政策层面的对策…………………………… 262

第二节　移民迁入地区组织的对策…………………………… 265

第三节　三峡移民迁出地组织的对策………………………… 280

第四节　移民个人层面的自我调适对策……………………… 283

参考文献…………………………………………………………… 287

后记………………………………………………………………… 291

第一章　总　　论

随着举世瞩目的三峡大坝主体工程的竣工，历时十余载、耗资巨大而迄今为止世界上最大的三峡百万移民工程的搬迁工作也随之尘埃落定。时至今日，三峡工程全部机组并网发电，为大半个中国输出源源不断的清洁能源，同时，三峡大坝蓄水功能达到 175 米高度，为下游防洪提供安全保障，在发电抗洪方面已初见成效。那么，为三峡工程作出巨大牺牲与贡献的三峡移民今天过得好吗？他们在新的搬迁地能够长期安定幸福地生活吗？这是在相当长的一段时间里值得社会各界关注与思考的问题，也是我国政府需要最终解决好的厚重历史答卷。

从理论上讲，由于移民是一种重大的社会变迁，它所反映的不仅仅是人口的地理学意义上的变化，更重要的是一种人的社会生产方式、生活习惯、民风、习俗、社会情感与态度、价值观等一系列社会学与心理学意义上的变化。由于长期的地域文化积淀所形成的强大的心理定型化作用，而这种变化往往是非常困难而缓慢的，有时甚至是一个长期的痛苦的心路历程。因而在某种意义上讲，决定三峡移民是否留得下，是否能发展的最终的影响因素是他们的社会心理是否能完全适应并很好地融入当地社会。因此，在今后相当长的一段时期内，除需要政府在政策与经济上有进一步的扶持力度以外，还需要很好地关注他们在迁入地的社会心理活动，并通过一些积极有效的干预方式，帮助他们逐步改变长期形成的"故土情结"，努力克服在新环境中的各种适应障碍，使他们不仅留得住人，且能留得住心，并最终完全融入当地社会，不断走向致富之路，过上安定而幸福的美好生活。基于这样的考虑，我们在此对三峡移民的社会适应性问题展开了专门研究。本章主要从一般的社会适应及其评价入手，就目前三峡移民的社会适应性研究及其意义以及本研究的基本思路等作出概略性分析。

第一节 社会适应性概述

要想探讨三峡移民的社会适应性，首先得从一般意义上厘清有关"适应"和"适应性"、"社会适应性"等概念所表达的基本意思。

（一）"适应"与"适应性"解析

《现代汉语词典》关于"适应"中的"适"的解释是具有"适合"、"恰好"之意，而对"应"的解释是具有"满足要求"、"顺应、适应"、"应付"之意。而"适应"则是"适合（客观条件或需要）"之意。[①] 显然《现代汉语词典》对适应的解释是过于宽泛而笼统的。这里既没有明确指出适应的主体，也没有明确适应的内容及形式，更没有反映出适应的尺度。而普通工具书《辞海》对"适应"一词的解释有二：一是从其生物学方面将其解释为"生物在生存竞争中适合环境条件而形成一定性状的现象。"这是一种较为完整的解释，从中我们至少明白其适应的主体、条件及结果等基本内容。二是从生理性和心理学意义上的"感觉适应"的解释："即感受器在刺激持续作用下所产生的感受性的提高或降低的变化。"[②] 显然，第二种解释将"适应"仅限于"感觉适应"上，这样就在很大程度上窄化了适应的概念。因此，我们可以认为，第一种解释更具有其普遍的意义。同时，我们应该进一步明确的是这里的适应主体是"生物"，而生物具有多样性的同时，还具有层级性，其无论是在"适应"的对象与条件方面，还是最终的性状上都是不尽相同的。相对于其他"生物"来讲，人所表现的"适应"无论是在其条件还是在其性状方面都要复杂得多。因为其

[①] 《现代汉语词典》，商务印书馆 2005 年第五版。
[②] 《辞海》，上海辞书出版社 1999 年（普及版）。

他生物的适应，更多的只是对赖以生存与繁衍的生物环境的适应，而人的适应不仅反映在单纯的生物学的维持生命和繁衍种族方面，同时还包括对既赖以生存，同时也赖以发展的更为复杂的社会环境的适应。

Scott 等把人的适应看作人和环境间相互作用的过程，并将其适应过程后的结果分成主观和社会两个方面。主观方面指个体对环境的满意，社会方面指个体通过努力获得的某一社区中的地位。[1] Scott 等对"适应"的解释对于我们理解人的适应是具有积极意义的。

Ward 和 Kennedy 则把适应看作跨文化的产物，认为有两种最基本的跨文化调整模式，即心理调整和社会文化调整。前者指心理上的舒适和满意，后者与社会技能相关，指成功应对新社会的能力。[2] Ward 和 Kennedy 从跨文化的层面解释人的适应问题，并且提出了心理调整和文化调整两种适应的模式，在这方面与 Scott 提出的"主观方面"和"社会方面"虽然表述不尽相同，但对适应内容在理解上是基本一致的。他们都强调适应应该包括内在与外在的两个方面。内在的就是人对所处环境的感受良好，外在的就是其地位或能力。

我国学者朱敬先认为，作为普通意义的人的适应是指"想要满足自己的需要，而与环境发生调和作用的过程，它是一种动态的、交互的、有弹性的历程，不仅是单向的，而且是双向的或多向的历程。"[3] 并且他也认为人的适应至少要符合两项条件，一是就主体来说，个体的需求已获得满足，紧张情绪也已消除；二是就社会来讲，个体需求的满足方法是社会认可。[4] 朱敬先从具体的个体

---

① Scott, W., Scott, R. Some Predictors of Migrant Adaptation Available at Selection Time. *Australian Psychologists*, 1985, 20 (3).

② Ward C., Kennedy A.. Where's the "Culture" in Cross-cultural Transition? Comparative Studies of Sojourner Adjustment. *Journal of Cross-cultural Psychology*, 1993 (24).

③ 朱敬先:《健康心理学》，教育科学出版社 2002 年版。

④ 朱敬先:《健康心理学》，教育科学出版社 2002 年版。

心理层面对适应做出了较为明确具体的解释。在有一点上，他与 Scott、Ward、Kennedy 的理解角度不同，即他将适应的主体始终定格在个体方面。

我们认为，适应是一种过程，这种过程因其主体特性的不同而有所不同。对于一般正常成长中的人类个体而言，适应是一个逐步的、渐变的过程，是一种典型的成长中的适应，而对于已经完成预备社会化的个体来讲，因重大环境改变所涉及的适应，从严格意义上讲则是一种再适应，也是一种再社会化的过程。而这种再适应，不仅需要个体学习和接受一些新的东西，同时还需要个体改变已有的、与新的生存环境不协调的东西。我们认为，这种再适应中的适应，是有别于前文所言及的在正常情况下的自然式成长适应的。这种再适应的过程比人在正常条件下的成长适应困难得多。对于再适应中的个体而言，没有对已有东西的根本改变，也就不可能最终形成对新的生活环境的完全适应。

另外，从其适应的机制来看，适应应该是个体与其环境交互作用的过程，也即个体与其环境的相互作用中，逐步形成为生存环境所需要的东西，努力改变其自身一些与环境不一致的东西，而尽可能形成与所处环境相一致的东西，做到在心理与行为方面与所处的环境保持协调一致，且在这个过程中，能够满足自己各个方面的需要。

当我们从一般意义上弄清了"适应"的含义，就能比较容易理解其"适应性"。关于"适应性"，一般辞书将其解释为"生物体随外界环境条件的改变而改变自身的特性或生活方式的能力。"① 这种解释显然只是最基本意义上的解释，而对于复杂的人类来讲，这种解释至少是局限的，因为人类个体的适应性，并不是完全基于对环境的改变而改变自身的过程，同时个体还对其生存的环境发生作用，并在一定程度上改变着环境，从而形成个体与外界环境的相互作用，并最终达成二者之间的协调与统一。而生态学对适应性的定义则是"通过生物的遗传组成赋予某种生物的生存潜力，它决

①　《辞海》，上海辞书出版社 1999 年（普及版）。

定此物种在自然选择压力下的性能"①。这种生物学所诠释的适应性，只强调了由生物遗传所赋予的物种的自然选择及生存的潜能，这种解释对除人以外的其他生物可能适用，但对于人来讲，其适应性不仅以一定的生物学条件为基础，同时人在后天环境作用下形成的各种学习经验在其适应性方面也发挥着重要作用。因此，人的适应性所反应的是由生物学基础和其生存环境交互作用下表现的生存经验共同作用的结果。

相对于适应的主体而言，适应性就其基本内容来讲，主要包括生理和心理两个相互联系的方面。生理适应性以其生理机能为基础，一般是其身体素质及机能能够较好地承受其生存与发展所赖以的各种环境条件。心理适应性以情感反应为基础，指向在跨文化接触中的心理健康和生活满意度，在步入新的生存环境的过程中，如果没有或较少产生抑郁、焦虑、孤独、失望、想家等负面情绪，就算达到心理适应。

在关于"适应"和"适应性"的关系上，我们认为适应是一种动态的过程，而适应性则更多地体现出机体适应的结果性状。也就是说适应性是机体适应的一种结果，是一种适应所形成的性状表现。

（二）"社会适应性"界说

人的适应性，不管是生理上还是心理上的，就其本质来讲都是一种社会适应性。哪怕只反映明显的生理适应的衣食住行这些最基本的行为样式也具有明显的社会特性，而与人的心理适应相联系的各种事件和条件及其最终的结果等状况也更能反映出鲜明的社会特性。关于人类的社会适应性，目前有着不同的理解。阿瑟·S. 雷认为社会适应性（Social Adaptive Ness）是"对促进和谐社会互动的无数技能的统称"。美国智力落后协会（AAMR）对社会适应性的定义是"个体达到人们期望与其年龄和所处文化团体相适应的个人独立和社会责任标准的有效性或程度"，并在2002年对适应行

---

① 吴昊：《资源保存理论的社会惰化动因分析》. 载《企业研究》，2010 年第 12 期。

为做了进一步说明："个体的适应行为是其在日常生活中所习得的社会和实践技能。"① 1973 年，美国心理学家利兰（Leland）和科恩（Cone）对社会适应行为进行了研究，他们都认为"社会适应性是个体在与社会生存环境交互作用中的一种心理适应，即对社会文化、价值观念和生活方式的应对"。我国学者时蓉华认为，社会适应是个体为了适应社会生活环境而调整自己的行为习惯或态度的过程②。郝玉章等认为，所谓社会适应性是指行动者通过继续社会化，调整其行为模式和心理状态，使之适合于新环境的过程③。

从其性质来讲，个体社会适应性可以分为两种类型：一种是基本的社会适应，即作为普通的人所要经历的正常社会适应，也可称为生活适应，人生下来就必须作种种适应：他必须吸收营养，注意卫生，使身体保持健康，以应付各种环境，在家庭方面，他必须与人和睦相处，友爱兄弟姐妹；在社会上，他必须与人接触，结交朋友；在处理事情方面，他必须维持心理的平衡，头脑冷静……我们可以说，生活就是适应（詹益洪，1987）。另一种则是特定的社会适应，主要指个体在突变环境中的应对过程，即个体面临社会情景突然改变带来的压力时，通过认知和行为上的努力，调节自身潜藏的资源，改变自我与压力环境的关系，减少情感上的痛苦和紧张，从而恢复自我心理平衡，达到自我与环境之间的和谐关系。显然，我们所要探究的移民的社会适应性更多的是后一种社会适应，同时也属于个体再社会化的一种。

我们不仅可以从不同的性质认识其社会适应性，同时还可以从不同学科视域认识和理解其社会适应性问题。

从哲学的层面理解，可以有如下观点：每个人的人生都是受特定历史条件限制的，没有人有完全自由的人生。个体的生命及成长

---

① 杨彦平、金瑜：《社会适应性研究述评》，载《心理科学》2006 年第 29 期。

② 时蓉华：《社会心理学词典》，四川人民出版社 1988 年版。

③ 郝玉章、风笑天：《三峡外迁移民的社会适应性及其影响因素研究——对江苏 227 户移民的调查》，载《市场与人口分析》2005 年第 11 卷第 6 期。

是植根于其所经历的历史时间和特定的地域之中的，并受到这一特定时空的制约和影响。在一定意义上，具体的生命及成长历程是宏观的社会历史条件与个人的主观能动性相结合的产物。同时，生命历程中承担的具体角色的社会时间安排与客观现实不完全一致。因此，哲学意义上的个体的社会适应性，是个体生命历程及社会角色在特定的社会时空环境条件下的反映。

从社会学的意义上看，社会适应性是人的社会化过程，而这种社会化既体现在人的正常成长与发展过程，也反映在因为特殊原因所发生的重大社会变迁过程中，因为一个出生后一无所知、毫无能力的"自然人"，只有通过不断地社会化，学习并获得各种为生存与发展所需的知识和技能，从而拥有各种社会经验与能力，才能更好地适应其所在的社会，继而成为一个真正意义上的社会人。同样，一旦遇到重大的社会变迁，而个体生存的环境发生重大改变的情况下，即使是已经完成基本社会化的人，也需要通过进一步的学习，不断获取新的社会生活环境所需要的知识技能，这样才能保证个体在新的生活环境中有更好的适应性。因此，从社会学的立场看，社会适应性是个体在与环境的相互作用中所进行的一种不断社会化与再社会化的过程。

从心理学的角度来讲，社会适应性是个体所反映的一种心理及其行为方式的变化过程，在这个过程中，个体通过认知、情感、态度甚至某些个性的改变，与其所处的社会生活环境保持协调一致，并能由此满足自己的各种心理需求。因此，从心理学的角度讲，社会适应性主要是人在与其环境的相互作用中所发生的心理及其行为方式的应有变化过程，社会适应性是一种心理的适应性。

第二节　移民社会适应性

（一）移民及其类型

1. 移民的含义

什么是移民，学者们的解释并不完全相同，葛剑雄等认为移民是"具有一定数量、一定距离，在迁入地居住了一定时间的迁移人口。"① 显然，这种描述性解释对于我们认识移民是具有一定实际意义的。陈孔立认为"移民"具有两层含义：一是指一种行为或社会现象，二是指一种人或人群。前者指较大数量、有组织的人口迁移活动，后者指参与上述迁移活动（被迁移）的人或人群②。我们的研究对象是水库工程移民。施国庆认为，水库移民指兴建水库而引起的较大数量、有组织的人口迁移及社区重建活动③。

基于上述解释，我们可以明确这些信息：首先，移民是一种社会迁徙现象，其次，移民是一种众多人口的生活空间的位移与变化，而这种空间位置的位移与变化是超出已有的生活地域范围的。因而我们认为，移民从其本质来讲，是人类一种有目的和有意识的社会迁徙现象。移民所反映的不只是地理位置环境的变化，更是一种社会文化和心理及其行为方式的改变。

2. 移民类型

移民的分类可谓复杂多样，依其标准的不同可以将移民分为不同的类型。美国 2010 年公布的移民分类有职业移民、亲属移民和抽签移民三大类型，其中职业移民中就包括有杰出人才、专业雇员、特殊人才、商业投资等移民。

按其意愿的性质而言，大体上可将移民分为自愿移民和非自愿移民两类。自愿移民一般是自由选择移动并长期居留于另外一个国家或区域，在移居地从事生计性的经济活动，并履行当地社会义务的个人或人群。非自愿移民主要是因为较大规模的工程建设或为了某种特殊需要，居民的房屋土地等主要的生产生活资料及生存条件被占或将被水淹没，由政府或集体将较大数量的必须动迁的人口有组织地迁移到新的地区永久居住的移民。一般由于兴建工程项目、

① 葛剑雄、曹树基、吴松弟：《简明中国移民史》，福建人民出版社1993 年版。
② 陈孔立：《有关移民与移民社会的理论问题》，载《厦门大学学报》（哲社版）2000 年第 2 期。
③ 施国庆：《水库移民学初探》，载《水利水电科技进展》1999 年第 1期。

自然灾害、生态环境恶化等问题移民的均可视为一种非自愿性移民。另外，按移民的动因和移民现象，可分为工程性移民、灾害性移民、战争性移民、政治性移民、经济性移民等类型。这其中有的属于自愿性移民，有的则属于非自愿性移民。

（二）移民社会适应性内容及任务

不管是哪种类型的移民，都反映出移民主体所经历的一种重大的社会变迁，由此所带来的一系列的社会适应性问题。美国社会学家 Gold Scheider 在《发展中国家的城市移民》一书中认为："移民的适应可以界定为一个过程，在这个过程中，移民对变化了的政治、经济和社会环境做出反应。"[1] 移民的社会适应性是一种典型的再适应，是一种再社会化的过程。在这种过程中，移民一方面需要根据变化的环境学习新的生存与发展的知识，形成新环境所需的必要技能，另一方面需要逐步改变已有的为新的生存环境所不相容的意识、观念及行为方式，以完成在新的历史条件下个体整个人生的重构。具体而言，移民的社会适应性就其内容来讲集中反映在如下方面：

1. 移民自然环境的适应性

移民首先表现为移民所处的自然环境的改变，而移民所处的自然环境并非完全意义上的纯自然环境，而是经过人类改造的人工化的自然环境，因此移民对自然环境的适应也是移民社会适应性的重要内容之一。移民只有很好地适应变化了的地理位置、水土、气候、气温等自然环境，才能很好地在迁入地生存下来。一旦他们难以适应迁入地的自然环境条件，就会产生各种不良的生理反应，而不良的生理反应将进一步影响移民的心理的变化，最终使他们难以在新的自然环境条件生活下去。因此，移民对自然环境的适应性应该是最基本的社会适应性内容。

2. 移民人际环境的适应性

随着移民地理位置环境的改变，移民所处的人际环境也会发生

---

① Gold Scheider G. *Urban migrants in developing nations*. West View Press.

显著性的变化。在迁入地，移民要面对那些未曾相识的陌生人，从此以后，他们要与这些人在一地生活，朝夕相处，以此与当地人发生各种交往，形成与建立一种新的人际关系，这样才能保证移民在迁入地找到归属感，因而移民的人际适应应该是移民社会适应的又一重要内容。移民只有很好地适应与移民所在地的各种人的交往，并很好地融入到当地人生活的圈子中，才有可能在迁入地长期生活下去。如果移民不能够很好地解决其移民后的人际适应问题，他们不仅会陷入一种孤独之中，且还有可能因此发生一些诸如移民回流等现象。因此，移民的人际适应是最为重要的社会适应内容之一。

3. 移民生活习俗的适应性

移民不仅改变了自然和人际环境，也随之改变了生活习惯与各种文化习俗。所谓"入乡随俗"，就是说移民原有的乡属关系已经不复存在，他们将加入新的"乡属"之中，而自然就需要移民能够适应新的乡俗生活。因此，移民在迁移后要面临的一个重要问题，就是如何尽快适应迁入地的生活习俗，而逐步改变与新的生活环境不相适应的生活习惯及风俗，尽快融入当地社会。如果移民缺乏对迁入地生活习俗的良好适应，他们就无法成为真正意义上的乡民。因此，移民生活习俗的适应性也是移民社会适应性所要反映的一个重要方面的内容。

4. 移民生产方式的适应性

社会生产是人类赖以生存和发展的最基本的形式。随着移民迁入新的地方，移民生产方式将会发生某些改变。移民需要根据变化了的生产方式，重新学习新的生产技能和生产本领，继而在新的地方扎下根来。因此，移民生产方式的适应性也是移民社会适应性的重要内容之一。如果移民不能够根据变化了的劳动对象与方式，积极学习新的生产知识与技能，从而更好地适应其劳动方式的转变，那么，他们将无法在新的迁入地生存下去。

5. 移民社会心理适应性

移民社会心理活动是移民生产与生活及其他一切活动的基础，因此，移民的社会心理适应性是最为基本的社会适应。只有当移民在社会认知、情感、态度及其社会行为反应能够很好地适应移民所在地的生产、生活以及其他社会活动时，才能够以一种正常的心态融入当地社会，过上一种安定、祥和、快乐的生活。如果移民缺乏与新的环境相协调一致的社会心理及其行为表现，不仅影响移民在其他方面的社会适应性，且无法使其在新的迁入地过上安宁、幸福的生活。

由以上分析看出，移民社会适应性的内容应该是多方面的，它几乎关系到移民生存与发展的各个方面。

因此，移民社会适应性的任务，就是最终确保移民能够在新的迁入地更好适应当地的自然与人际环境，较为熟练地掌握迁入地的各种生产与生活的技能，完全融入当地社会中，过上安稳幸福的生活。当然，这是一个需要移民不断进行社会适应调整的过程。社会适应性调整，即移民在安置后由于生活、生产环境发生了改变，移民的心态、生产生活习惯、权益保障的途径、问题的反映申诉渠道均随之发生了变化，如何应对这些变化，使移民适应新环境，均属于移民社会适应性调整的范畴。

（三）移民过程及其适应机制

移民是一项复杂而系统的工程。认识移民的过程对于我们深入研究和探讨移民的社会适应性有极其重要的意义。从其具体的运作来看，一般工程性移民工作包括相互联系的四个阶段，即动迁阶段、搬迁阶段、安置阶段、后期扶持阶段。这四个阶段的工作侧重点不同。从整个工程移民过程中移民在其迁移活动中的心理及其行为变化来看，我们认为其移民过程包括如下阶段：

第一，移民发动阶段。此阶段主要是移民接受外在有关宣传的影响形成最初的移民认知和移民意愿阶段，也就是移民是否接受有关组织机构的宣传而从观念与想法上认可移民和愿意移民，以此形成最初的移民需要及动机。在此阶段，有关移民动员的组织机构使用的宣传教育的方式及手段，将直接影响到移民的移民态度及移民动机，甚至影响到移民的整个活动及行为。移民的许多问题都需要通过必要的外在宣传与教育等手段和移民自身的考察体验逐一加以化解，以形成最初的接受有关政府号召而愿意移民的意向。

第二，准移民阶段。这是移民形成各种移民诉求的阶段。一旦移民接受有关宣传，表示愿意移民以后，他们就会反映出对移民在各个方面的一些具体的心理诉求，包括对现有各种损失的赔偿和移民后的各种生产生活资料的补偿等，形成对移民后生活等方面的预期，并通过一定的渠道，向有关的组织部门提出各种诉求。如果移民的有关心理诉求得到了积极的回应与落实，移民便有可能配合政府做好搬迁的心理准备，并根据事先的安排随时进入正式的搬迁。如果政府及其组织不能够很好地回应移民的心理诉求，或有关回应与移民诉求有较大的距离，都有可能使其最初的移民意愿发生动摇，他们或拖延，或甚至采取抵制移民的反应。在这种情形下，如果地方组织考虑工程进程的需要，采取一些较为刚性的手段强制移民，这样将直接对其移民后的社会适应性造成不利影响。

第三，移民过渡阶段。从时间上划分是指移民已经正式迁入新的地方，开始新的移民生活。这是一个不稳定的阶段，其迁延的时间一般不会太短，少则三五年，多则七八年，有的甚至更长。这个时期对移民来说，是一个重要考验时期。学者 Scudder 和 Colson 发现，以社区整体进行搬迁和安置的移民，在过渡阶段迁移的成员之间会变得更加亲密，在原居住地处于精英地位的成员更容易适应过渡期①。

从一般意义上看，在这个时期，如果有关政府对移民事前的承诺都能够如期兑现，如果所在地的组织及居民能够更好地吸纳移民，如果移民在生活与生产等方面都非常顺利，从而在主观上有一种良好的感受，那么就有助于他们顺利并尽早渡过这一阶段。相反，如果其中出现任何一个方面的问题，都有可能使这种过渡期进一步延长，并且有可能使少数移民因难以承受来自内外的各种压力，而无法适应新的移民生活最后导致出现移民回流现象。

第四，移民融入阶段。这个阶段是指移民已经趋于稳定的阶段。处在这个阶段的移民，无论是在认知、情感、态度等心理方

① Thayer Scudder, Elizabeth Colson. *Involuntary Migration and Resettlement- the Patterns and Responses of Dislocated Nechle*. West View Press，1982.

面，还是在生产生活的方式及其习惯上都较好地融入当地社会，与当地居民不分彼此，形成一个有机的整体，他们中的许多人已经有"去移民"化的反应，而从真正意义上成为"本乡本土"之人。

根据其移民的过程，我们不难发现，移民迁入一个新的地方，必然要经历一个较为复杂的社会适应过程。维元有、王君华将水库移民社会适应性调整分为四个阶段：

一是初级阶段，移民虽然知道他们在安置区的新环境中应如何行动，但在自己的意识中却不承认安置区环境的价值，甚至拒绝接受，仍然抱着原有的价值取向不放。

二是容忍阶段，移民开始容忍自己的固有的价值系统与安置区的价值系统并存，并容忍安置区的行为方式。

三是接纳阶段，移民在安置社区同样承认个体故有价值系统的情况下，并接纳承认安置区的主要价值系统。

四是同化阶段，移民与安置区的价值取向完全相同。①

林秀俊等从其内容对移民适应过程进行了分析，认为移民的社会适应是一个长期的过程，移民的社会适应要经历三个不同的层次和方面：

日常生活适应、劳动生产适应和心理归属适应。社会适应首先从日常生活领域开始，其次是生产劳动和经济发展，最后是包括主观感觉、心理融洽、社区认同在内的"归属感"的建立。也就是说，移民的社会适应过程可分为日常生活适应阶段、劳动生产适应阶段和心理归属适应阶段②。

综上所述，移民迁入安置地后，会面临生活环境的巨大变化，他们在安置地的日常生活适应过程，是他们为了适应新的社会文化环境而进行继续社会化的过程。移民社会适应的顺利与否，很大程度上取决于移民个体社会知觉的效果与社会学习。只有较全面地了解移民社会条件和社会规范的变化，并对移民个体的角色知觉、人

---

① 张宝欣：《开发性移民理论与实践》，中国三峡出版社 1999 年版。

② 林秀俊、黄忠煌：《积极落实移民政策 坚持安置发展并举——三峡移民在福州市生存状态及适应性调查》，载《福州党校学报》2006 年第 2 期。

际知觉及相关影响因素准确把握，我们才能更准确地把握移民的社会适应状况及其影响因素。

（四）移民社会适应性的评定

认识和评定移民的社会适应性，我们可以从比较完整的整体意义上进行系统的评定，同时也可以直接从有典型意义的行为样本中对其进行评定，本书主要通过后者对移民的社会适应性与否做出相应的评价。我们可以从认知、情感态度、行为表现等维度对移民社会适应性做出"适应良好"、"适应不良"、"适应障碍"三个方面的评定。

1. 适应良好

朱敬先认为："个体能有效追求并达到目标而不违反社会规范和侵犯人际关系，即为适应良好。"[①] 针对移民来讲，适应良好是指移民一开始就对移民持有正确的认知和积极的情感态度以及应有的行为反应。心态积极乐观，敢于面对现实困难，能够清晰地意识到移民带来的得与失，并且正确对待与妥善处理移民带来的得与失，继而形成对移民后生活的合理预期。在移民问题上，对政府及移民后的生活条件没有过高的期许，移民后能够很快融入当地的生产与生活中去，能够与当地人和睦相处，虚心向当地人学习生产与生活方面的经验，较快掌握为当地生产与生活所必需的技能，能够较为顺利地从事当地的生产劳动，并通过积极努力工作获得物质与精神需要的满足，同时对未来抱有信心，不断地走向致富之路。随着时间的推移及移民在经济生活和日常生活适应方面情况的根本好转，移民的迁入者身份逐渐淡化，取而代之以本地居民的角色意识日渐明显，直至最后实现完全的"去移民化"，成为永久性居民，从此，移民在迁入地落地生根，过上安稳幸福的生活。

2. 适应不良

移民打一开始在有关移民的认知、情感与态度及相应的行为表现方面都可能存在不同程度的问题。首先他们在认知上对移民所持

---

① 朱敬先：《健康心理学》，教育科学出版社 2002 年版。

的思想观念就有失偏颇，在情感态度方面也会不时表现出消极的情绪情感，特别是在对移民后的政府补偿和移民后的生活存在过高的期望而不能兑现时，或在移民后遇到不顺时，很容易表现出沮丧、不满、失望等的情绪。另外，进入移民安置地以后，他们一般不会主动与当地人建立融洽的关系，而总是保持一定的心理距离，因此，他们一般也不会主动向当地居民请教或学习一些当地社会需要的知识技能，也不主动去改变自身那些与新的生活环境完全不相适应的东西，且在他们心中难以淡去其"移民身份"，而经常以其移民身份形成一种明显的对政府的等、靠、要的依赖反应，仅靠政府的一点补偿和个人原来的生活经验支撑移民后的生活，勉强维持生计。因此，他们很难适应变化了的生活环境条件，长此以往，其移民后的生活每况愈下，甚至出现一定程度的贫困现象，从而不可避免地产生其适应不良的问题。

3. 适应障碍

移民之初就缺乏各种关于移民方面的精神准备，移民进程中完全处在一种消极被动的状态，进入新的生活环境后，不仅不思改变，同时也不作为，面对新的移民生活，他们会觉得陌生、茫然，甚至不知所措。他们缺乏最起码的适应新环境的生活和生产知识与经验，也缺乏通过学习获取新生活所必需的知识能力的愿望，更不具有切实有力的适应新生活的实际行为表现，且其中部分人原来维持生计的能力水平就很低，到了新的生活环境中又不去学习新的东西，平时仅仅靠政府的补偿勉强度日。随着其他移民渐渐与当地人一起发展致富，所在地的生活水平也越来越高，他们的日子变得越来越不好过，在当地生活下去的信心也就日渐丧失，而表现出明显的社会适应性障碍，其中的部分人最后不得不做出"回流"的选择，返回原籍。

以上是笔者对移民后的社会适应性几种典型的状况进行的些许描述，这几种移民适应状况也只是相对的，并非一成不变，而是可以随着时间和移民自身的条件发生改变的。

15

第三节 三峡移民社会适应性

(一) 三峡移民的特殊性

与其他移民相较而言，三峡移民有其特殊性。三峡移民的特殊性，直接导致移民产生特殊的心理问题，而这些特殊心理问题直接构成对三峡移民社会适应性的不同程度的影响。三峡移民的特殊性表现在以下几个方面：

首先，从其移民的类型来看，三峡移民属于工程性移民，而这种工程性移民有别于其他非工程类型的移民。其他非工程性移民多属于具有自我选择的自愿性移民，而自愿性移民首先就有一种主动的移民心向。因此，他们会主动地适应移民后发生的各种改变。同时三峡工程移民也有别于其他工程性移民，因为其他工程性移民多是地方性的或人口规模较小的工程移民，而三峡工程百万移民，其规模和人数是迄今为止前所未有的。这种巨大规模的移民，无论对国家还是对各级政府以及三峡移民本身来说，都是一种巨大的考验。由于三峡移民工程巨大，使得国家在三峡移民问题上增加资金投入，还给移民管理增加了难度，而对于移民本人来讲，其受到的补偿也会有限。这样往往会使部分移民难以满足其需要而容易形成对移民的不满情绪。

其次，从其移民的性质来看，三峡移民属于非自愿性移民，而这种非自愿移民除了有别于自愿性移民外，同时也有别于其他非自愿性移民，因为三峡非自愿移民是基于国家利益而不是地方性的局部利益基础。这种非自愿移民不仅给政府提出了巨大挑战，同时对移民自身也提出了较高要求。由于三峡移民是在政府主导下进行的移民，这就在一定程度上剥夺了移民的自主意识，使其丧失了一定的自主权，表现出了集体被动状态。在这样的情况下，容易导致移民明显的被剥夺感和对政府的依赖性以及对移民安置的过高期望心理，而这些心理及行为反应会在一定程度上影响到移民正常的社会适应性。

再次，从其移民的范围来看，具有跨地域性。三峡移民分布在十多个省市，上百个区县，数以千计的移民点，由于这些地区的经济文化等社会发展的不平衡，直接带来在移民安置上的差异。尽管国家在三峡移民安置上有统一的政策，但由于各地在发展上的不平衡，在其具体执行有关中央的部署中难免会有所差别，这样就很容易使移民在比较中出现不公平感和心理失衡感等。同时，由于各地在文化习俗、风土人情等方面存在明显的差异，这在客观上造成移民在其社会适应方面的难度。他们原有的社会关系网络随着移民的进行而不复存在，需要在新的地方与当地人从新建立起新的社会关系，适应完全变化了的社会文化环境，开始全新的生活。这对长期住于三峡一隅的三峡移民而言，将是一个十分艰难的历程。这样也容易使部分移民难以在较短时间内融入当地社会而感到孤独和无靠。

另外，从其隶属性来看，三峡移民具有非地方性。三峡移民是由国务院统一部署和统筹规划，由地方各级政府具体付诸实施的巨大移民工程，表现出较为明显的非地方性特点。其中就直接涉及国家、地方政府以及移民三方面关系的协调与处理，它既是对中央政府统筹力的考验，也是对地方执行力的检验。尤其是地方各级政府，能否全面正确地执行中央人民政府关于三峡移民的决策与部署，直接关系到移民工作的成败。在个别地方出现的由于不能够很好地贯彻中央的移民政策，存在节流移民经费等现象，而造成少数移民上访甚至聚众闹事现象，直接影响到移民的动迁及安置。

（二）三峡移民社会适应的重要性

无论是何种形式的移民都是一种重大的社会变迁活动，都会发生其生存环境的明显改变，因此都涉及一个社会适应问题，并且都需要移民首先解决迁居后的社会适应问题，而对于大规模与大范围的移民而言更需如此。因为大规模的人口流动必然导致移民居住的自然环境与人文环境发生深刻的变化，从而引起移民的生产方式、生活方式、人际关系等发生急剧的变迁。三峡工程所引发的百万移民是世界上迄今为止动迁规模最大、涉及面最广的水库移民。由于三峡水库淹没处理及移民安置涉及范围广、移民数量大、持续时间长，随着大量移民的搬迁，移民的社会适应问题开始逐渐显露出来。移民的社会适应问题是每个移民必然面临的问题，移民适应性问题具有复杂性和艰巨性，是需要引起包括政府在内的社会各界高度关注和认真对待及有效解决的一个重要社会问题。概括来讲，三峡移民社会适应性具有如下方面的重要性：

1. 移民的社会适应性直接关系到移民与当地居民以及地区的经济发展

我国领导人多次强调，三峡工程百万移民要做到"迁得出、稳得住、逐步能致富"。这是三峡工程移民工作的最终目标。现在，"迁得出"已经成为事实。当百万移民已在新的安置地开始新生活的时候，我们应该关注的问题是：他们能够从各方面适应新的社会生活吗？或者简单地说，那些已经完成搬迁的三峡移民在新的安置地能够顺利地"落地生根"吗？只有移民在当地"落地生根"，移民身份逐渐淡化、逐渐不被人提起的时候，移民工作才算真正完成。但由于水库移民是一种非自愿性的工程移民，这一人口迁移过程不具有市场选择性，另外，移民从原居住地搬迁至安置地往往是一个突变过程，不仅会对迁入地的经济发展产生一定的影响，也会对移民和当地居民的切身利益带来各种影响。

根据世界银行①的研究，迁移会破坏原有的生产体系，导致移民生产性的收入来源丧失，移民被重新安置到另一个可能使他们的生产技能不能充分发挥、资源竞争更加激烈的环境中，乡村原有的组织结构和社会关系网被削弱，家族群体被分散，文化特征、传统势力及潜在的互相帮助作用被减弱等。只有当移民对安置地新的自然环境和人文环境能够很好地适应，移民得以致富奔小康，才能说开发性移民得到了实现。也只有达成这一目标，迁入地才能真正从移民的迁入中获得更大的市场效益，地区的经济也才能得到更好的发展。因此，移民社会适应性的程度直接关系到移民与当地居民的

① 施国庆：《水库移民学初探》，载《水利水电科技进展》1999 年第 1 期。

切身利益和地区的经济发展。

2. 移民的社会适应性关系到移民所在地区乃至全社会的和谐安定

移民通过一定途径完成对搬迁后的自然、社会环境的适应，是其得以融入安置地社会生活和社区结构的重要基础。由于水库移民的强制性，政府负有无限责任，移民问题具有扩散和攀比的模式化特征，一旦有一个工程失控，就会引起连锁反应，其他工程移民也会起来。这个群体的数量往往非常巨大，而且会越来越大。移民一旦出现冲突和越轨行为，通常会导致工程停工、延迟，甚至影响到政府与民众的关系，影响安定团结的和谐社会，最终付出代价的还是国家整体和移民本人。所以，在面对移民难度越来越大，而水利水电工程越来越多，水库移民也越来越多的现实压力下，移民适应性的问题必须进入相关决策者的视野。

由于移民往往会给自己贴上社会弱者的标签，移民群体中经济承受力和心理承受力较弱的群体最容易成为社会结构的薄弱环节，一旦社会各种矛盾激化，经济压力和心理负荷累积到相当程度，极易影响移民的生存。社会风险将首先从这一最脆弱的移民群体身上爆发。

因此，对移民的社会适应性进行微观的阶段性模式研究，不仅有助于制定出与移民利害相关的各方关系协调的政策，使不均衡利益得到重新调整，也能增加水库移民的合理性与公开性，更有利于为逐家逐户具体实施移民动员和移民安置提供技术和方法，最终有利于社会的安定团结和社会的和谐稳定。

3. 移民社会适应性关系到库坝区的经济、社会的可持续发展

由于外迁模式下各迁入地的经济发展水平和各地民情民风有所差异，并且各移民迁入地安置的移民的数量、迁出地点有所不同，因而移民的适应情况也会各不相同，甚至可能有很大差别。如果迁入地的民风淳朴、敦厚、排外心理不明显，移民与迁入地居民发生矛盾时，就可能因为迁入地居民的个性原因不易激化。再加上移民个性豪爽、吃苦耐劳、适应性强，移民融入当地就相对容易。反之，假如冲突双方性格都偏暴躁，且迁入地居民有明显的排外心理，就可能导致矛盾升级，不利于移民在迁入地的社会适应。如果迁入地的经济发展水平比迁出地高，但差距又不是十分大的情况下，移民就会比较容易在其可以接受的范围内逐步适应迁入地的经济生活，逐渐接近甚至超过当地人的收入水平，而不会因文化水平、技术水平等方面的巨大差异产生严重的经济不适应。同时，如果移民在安置地适应不良，很多人会选择"回流"库坝区，大量"回流"的移民一方面容易在库坝区形成新的社会问题，也会增加库坝区的环境压力，使库区面临更高的生态环境风险。移民回流率过高还有可能影响库坝区的经济、社会可持续发展。因此，移民适应良好也是库坝区的经济、社会的可持续发展的前提。

（三）三峡移民社会适应性的研究意义

基于上述三峡移民社会适应性在其社会和谐与安定、经济发展与社会进步以及移民的发展致富等方面的重要性，加强三峡移民社会适应性研究具有十分重要的意义：

1. 三峡工程移民社会适应性研究的实践意义

其实践意义主要反映在三个方面：一是具有极其明显而重大的社会政治意义。一方面，其研究及成果可以为政府决策部门提供关于三峡移民安置后的多种信息资讯，为其进一步制定"留得住，逐步能致富"的移民政策提供直接的社会心理学等方面的依据，同时为我国以后的工程建设制定工程移民的安置政策提供相应的参考依据；另一方面，为三峡移民安置地的政府管理部门对移民实施有针对性的人性化管理提供科学事实依据，以帮助更好地维护与促进移民所在地的安定团结的良好政治局面。

二是具有一定的社会经济价值。一方面，通过研究为三峡移民安置地的精神卫生机构提供有关移民的社会适应性和心理健康状况的可资借鉴的具体咨询信息，为其制定相应的精神卫生管理办法和有效地实施心理干预措施，改善移民的社会适应和心理健康状况，以帮助减轻直至避免因移民的适应不良与心理健康问题给社会所造成的经济负担；另一方面，依据研究所提供的信息对移民采取积极有效的干预，使其社会适应性不断增强和心理健康状况得到应有的改善，有利于移民更好更有效地参与所在地的社会生产与经济建设，为当地经济的发展作出积极的贡献。

三是其研究同时具有一定的科研与教育价值，即所研究的成果可为各有关科研院所和高等院校提供有关三峡移民心理研究方面的信息资源，为其从事有关的研究与教学直接提供丰富而翔实的参考资料等。

2. 三峡工程移民社会适应性研究的理论意义

一是研究成果可以丰富我国乃至世界有关工程移民的社会心理学研究，为其提供关于不同地域、不同经济、不同年龄、不同性别条件等方面的移民社会适应性和心理健康方面的极其丰富的科学事实材料，并为推动我国移民心理学的建设作出一份贡献。二是丰富我国乃至世界精神卫生医学关于工程移民群体的心理健康的研究，为其发展工程移民心理卫生的理论提供多方面的研究数据。三是为丰富我国社会学关于移民问题的社会学研究，为其提供关于不同性别、不同文化程度的三峡移民在迁徙不同地域、不同经济条件落户后的社会适应性特征的调查材料。另外，这样研究对有关移民政治学、移民经济学、移民人文地理学等的研究与发展也有不同程度的理论意义。

（四）三峡移民社会适应性研究现状简介

自我国政府决定兴建三峡水电工程起，就有了关于三峡移民的研究。从总体上讲，我国三峡移民研究大致经历了三个阶段：

第一阶段（1996 年以前），研究的对象主要是以工程性人口迁移的、实行安置补偿性方针的移民为主，研究的主体是政府有关部门和与水利工程密切相关的学科，研究的内容基本上是移民的安置容量、工程的监督管理、资金的发放控制等，研究的性质大多为工作性的规划、讨论和总结。

第二阶段（1996—1999 年），社会学、人口学、经济学、管理学、法律学等一些社会科学学科被用于三峡移民的研究中，研究的重点从对工程的关注转移到对工程主体即移民现实状况的关注上；注意到迁移模式的差异对于移民后果的影响，以及迁移过程中的一些不稳定因素和事件的存在。另外，在移民迁移后的主观适应心态方面也有所涉及，研究的方法侧重于观察法和文献法。

第三阶段（1999—2000 年），社会科学学科更多地介入，移民研究更加深入与具体。这一阶段最显著的特征是学者们跳出了研究中囿于移民个人微观层次的局限，逐步上升到关于社会发展等宏观层面上的探讨，包括移民社会适应性、社会整合、可持续发展等一系列具有重大意义的课题。同时，研究方法也日臻完善，开始采用问卷调查、个案访谈等方法收集资料，运用 SPSS 进行统计数据的处理和分析等①。

作为三峡移民研究的重要组成部分的三峡移民社会适应性问题联系稍密切一些的关于移民心态的研究虽然起步较早，但关于三峡移民心态的早期研究其成果较少，最早的一篇论文是张宗周（1985）对三峡水利枢纽工程移民的心理考察，这也是 1989 年以前唯一的一篇文章。他主要对移民的心理态度进行了抽样调查，他将移民的心理态度分为两类，肯定态度和否定态度，并得出肯定态度占绝大多数的结论。这篇文章的发表为后来的移民研究提供了心理学的思路和视角。此后，我国的学者开始关注三峡移民心理问题，对水库移民心理进行了研究。1999 年以前对移民心理的研究还比较粗糙，多是一些描述性的整体思考，并未专门以移民心理作为选题，只是提到了心理因素对移民的影响，还没有形成体系，且研究数量也不多，共发表论文 14 篇。其中杨凤洲（1992）在从社会学的角度探讨水库工程农村移民安置问题时，提到移民的依附心理制约经济发展。郝玉章（1995）在探讨三峡移民工程的几个社会学问题时，描述了迁移中的恋土心理和依赖心理等心理因素对移民新社区的影响。张明义等（1995）在构建移民安置泛评价的指标体系时，把心理承受力作为其心态环境子系统效益的主要指标。卢利林、杨鸿校（1997）用社会学的研究方法，探讨了三峡库区的重建与整合，指出移民问题涉及政治、经济、文化、价值观念、

<hr />

① 庄立辉、郭继志、汪洋、卢官庐、严瑞雪、宋棠：《水库移民心理问题研究现状及展望》，载《中国社会医学杂志》2006 年第 4 期。

社会心理等方面，必须予以综合协调。陆远权（1997）在关于移民问题的思考中，认为从文化心理感知，群体移民比单个移民可取。陈建西、何明章（1999）在论述移民文化及心理与移民安置时，对农村移民心理进行了分析。从这十年发表的论文情况看，这些研究都只是提到在移民安置中要考虑心理因素，对移民心理的研究尚欠深入。

2000 年以后，三峡移民心理研究进入一个新的发展时期，从此以后，关于三峡移民心理研究不仅有了量的突破，也产生了一定的质的发展。首先，出现了较为全面与系统的三峡移民心理研究的成果。如佐斌以专著《迁移者的心灵——三峡库区移民的社会心理研究》（2002）的形式，从三峡库区移民的心理研究出发，指出移民的各种心态的现状、特征、存在的问题，并提出建议。王晓辉、风笑天（2002）对三峡外迁移民的主要社会心态，即相对剥夺感、社区归属感、依赖心理、发展的信心、生活满意度等进行了系统的分析。张援（2002）对百色水利枢纽库区移民的几种主要心理及其特征进行详细的分析，并对其形成的原因进行了论证。姚纳斯（2003）运用对三峡第三期迁前移民的调查资料，描述和分析了这批迁前移民在已有两期移民搬迁的情境下的社会心理承受力状况及其影响因素。而与三峡移民社会适应性有重要关联的研究有刘成斌和雷洪（2001）的"三峡移民的角色行为障碍"的研究、李华和蒋华林（2002）的"论三峡工程移民的社会融合与社会稳定"的研究、汪雁和风笑天（2001）等的"三峡外迁移民的社区归属感研究"、张青松（2000）的"三峡移民的社会支持网"的研究。

直接以三峡移民社会适应性为主题的研究有刘震和雷洪（1999）的"三峡移民在社会适应性中的社会心态"的研究，叶嘉国和雷洪（2000）的"三峡移民对经济发展的适应性——对三峡库区移民的调查"的研究，雷洪和孙龙（2000）的"三峡农村移民生产劳动的适应性"研究，杜健梅和风笑天（2000）的"人际关系适应性：三峡农村移民的研究"，游爱军和苏整荣（2000）的"三峡移民社区整合与社会适应性研究"，宋悦华和雷洪（2000）

的"三峡移民安居住宅对其社会适应性的意义"的研究，习涓和风笑天（2001）的"三峡移民对新生活环境的适应性分析"，罗凌云和风笑天（2001）的"三峡农村移民经济生产的适应性"研究，苗艳梅和雷洪（2001）的"对三峡移民社区环境适应性状况的考察"，郑丹丹和雷洪（2002）的"三峡移民社会适应性中的主观能动性"的研究，风笑天（2004）"'落地生根'？——三峡农村移民的社会适应"的研究，郝玉章和风笑天（2005）的"三峡外迁移民的社会适应性及其影响因素研究——对江苏227户移民的调查"的研究，程瑜和何向（2005）的"移民村落的权力博弈与移民的适应——以广东三峡移民村落白村为例"的研究，林秀俊和黄忠煌（2006）的"积极落实移民政策　坚持安置发展并举——三峡移民在福州市生存状态及适应性调查"的研究，吴垠（２００８）的"关于三峡工程跨省外迁移民的社会适应性研究"，赵菲（2008）的"三峡库区妇女移民适应性教育"的研究等。周银珍和张岩冰（2010）的"三峡库区外迁农村移民的社会适应性调查与分析"，吴炳义和王立新（2010）等的"山东省三峡外迁移民社会适应性及其影响因素分析"。

从现阶段的情况看，我国水库移民心理的研究从最初经验性的总结逐渐过渡到采用社会调查法等科学的方法进行系统的研究，从比较笼统的经验性描述到较为细致和深入的调查研究。

（五）本三峡移民社会适应性研究述要

1. 研究内容及目标

一是三峡工程移民的社会适应性研究，就三峡移民在迁入地生产与生活方式的适应状况展开研究。具体包括三峡移民的总体社会适应性状况的研究，不同地域、不同经济水平、不同文化、不同年龄以及不同时期三峡工程移民的社会适应性比较的研究，在以上总体弄清三峡工程移民的社会适应性状况的同时，具体把握不同地域、不同经济水平、不同文化、不同年龄段以及不同搬迁时期的三峡移民的社会适应性特点及其差异性。二是三峡工程移民的社会适应性问题及解决对策研究。在前面研究的基础上，就三峡工程移民的社会适应性方面存在的问题及相应的对策的研究，具体包括三峡工程移民存在的基本社会适应问题及对策展开研究，不同地域、不同经济发展水平以及不同搬迁时期等的三峡工程移民的社会适应性问题及对策的研究，从而有针对性地解决好三峡移民在有关适应性方面存在的各种问题。三是三峡工程移民的心理健康研究。主要是就三峡工程移民在新的搬迁地的主要心理健康状况进行研究。

2. 研究假设

三峡工程移民社会适应性研究方面的几种假设：一是三峡工程不同时期的移民的社会适应性存在一定差异，其中早期移民（本研究以 2000 年 1 月 1 日为前后分期）的社会适应性水平要高于后期移民；二是三峡工程不同地域的移民的社会适应性存在一定的差异，其中本地移民的社会适应性水平要高于外迁移民；三是不同年龄段的三峡工程移民的社会适应性存在一定的差异，其中青年移民的社会适应性水平高于中年移民，而中年移民的社会适应性水平高于老年移民；四是不同类型的三峡移民的社会适应性存在一定差异，其中城镇移民的社会适应性水平要高于乡村移民；五是不同文化程度的三峡移民的社会适应性存在一定差异，其中文化程度高的移民的社会适应性水平要高于文化程度低的移民；六是三峡工程移民的社会适应性存在一定的性别差异，其中女性移民的社会适应性水平要高于男性移民；七是不同心理健康状况的移民在社会适应性方面存在一定的差异性。

3. 研究方法

为了实现上述研究目的和完成有关内容的研究，以有效证实所提出的相关假设，三峡工程移民社会适应性与心理健康的研究在方法上应该考虑如下主要问题：

一是研究对象的取样。三峡工程百万移民遍布 10 多个省，其人数之多，范围之大，分布之广，时间之长都是世界工程移民史上所罕见的。因此，为了较为全面、客观、真实地反映三峡移民在搬迁地的社会适应性状况，有关选点取样应该有较广泛的代表性。在选点取样上应该同时兼顾本地移民和外迁移民，在外迁移民方面应该同时考虑地域的不同，应该至少涉及中、东、南、北等不同方位的三峡工程移民的取样，同时还应兼顾不同时期、不同经济发展水平和地区以及不同性质（投亲与非投亲）、类型（农村与城镇）、性别、不同文化和年龄等的三峡工程移民的取样。这样才能保证研究的对象有广泛的代表性，由此获得的研究信息具有较为普遍的意义。而由于人力和物力等条件的限制，不允许我们按照事先的计划进行取样，因此在取样点及分布方面并没有完全按照事先的计划去做。尽管如此，我们在其他方面还是尽可能做出了一些相互的兼顾，因此研究取样还是有一定的代表性。有关调查对象分布见表1-1。

表1-1　　　　　　　**568名三峡移民调查对象分布表**

分类数	类　　　型	男	女
1	本地移民	170	72
	外地移民	188	138
2	农村移民	117	94
	城镇移民	241	116
3	前期移民	172	100
	后期移民	186	110
4	小学及以下移民	91	56
	初中与高中移民	207	109
	大专及以上移民	60	45
5	16~29岁以下移民	95	75
	30~55岁移民	208	115
	55岁以上移民	55	20
	合计	358	210

二是研究的主要形式及技术。为保证研究的有效性，不仅要使研究样本具有广泛的代表性，同时还需要采取合理而科学的研究形式与研究方法。我们认为，要搞好三峡工程移民社会适应的研究，

应该同时考虑多种研究形式与方法的结合使用，做到理论研究与实证研究相结合，并且以实证研究为主。理论研究应该注重通过必要的分析、比较和综合、抽象与概括等方式在对三峡移民的社会适应性形成规律性的总结与认识的基础上，站在一定理论的高度对三峡工程移民的社会适应性方面所存在的问题提出科学的解决对策。在实证研究方面，主要采取调查法同时结合使用有关数据的统计处理方法，通过较为广泛的有代表性的实地调查及其数据的处理，比较真实地掌握有关三峡工程移民在新的迁入地的社会适应性与心理健康状况。

三是研究工具。为了保证调查数据的科学有效性，应该注重有关调查工具的科学性与适切性。我们拟采用"社会适应性量表"和"SCL-90"① 研究三峡移民社会适应性与其心理健康。其中的"社会适应量表"是根据社会心理学有关社会适应理论和心理测量学理论与方法，结合三峡移民及其所在地的实际情况，由反映自然环境、人际关系、生活习俗和劳动方式等方面社会适应性基本指标的60 个项目自编而成。该量表内部一致性信度为 0.837（Cronbach's Alpha），其分半信度系数（Cronbach´s Alpha）分别为 0.751、0.786，表明该量表有符合心理测量要求的信度。通过该量表，可以测出有关三峡移民在自然环境、人际关系、劳动方式、生活习惯等社会适应状况。"SCL-90"是目前国内外广泛应用于 16 岁以上各种群体的一种具有良好的信度与效度的标准化心理卫生自我评定量表。通过该量表的测查，可以从总的结果中反映心理健康的状况，同时也能查出躯体化、强迫、人际关系敏感、抑郁、焦虑、敌对、恐怖、偏执、精神病性等 10 个因子的具体症状。因而通过该量表，可以掌握所调查的不同移民对象的总体心理健康状况及具体表现。

4. 研究结果

我们按照所测得的均分与标准差的关系将所调查的三峡移民社会适应性分为适应良好、适应一般、适应较差三种情况，其所得分

① 张明园：《精神科评定量表手册》，湖南科技出版社 1993 年版。

数在平均分加一个单位的标准差以上的为适应良好；其所得分数在平均分加减一个单位标准差之间的为适应一般，其所测得分数在均分减一个单位标准差以下的为适应较差。通过分别对 568 名三峡移民在自然、人际关系、生活习俗及生产及其社会心理方面的主要社会适应性的调查，结果显示，所调查的绝大多数三峡移民的社会适应性属于正常，其中大部分移民适应一般，也有部分移民表现出适应良好的状况，而仅有少量的移民存在一定的适应问题，其适应水平较差。同时在具体的分布上，生产适应表现良好的移民所占比率偏少，由此说明，生产适应是一种相对较为复杂的社会适应，其适应水平较高的人数偏少。另外也发现，在适应较差方面，相对于自然、生活及生产适应而言，所调查的三峡移民在人际适应方面所占比率较大一些，由此在一定程度上表明移民在其人际适应方面相对显得更为困难。具体见表 1-2：

表 1-2　　　　**568 名三峡移民主要社会适应性分布情况**

	适应良好		适应一般		适应较差	
	人数	比率（%）	人数	比率（%）	人数	比率（%）
自然适应	83	14.6	391	68.8	94	16.5
人际适应	74	13.0	385	67.8	109	19.2
生活适应	88	15.6	401	70.5	79	13.9
生产适应	11	1.9	474	83.5	83	14.6

另外，表 1-3 的结果显示，所调查的绝大多数三峡移民在其社会心理及行为的适应性是正常的，其中大部分的移民为适应一般，也有少部分移民表现出适应良好，而适应较差的只是少部分移民。

从整个研究来看，其大部分研究结果较好地证实了我们最初所提出的研究假设：一是证实了三峡工程不同地域的移民的社会适应性存在一定的差异，其中本地移民的社会适应性水平要高于外迁移民的社会适应性水平的研究假设，从而表明三峡移民本地移民与外

表 1-3 **568 名三峡移民主要社会心理及行为适应分布情况**

	适应良好		适应一般		适应较差	
	人数	比率（%）	人数	比率（%）	人数	比率（%）
认知适应	111	19.5	356	62.7	101	17.7
情感适应	89	15.7	385	67.8	94	16.6
行为适应	98	17.3	385	67.8	85	15.0

地移民在社会适应性方面存在显著性差异。二是在部分内容方面初步证实了三峡工程不同时期的移民的社会适应性存在一定差异，其中在部分内容方面早期移民的社会适应性水平要高于近期移民的社会适应性水平，由此表明三峡移民在社会适应性方面存在一定的时间效应。三是证实了不同年龄段的三峡工程移民的社会适应性存在一定的差异，其中年轻移民的社会适应性水平要高于中年移民的社会适应性水平，而中年移民的社会适应性水平高于老年移民的社会适应性水平。四是证实了在大部分社会适应内容方面城乡移民存在一定差异，其中表现为城镇移民的社会适应性水平要在诸多方面均高于乡村移民的社会适应性水平。五是证实了不同文化程度的三峡移民的社会适应性存在一定差异，其中文化程度高的移民在大部分社会适应性方面的水平要高于文化程度低的移民的适应性水平。六是证实三峡工程移民的社会适应性存在一定的性别差异，其中女性移民在部分社会适应性方面的水平要高于男性移民的社会适应性水平。七是初步反映移民的心理健康状况与移民的社会适应性之间存在较为明显的一致性。有关具体研究内容将通过后面的专门章节分别进行较为深入而全面的介绍。

第二章　三峡移民自然环境适应性研究

　　人首先是作为一种有生命的生物体而存在的。因此，人的适应首先应该是作为有机体所必需赖以生存的自然环境的适应。人所处的自然环境并非纯粹意义上的自然环境，而是通过人的社会活动所形成的一种人化的自然环境，因而人对自然环境的适应，仍然属于一种社会适应性范畴。因此，我们探讨三峡移民的社会适应性，首先应从最基本的自然环境适应性开始。在此，我们将在一般的自然环境适应基本问题讨论的基础上，着重围绕三峡移民对新的迁入地自然地理位置、早晚及常年自然气候等方面的自然环境适应性的调查展开具体的分析。

第一节　自然环境适应性概述

　　要想认识三峡移民自然环境适应性，首先应该从一般意义上明确什么是自然环境和自然环境适应性，以及自然环境适应的主要内容及其意义等问题。

（一）什么是自然环境适应性

　　从一般意义上讲，环境是相对于某一事物来说的，是指围绕着某一事物并对该事物会产生某些影响的所有外界事物的总称，即环境是指相对并相关于某项中心事物的周围所有物。对于作为主体的人来讲，环境就是人赖以生存、繁衍和发展的一切外部事物和条件，也即指人生活生存所在的周围地方与有关事物和其他人。我们一般将人赖以生存与发展的事物和条件简称为人居环境，人居环境从一般意义上可分为自然环境与社会环境。人所处的自然环境是人

30

居环境的最基本的组成部分，是环境总体下的一个层次。自然环境亦称地理环境，是指环绕于人类周围的自然界，它包括大气、水、土壤、生物和各种矿物资源等。

自然环境适应主要是人对于各种赖以生存与繁衍的自然生态环境的生理与心理的统一性与协调性反应。自然环境的生理适应，主要指人所处的自然地域的大气、水土等自然环境条件能够较好地满足人的生理上的需求，适合人的生理活动的规律。如人要维持生命，就必须有维持其生命所需要的水分、空气和适宜的气候等自然条件。心理适应则是指人对所处的地域位置环境的一种情感偏好与心理认同及接受度。如果人能够对所处的自然环境表现出积极的情感偏好和心理认同以及应有的接受度，则表明人对其自然环境的心理适应性。因此，人对自然环境的适应性，应该同时表现在其生理和心理两个方面的协调统一适应性，而不可能是单方面的适应性。因为人的身心是统一的，二者之间交互作用，如果任何一方不适应，将会影响到另一方的适应性。在这种情况下，即或是一方一时表现出一定的适应性，也终究难以保持下去。因此，只有人们对所处的自然环境同时保持其身心统一而协调的适应性，才意味着人对所处的自然环境的适应。

（二）自然环境适应性的主要内容

对于人类机体而言，自然环境的适应在其直接的内容方面主要是指一种地理环境的适应，而这种地理环境的适应又具体包括如下方面的内容：

1. 地域位置环境的适应性

地域位置环境主要指人生活的自然空间位置与方位。从地理学意义上讲，人们通常生活在不同的纬度与地区，而不同纬度与地区形成了各种不同的地貌和地况以及不同的大气环境等自然状态。地域位置环境的不同直接造成人在赖以生存的气候、气温、水土等自然环境下的明显差异。如山区居民因为山高地广，人烟稀少，长久生活在这种环境中，说话声音洪亮，性格诚实直爽。居住在广阔的草原上的牧民，因为草原茫茫，交通不便，气候恶劣，风沙很大，所以，他们常常骑马奔驰，尽情舒展自己，性格豪放直爽，热情好客。研究发现，地广人稀，自然环境恶劣，需要共同协作才能生存的民族，一般是十分热情好客的民族，因为他们需要相互协作与帮助，否则他们就难以生存。特别是一些狩猎民族，当一个人宰割死兽时，过往行人都可以分到一块肉。不论在什么时候，客人都受到殷勤接待，他们被邀请坐到首席，而且吃不完的东西还可以带回家。这种好客习俗也可以说是对环境的一种适应。因为当一个人猎到一只大的动物，如果他不分给别人，他是吃不了的，只能浪费掉，同时他也不可能天天猎到食物，当他没有食物时，只要别人猎到猎物，他照样可以吃到。现代社会的城市人，即使住在对门，大多老死不相往来，但农村的邻里则完全不同，因为他们需要帮助，如盖房、结婚、丧葬都需要邻里帮忙。山里人热情好客也正是这个道理①。

长期生活于世代居住地域中的人，其身心基本上适应其所居的地域自然环境。从单纯的生物学意义上讲，一旦他们移居到一个具有明显差异性的地域环境中，在一定时期内必然会造成对新的地域环境的生理上的不适应反应，且其地域环境所造成的各种自然环境因素的差异愈大，将愈加造成人在其生理上的适应难度。当然，人类的生理具有较强的适应能力，随着时间的推移，人对新的居住地域的自然环境的生理适应性将不断增强。但在这个过程中，如果生理产生意外反应，根据身心交互作用的观念，不良的生理反应将给人的心理造成一定的负面影响，而一旦人的心理上产生不良反应，会进而加重其生理上的不适反应。从心理学意义上讲，人对地域自然环境的反应，总是具有一定的个人情绪情感色彩。所谓"美不美，家乡水"、"亲不亲，故乡土"，在一定程度上反映出人们对长期"生与斯，长于斯"的家乡地理位置的独特情愫。这种对故土所形成的特殊的心理依恋的情感，将有可能成为影响其在新的迁入地适应的明显的心理障碍。

---

① 许韶立：《论文化与自然的和谐与适应》，载《文化学刊》2008年第12期。

2. 气候环境的适应性

气候是地球上某一地区多年段大气的一般状态，是该时段各种天气过程的综合表现。气候除有气温大致按纬度分布的特征外，还具有明显的地域性特征。按水平尺度的大小，气候可分为大气候、中气候、小气候。大气候是指全球性和大区域的气候。中气候是指较小自然区域的气候，如山地气候、城市气候等。小气候是指更小范围的气候，如某一山头气候等。人类的生存方式与身心状况同时要受到来自不同气候的影响。一定的地理位置环境不仅形成其相对独特的地形地貌，同时也随之造成特有的大气环境及相应的气温气候。而这种大气环境及其相应的气温气候，不仅直接影响到人的生理活动及身体状况，同时也影响到人的心理及行为反应。

首先，气候对人类生产与生活构成明显的影响。气候既影响着农作物的分布与产量，也影响着人类的耕作方式，同时还会影响到人类的衣食住行。就拿服饰文化来说，它直接受到气候物产的影响，寒带人的衣着和热带人就完全不同。热带民族的衣着异常简陋，而寒带民族的衣着大部分是用皮革制成。地理环境还直接影响着人们的饮食文化，有的以粮食为主食，有的以肉为主食，还有的以乳类为主食。如游动民族的饮食家具一般使用不易破碎的材料。居住文化也直接受到气候、降水、风暴、地形、地质、物产等影响。爱斯基摩人的小冰屋，干旱沙漠地区的平顶房，寒冷地区的火墙、火炕，多雨地区的尖顶房，潮湿地区的竹楼，等等①，都与当地的自然环境相符合。

其次，气候对人的心理与行为的影响。气候不仅影响人的生产与日常饮食起居，同时也影响人的心理与行为。气候虽然不是导致某种行为产生的决定性因素，但是它决定了某些行为出现的概率比另一些大。人的容貌、性格和行为，并非完全由人类自己主宰，这个"权力"有时还握在大自然的"手中"。如为适应高山稀薄的空气，山区居民的胸部突出，呼吸功能发达，肺活量和最大换气量比

---

① 许韶立：《论文化与自然的和谐与适应》，载《文化学刊》2008年第12期。

沿海地区的居民明显偏多。又如生活在热带地区的人，在室外活动的时间比较多，而气温高使生活在那里的人性情易暴躁和发怒。而居住在寒冷地带的人，大部分时间在一个不太大的空间里与别人朝夕相处，养成了能控制自己的情绪，具有较强的忍耐力的性格。但那些居住在温暖宜人的水乡的人们，因为气候湿润、风景秀丽，人们对周围事物敏感，且多情善感，机智敏捷。

气候变化对人类与自然系统有重要影响。由于生态系统和人类社会已经适应今天以及最近过去的气候，因此，如果这些变化太快使得生态系统和人类社会不能适应的话，人们将很难应付这些变化。由于各种原因而形成了气候与气温的地域差异，而长期的地域生活使人早已习惯和适应了所在地的早晚及四季气候的变化，一旦人因迁移而发生生存环境的地域性的改变，就会导致人在一段时间内对早晚及四季气候与气温等方面的不适应。这种不适应轻则造成人的不适感，重则甚至会直接影响到人的身心健康。

3. 水土环境的适应性

水土环境是人类赖以生存的必备环境条件。一方水土养活一方人。在长期的定居生活中，人们对"生于斯，长于斯"的水土环境不仅形成了良好的身心适应性，同时也形成了特别的情感依恋。所谓"故土难离"就是一个很好地表达这种情愫的词。如果一旦让他们远离故土，移居他乡，首先使人感到水土不服，而这种水土不服直接通过人的某些生理的不适反映出来，对人的心理状况也会造成一定的不良影响。因此，水土环境的适应应该视为移民对自然环境适应的重要内容。移民只有从最基本的水土环境适应开始，才便于以后对各种环境的适应。移民只有首先增强了对迁入地水土环境的适应，才有利于形成对其他移民环境的适应。而移民对水土环境的适应仍然既是一个生理方面的适应，又是一种心理上的适应。移民只有同时形成对迁入地水土环境生理和心理上的良性反应，才算适应了当地的水土环境。

（三）自然环境适应性的意义

自然环境是人类生命机体赖以生存与繁衍的必不可少的环境条

件。因此，人类要解决好自身的生存与繁衍问题，如其他大多数有机体一样，首先要解决好对最基本的自然环境的适应问题。然而并不是所有的自然环境都适宜于人类生存和发展。恶劣的自然环境不仅不会给人类带来福音，反而造成毁灭性灾难。由生态环境的破坏而导致的水患、山体滑坡等恶劣的自然环境给人类生命带来的威胁就是一种典型的佐证。因而，人类只有找到适合于自己生存的地理位置、气候和水土等自然环境，才能使自己的生命得以维系，种族的繁衍才有可能。因此，对自然环境的选择性适应具有重要的生存与繁衍的意义。

人类正是在漫长的进化过程中，较好地做到了对赖以生存与繁衍的自然环境的有选择性的适应性，才使人类得以生生不息，绵延不断。由于自然环境本身的复杂性与多样性以及地域之间所存在的巨大的差异性，因而一旦由于特殊的原因而导致人长期生活居住的自然环境发生改变的情况，就直接变成人对不同的新的自然环境适应方面的问题。而要想在变化了的自然环境中很好地生存下去并得到新的发展，人必须首先适应变化了的自然环境。只有适应了变化的自然环境，才有可能进一步增强其他方面的适应性，因此，对自然环境的适应性应该是移民整个社会适应性的基础。没有移民对基本的自然环境的适应性，不可能发展移民的其他社会适应性，更无从谈及移民在新的迁入地的安稳与发展。

自然环境的变化不仅会直接造成有机体生理方面的不适应，同时也会在一定程度上造成人的心理上的不适应。根据人的身心交互作用的关系，二者之间将出现交互影响，也即人的生理上的不适应，有可能同时导致人心理上的不适应，而长期的心理上的不适应，也将有可能加重人生理上的不适应。相对来讲，自然环境的变化给人在生理适应与心理适应方面所造成的效应是不一样的，如果不发生非常恶劣的环境变化，人所形成的生理上的不适应一般是较小的，且产生的时间效应是非常短暂的。自然环境的变化给人心理适应的影响则是无形的，且具有较长的时间效应，哪怕其自然环境的改变从理论上讲是一种良性变化，也会在较长的时间内对其心理的适应带来较为明显的消极影响。因此，作为生物意义上的人类要想生存与繁衍，首先所要解决的就是对栖息地的自然环境适应问题。因而，我们在此就三峡移民的自然适应问题予以探讨。

第二节　三峡移民前后自然环境的特点及变化

（一）三峡移民自然地理位置的变化

三峡移民在移民前主要生活在我国地势较高的中西部山区，地势崎岖不平，路险坡陡，远离开放而繁华的都市，交通不便，所处的地理位置环境相对封闭而原始。这种特定的地理位置环境，不仅形成所在地移民"日出而作，日落而息"的较为特殊的劳动和生活方式，同时也形成了他们勤劳吃苦、落后保守等较为独特的个性心理特征。而移民后的自然地理位置环境发生了改变。从一般地理位置的变化情况来看，无论哪种形式的三峡移民，其所迁移的居住地都发生了不同程度的地理位置的改变。

那些后靠移民虽然没有发生地理位置平行上的大的位移，但却发生了明显的由低到高的垂直性变化，而这种变化随之带来的是温度与湿度方面的自然环境的变化。虽然这种变化不是很大，但由于人的生理对所处环境的温度与湿度存在一定的敏感性，因此，哪怕是不大的变化，也会给人的生理造成某些不适应性，尤其是那些对温度与湿度变化较敏感的三峡移民来讲，其造成的生理上适应性问题是尤为明显。

三峡移民前多生活在山区，而移民后所生活的地理位置大多为平原地区，且是与城镇距离较近的地方，而这种地理地貌的变化也会在一定程度上影响移民自然环境的适应性。从客观的角度来讲，三峡移民所迁之地的自然环境一般要好于其搬迁以前的自然环境。移民前的自然环境是交通不便的山区，而移民后的地区则是地势平坦、开阔，濒临城市，交通发达的平原之地。但"月是故乡明，水是家乡甜"，费孝通先生在其《乡土中国》中阐述了中华民族的"乡土气"，他告诉人们："我们的民族的确是和泥土分不开的了，从土里生长出过光荣的历史，自然也会受到土的束缚。"① 钱灵犀对费孝通"乡土社会"的特点作了相当全面而准确的概括："（1）中国大多数人从事田下生活，与泥土分不开。（2）靠农业为生的人'粘在'土地上，世代定居在狭小的空间。（3）平常接触的是与生俱来的熟人社会和熟人事物。（4）在亲人与熟人中形成乡土文化。"② 正是这样一种乡土文化培育出了中国人极其强烈的归属于出生地的"乡土"习性。三峡移民正是由于受这种"乡土"文化的作用与影响，在地理位置环境的改变的情形下会产生诸多的不适。

地理位置环境的改变，首先，使三峡移民产生一种因为"地不熟"的陌生感，而随之有可能产生的是一种不安全感，尤其是当他们中的个别人来到某地，因不熟悉当地的地理位置环境，在出行发生某种事故如车祸时，会因此使部分移民对新的迁入地的地理位置环境产生一定的恐惧心理和焦虑感。其次，会使部分移民产生对新的地理环境的"水土不服"。这种水土不服不仅仅会使其产生各种生理上的不良反应，同时还会引起其心理感受上的厌恶反应。再次，会使部分移民在行为上难以顺应新的自然环境的改变。从基本的出行来讲，昔日多行走在崎岖狭窄的山间小道上，为了防止出现意外，其注意力需要高度集中；而如今却行进在地势平坦开阔的大道上，因此，容易因麻痹大意而引发交通事故。另外，移民后所处的地理位置环境比移民前居住的环境开放而复杂，周边经常接触到的各种事物繁多，同时还有来自附近城镇的各种喧嚣，这不得不使常年生活在僻静山村的移民感到有些无所适从。程瑜对移民广东的三峡移民研究发现，原生活在崇山峻岭中以舟楫为车或以摩托车为主要交通工具的三峡居民。到了广东后，几乎每一户都带来了摩托车，或者新买了摩托车。这不仅让当地人大感不解，误认为三峡移民并不贫困。另外，移民前的三峡多为山路，人们并没有交通规

① 费孝通：《乡土中国生育制度》，北京大学出版社1998年版。

② 钱灵犀：《一位中国智者的世纪思考——费孝通学术思想探究》，载《社区研究与社会发展》一书，天津人民出版社1996年版。

则和红绿灯的概念，到了公路网络发达程度列全国之最的珠江三角洲地区，有着强烈的不适应，交通事故频发。据三水市交通局统计，从 2000 年 1 月到 9 月共发生与移民有关的交通事故 18 起。这些事故给双方造成了很多误会，当地人觉得移民不守交通规则，素质低下，而移民则觉得当地人故意为难他们①。类似的情况笔者在所调查的湖北、上海等地的三峡移民中也均存在。

（二）三峡移民所处气候环境的变化

随着地理位置的变更，气候等自然条件已经改变。三峡移民前所处的川东鄂西地区属于亚热带大陆性季风气候，四季分明，一般气候呈现冬暖、春早、夏热、秋雨、多云雾、少日照，生长季长，气候垂直变化大，雨热同季。三峡移民有后靠移民和外迁移民，而在外迁移民中又分为外迁的南方移民和北方移民，其迁居地理位置的变化在自然空间方面有大有小，有远有近的差别。由于这些差别的存在，三峡移民在移民后的自然气候方面的感受和反应可能存在一定的差异性。相对来讲，就近后靠的移民和跨省外迁的移民相比较，由于空间位置的变化相对不大，移民前后所处位置的自然气候相差也就不大，因此其自然气候的适应状况可能要比外迁移民自然气候适应状况要好一些。而在外迁三峡移民中南方移民和北方移民相比较，其在迁居的自然气候方面也有所不同。由于三峡移民原所在位置本身在我国南方，因此，尽管移居到其他南方地区的移民在自然气候方面也存在一定差异，但这种差异相对于移居到北方的移民要小得多。因为我国地理位置决定了南北在气候与气温方面存在较大的差异，北方干旱少雨、气候干燥，而南方雨水充沛，气候湿润，因而在外迁的三峡移民中，移居南方的三峡移民在自然气候方面的适应性可能要比移居北方的三峡移民好。当然在移居南方的移民中，也可能存在着一定的地域性差异，如移居江西、安徽、湖北等内陆省份和移居上海、浙江、福建等沿海省份的移民，在自然气

---

① 程瑜：《广东三峡移民适应性的人类学研究》，载《中南民族大学学报》（人文社会科学版）2003 年第 3 期。

候的适应方面也可能存在差异。一般来讲，三峡移民原本处在内陆省份，其生存的自然气候一般是四季、早晚变化不大的内陆气候，因此迁居于上述内陆地方的移民的自然气候的适应性相对来讲要好一些。而移民所在的东南沿海气候相对气候比较湿润，雨水较多，日照充足，其空气湿度相对较大，这种海洋气候与移民前所处环境表现的内陆气候存在明显差异，因此迁居于沿海地域的三峡移民在自然气候方面会更加感到不适。吴垠对地处沿海如东三峡移民的调查证实了这种情况的存在，其所调查的三峡移民对于迁入地的整个气候环境表现为不同程度适应的不足半数，而表现出不同程度的不适应的则超过半数。部分移民不习惯如东潮湿的海洋性气候①。郝玉章和风笑天对江苏 227 户三峡移民的调查中发现，74%的移民认为当地气候与原来所居地气候差别大，48.4%的移民不适应当地气候，很多移民说"这里冬天比老家冷多了"②。

　　三峡移民的自然环境适应性仍然反映在生理与心理两个方面。当然，一般来讲，地理位置的变更所带来的气候、气温等自然条件的变化，更多和更直接的是引发了三峡移民在生理的适应性方面的问题。由于人在生理上具有较强的适应环境变化的能力，因此，对于一些身体健康的三峡移民来讲，不管是外迁三峡移民还是后靠三峡移民，无论是南方三峡移民还是北方的三峡移民，随着时间的推移，其生理上适应气候、气温变化的能力将会不断增强，而在生理上将会逐步适应其当地的自然气候等自然条件的变化。当然不排除有极少部分的年老体弱的三峡移民，由于其适应气候等自然环境变化的能力较弱，由此造成这部分人在新的、变化的自然环境中的明显生理适应性问题。

　　我们认为，三峡移民对自然环境的心理适应同其生理的适应并

①　吴垠：《关于三峡工程跨省外迁移民的社会适应性研究》，载《人民长江》2008 年第 7 期。

②　郝玉章、风笑天：《三峡外迁移民的社会适应性及其影响因素研究——对江苏 227 户移民的调查》，载《市场与人口分析》2005 年第 11 卷第 6 期。

不是完全同步的关系，并且在一定的意义和程度上讲，三峡移民对其自然环境的心理适应状况将会不同程度的作用与影响其生理的适应，是构成三峡移民对自然环境整体适应的最具能动性的因素。如果三峡移民对所迁入地的自然环境缺乏良好的心理适应，即他们不能够形成对迁入地自然环境的积极情感体验和持有一定的心理认同和必要的接受度，那么长此以往下去，就有可能影响其对迁入地自然环境的正常生理的适应，而使其产生不良生理的反应。这种生理上的不良反应又可能加重其心理上的不适应而最终影响其对迁入地的自然环境的整体适应性。因此，在关注三峡移民对自然环境生理适应的同时，也要高度关注其心理的适应性问题。只有同时解决好三峡移民对自然环境生理和心理的适应性问题，才算从真正意义上解决了三峡移民对自然环境的适应性问题。

如前所述，三峡移民的自然环境适应是对迁入地的地理位置及其水土、气候及四季等自然环境的一种生理及心理方面的协调统一的整体性适应。我们分别从地理位置、早晚、四季气候等方面就三峡移民的自然环境适应性展开了专门的调研，所调查的三峡移民在这些方面的适应状况可以通过以下数据的分析而知晓。

第三节　三峡移民自然环境适应性状况分析

（一）三峡移民自然环境适应性的总体状况分析

1. 三峡移民总体自然环境适应性分布状况分析

三峡移民对自然环境的适应性就其分布来讲是相对的。我们按照高于实际所测得平均分数加 1 个单位的标准差以上的为适应良好，低于平均分数减一个单位标准差以下的为适应较差，介于二者之间的为适应一般，对所调查的三峡移民的自然适应性进行分类，由表 2-1 可见，所调查的大多数三峡工程移民的总体自然适应性状况是正常的，只是少部分移民的自然适应性较差。其中自然适应良好的占所调查移民的 14.6%，而适应一般的占 68.8%，适应较差的仅占 16.5%。

表 2-1　　　　568 名三峡移民自然环境的适应性分布情况

	适应良好	适应一般	适应较差
参照标准	高于平均数一个标准差以上	介于平均数与两个标准差之间	低于平均数减一个标准差以下
人数	83	391	94
比率（%）	14.6	68.8	16.5

2. 三峡移民总体自然适应性水平的差异比较

从总体上看，三峡移民在自然适应性所表现的水平也是相对的。我们研究发现，所调查的三峡移民在自然适应方面本地移民与外迁移民之间存在非常显著性差异，$F(1，566)=37.388$，$P<0.000$，表现为本地移民在总体自然适应水平方面要明显好于外地移民；前期移民和后期移民在总体自然适应方面不存在显著性差异，$F(1，566)=2.855$，$P>0.092$，表明前期移民和后期移民在总体自然适应性水平方面没有明显差异；男性移民与女性移民在总体自然适应方面也不存在显著性差异，$F(1，566)=0.026$，$P>0.872$，表明所调查的不同性别的移民在总体自然适应性水平方面差异不明显；农村移民与城镇移民存在非常显著性差异，$F(1，566)=14.811$，$P<0.000$，表现为城镇移民总体自然适应性水平显著好于农村移民；不同文化程度的移民存在非常显著性差异，$F(2，565)=11.824$，$P<0.000$，多重比较分析发现，大专及以上文化程度的移民在总体自然适应水平方面要显著好于高中及以下文化程度的移民；不同年龄段的移民之间在总体自然适应性上存在非常显著性差异，$F(2，565)=14.422$，$P<0.000$，多重比较分析发现，所调查的 16～29 岁段移民的自然适应性水平显著好于 30 岁～55 岁及 55 岁以上的移民。由此表明，在总体自然适应水平方面，除了不同时间的移民和不同性别的移民不存在统计学意义上的差异性外，不同地域、不同类型、不同文化层次以及不同年段的移民之间显示出较为明显的统计学意义上的差异。具体表现为本地移

民、城镇移民、大专及以上文化程度的移民以及年轻移民在总体自然适应性水平方面要分别显著好于外地移民、农村移民、高中及以下文化程度的移民以及中老年移民。具体情况见表2-2：

表2-2　　568名三峡移民总体自然环境适应性差异比较

		$M \pm SD$	F	Sig
移民所在地	本地移民	13.69±2.66	37.388	0.000
	外地移民	12.01±3.61		
移民时间	前期移民	12.48±3.40	2.855	0.092
	后期移民	12.95±3.28		
移民性别	男性移民	12.71±3.23	0.026	0.872
	女性移民	12.76±3.54		
移民类型	农村移民	12.03±3.79	14.811	0.000
	城镇移民	13.14±2.98		
移民文化程度	小学及以下移民	12.19±2.93	11.824	0.000
	初中至高中移民	13.02±3.22		
	大专及以上移民	13.93±3.88		
移民年龄段	16~29岁移民	13.85±3.66	14.422	0.000
	30~55岁移民	12.26±3.18		
	55岁以上移民	12.17±2.61		

（二）三峡移民自然环境适应性具体状况分析

1. 三峡移民对迁入地自然位置环境的认可度分析

三峡移民自然适应性，在一定意义上取决于他们对新的迁入地的地理位置环境的主观感受。如果他们对新的迁入地的自然环境表现出一种心理认可，这无疑有助于增强其对迁入地自然环境的适应性。相反，如果移民对迁入地的自然位置环境缺乏必要的心理认可，将会直接影响其对迁入地自然环境的适应性。那么，三峡移民对迁入地自然位置环境持怎样的心理认可呢？我们专门设置了该问题。研究发现，所调查的移民对于迁入地自然位置环境的认可水平存在一定的差异性。其中本地移民与外迁移民存在显著性差异，$F (1, 566) = 46.636$，$P < 0.000$，表现为本地移民对于迁入地自然位置环境的认可水平要明显好于外地移民；前期移民和后期移民在自然位置环境的认同方面不存在显著性差异，$F (1, 566) = 0.351$，$P > 0.554$，表明前期移民和后期移民对于迁入地自然环境的认可水平没有明显的差异，由此说明移民在对于新迁入的自然环境的认可不存在明显的时间效应；男性移民与女性移民也不存在显著性差异，$F (1, 566) = 0.815$，$P > 0.367$，由此也表明在对迁入地自然位置环境的认可上不存在明显的性别区分；农村移民与城镇移民在关于移民地自然位置环境的认同方面存在非常显著性差异，$F (1, 566) = 19.142$，$P < 0.000$，表现为城镇移民对所处的新的移民位置环境的认同水平要显著好于农村移民；不同文化程度的移民存在非常显著性差异，$F (2, 565) = 9.328$，$P < 0.000$，多重比较分析发现，大专及以上文化程度的移民在对迁入地自然位置环境的认可程度要显著好于高中及以下文化程度的移民；不同年龄段的移民之间存在非常显著性差异，$F (2, 565) = 7.224$，$P < 0.001$，多重比较分析发现，16～29 岁段移民对于迁入地自然位置环境的认可水平要显著高于 30 岁～55 岁及 55 岁以上的移民，由此表明，年轻移民对迁入地自然位置环境的认可度要明显好于中老年移民。具体情况见表 2-3。

在具体的分布上，所调查的三峡移民认为"这里的地理位置环境"非常好的占 7.2%，比较好的占 38.7%，不好的占 45.2%，很不好的占 8.8%。其中在"非常好"和"比较好"的回答比率上，本地移民所占比率（62.9%）高于外地移民所占比率（23.1%），前期移民所占比率（51.1%）高于后期移民所占比率（41.2%），城镇移民所占比率（57.8%）高于农村移民所占比率（38.9%），16～29 岁的移民所占的比率（52.3%）分别高于 30～55 岁的移民所占比率（34.7%）和 55 岁以上的移民（44%），女性移民所占比率（51.4%）高于男性移民所占比率（42.8%）。由

43

表 2-3　568 名三峡移民对移民自然环境位置的心理认可比较分析

		$M \pm SD$	F	Sig
移民所在地	本地移民	2.79±0.63	46.636	0.000
	外地移民	2.37±0.78		
移民时间	前期移民	2.53±0.72	0.351	0.554
	后期移民	2.57±0.78		
移民性别	男性移民	2.57±0.73	0.815	0.367
	女性移民	2.51±0.78		
移民类型	农村移民	2.37±0.80	19.142	0.000
	城镇移民	2.66±0.70		
移民文化程度	小学及以下移民	2.43±0.72	9.328	0.000
	初中至高中移民	2.65±0.72		
	大专及以上移民	2.76±0.81		
移民年龄段	16~29 岁移民	2.73±0.74	7.224	0.001
	30~55 岁移民	2.46±0.76		
	55 岁以上移民	2.53±0.64		

此表明，所调查的三峡移民在地理位置环境的认可性上存在明显的差异性，总体表现出肯定反映的不足半数，而持否定反映的则超过半数。同时也存在迁入地域、时间、年龄、性别等方面的差异性，具体表现为本地移民的认同率要高于外地移民；前期移民的认同率要高于后期移民；城镇移民的认同率要高于农村移民；女性移民的认同率高于男性移民；年轻移民的认同率要高于中老年移民。客观地讲，移民后的地理位置环境应该比移民前所处的地理位置环境有更大的改善。但在被调查的移民中之所以有相当部分的移民不看好迁入地的地理位置环境，很大程度上可能受到他们对故乡的地理位置过于依恋的情感的影响。这种特殊的地域情结可能在一定程度上影响了他们对于迁入地地理位置和环境的消极性的认知反映。

2. 三峡移民对迁入地自然气候的适应性分析

我们从移民对迁入地早晚、四季及常年气候方面的适应性水平和人口的分布状况展开了专门的调查分析。

（1）移民对迁入地早晚气候变化的适应性分析。所调查的三峡移民在早晚气候适应性方面存在不同程度的差异性。其中本地移民与外迁移民之间存在显著性差异，$F(1, 566) = 36.306$，$P<0.000$，表现为本地移民在早晚气候适应性水平方面要明显好于外迁移民；前期移民与后期移民不存在显著性差异，$F(1, 566) = 1.095$，$P>0.296$，表明在对早晚气候的适应水平方面所调查的移民不存在明显的时间效应；男性移民与女性移民在早晚气候适应性水平方面也不存在显著性差异，$F(1, 566) = 0.087$，$P>0.768$，表明所调查的移民在早晚气候的适应性上不存在明显的性别差异；农村移民与城镇移民在早晚气候适应性水平方面存在显著性差异，$F(1, 566) = 9.943$，$P<0.002$，表现为城镇移民在早晚气候适应性方面要明显好于农村移民；不同文化程度的移民之间存在显著性差异，$F(2, 565) = 13.436$，$P<0.000$，多重比较处理发现，其中大专及以上文化程度的移民在早晚气候适应性水平方面显著好于高中及以下文化程度的移民；不同年龄段的三峡移民之间存在非常显著性差异，$F(2, 565) = 10.689$，$P<0.000$，多重比较处理发现，16~29岁段的三峡移民在早晚气候适应性水平方面要显著好于30~55岁及55岁以上的移民。由此看出，所调查的三峡移民在早晚气候适应性水平方面，除了在移民时间、性别方面不存在显著性差异外，在其他方面均存在统计学意义上的差异性。见表2-4：

表2-4　　**568名三峡移民在早晚气候方面的适应性分析**

		$M \pm SD$	F	Sig
移民所在地	本地移民	2.77±0.75	36.306	0.000
	外地移民	2.32±0.95		
移民时间	前期移民	2.47±0.90	1.095	0.296
	后期移民	2.55±0.90		

续表

		$M\pm SD$	F	Sig
移民性别	男性移民	2.52±0.90	0.087	0.768
	女性移民	2.50±0.90		
移民类型	农村移民	2.36±1.03	9.943	0.002
	城镇移民	2.61±0.80		
移民文化程度	小学及以下移民	2.35±0.89	13.436	0.000
	初中至高中移民	2.63±0.79		
	大专及以上移民	2.83±0.98		
移民年龄段	16~29 岁移民	2.77±0.97	10.689	0.000
	30~55 岁移民	2.38±0.87		
	55 岁以上移民	2.50±0.74		

　　具体而言，所调查的三峡移民在对其"对这里早晚气候变化"的回答中，表示"完全能够适应"的占 13.0%，"基本能适应"的占 37.3%，"不太适应"的占 34.3%，"很不适应"的占 15.3%，三峡移民在早晚气候的适应方面，总体上适应和基本适应所占的比率刚过半，还有近半数的人反映有不同程度的不适应。其中在回答"完全能适应"和"基本能适应"移民所占的比率上，本地移民所占比率（64.4%）高于外地移民所占比率（31.4%），由此表明本地移民在其对早晚气候适应的分布上要好于外迁移民；前期移民所占比率（55.9%）高于后期移民所占比率（45.3%），由此表明前期移民在早晚气候适应的分布上要好于后期移民；城镇移民所占比率（59.7%）高于农村移民所占比率（44.8%），由此表明城镇移民在早晚气候的适应性分布上要好于农村移民；初中和高中文化程度的移民所占比率（58.2%），分别要高于小学及以下文化程度所占的比率（42.2%）和大专及以上文化程度移民所占的比率（39.1%），由此表明在早晚气候的适应性的分布上初中与高中文化程度的移民要好于小学及以下和大专及以上文化程度的移民；16~29 岁的移民所占的比率（55.7%）分别高于 30~55 岁的移民

所占比率（48%）和55岁以上的移民（41.2%），由此表明年轻移民旱晚气候的适应性分布情况要好于中老年移民；女性移民所占比率（52.9%）高于男性移民所占比率（48.9%），由此表明女性移民在旱晚气候的适应性分布状况要略好于男性移民。由此表明，在旱晚气候的适应上，所调查的三峡移民在其人口的分布上也存一定的差异性，主要表现为本地移民高于外地移民，前期移民高于后期移民，城镇移民高于农村移民，年轻移民要高于中老年移民，女性移民要高于男性移民。

根据上述对所调查移民在旱晚气候适应水平和适应性分布情况的分析，从中我们看到本地移民、城镇移民和年轻移民在其旱晚气候的适应性方面分别要好于外迁移民、农村移民和中老年移民。

（2）三峡移民对迁入地四季自然气候变化的适应性分析。所调查的三峡移民在对移民迁入地四季气候变化的适应性水平方面存在不同程度的差异性。其中本地移民与外迁移民之间存在显著性差异，$F(1, 566) = 36.735$，$P<0.000$，表现为本地移民对于四季气候变化的适应性水平要明显好于外迁移民；前期移民与后期移民存在显著性差异，$F(1, 566) = 6.657$，$P<0.010$，表现为前期移民对于四季变化的适应性水平要明显好于后期移民；男性移民与女性移民在四季气候变化的适应性方面不存在显著性差异，$F(1, 566) = 0.571$，$P>0.450$，由此表明所调查的三峡移民在对于迁入地四季气候的变化的适应性上不存在显著的性别差异；农村移民与城镇移民存在显著性差异，$F(1, 566) = 10.977$，$P<0.001$，表现为城镇移民在四季变化方面的适应性水平要明显好于农村移民；不同文化程度的移民之间存在非常显著性差异，$F(2, 565) = 5.494$，$P<0.004$，多重比较处理发现，其中大专及以上文化程度移民在四季气候变化方面的适应性水平显著好于高中及以下文化程度的移民；不同年龄段的三峡移民之间存在非常显著性差异，$F(2, 565) = 11.134$，$P<0.000$，多重比较处理发现，16~29岁段的三峡移民在四季气候变化方面的适应性水平要显著好于30~55岁及55岁以上的移民。由此看出，所调查的三峡移民在四季气候变化方面的适应性方面，除了在移民时间和性别方面不存在显著性

差异外，在其他方面均存在统计学意义上的显著性差异。具体情况见表 2-5：

表 2-5　**568 名三峡移民对四季气候变化的适应性水平分析**

		$M \pm SD$	F	Sig
移民所在地	本地移民	2.78±1.01	36.735	0.000
	外地移民	2.30±0.77		
移民时间	前期移民	2.60±0.95	6.657	0.010
	后期移民	2.40±0.92		
移民性别	男性移民	2.53±0.93	0.571	0.450
	女性移民	2.47±0.96		
移民类型	农村移民	2.34±1.04	10.977	0.001
	城镇移民	2.61±0.86		
移民文化程度	小学及以下移民	2.53±0.83	5.494	0.004
	初中至高中移民	2.41±0.93		
	大专及以上移民	2.76±1.06		
移民年龄段	16~29 岁移民	2.78±1.00	11.134	0.000
	30~55 岁移民	2.40±0.89		
	55 岁以上移民	2.32±0.88		

具体而言，所调查的三峡移民在"对于这里的四季气候的变化"问题中，回答"完全能够适应"的占 16.5%，"比较能够适应"的占 31.3%，"不太适应"的占 36.6%，"很不适应"的占 15.5%。其中，在回答"完全能适应"和"比较能适应"所占比率上，本地移民的比率（63.2%）高于外地移民所占比率（27.3%），表明本地移民在对四季气候变化的适应性分布上要好于外地移民；前期移民所占比率（58.1%）高于后期移民所占比率（38.5%），表明前期移民在四季气变化适应性的分布上要好于后期移民；城镇移民所占比率（58.7%）高于农村移民所占比率（41.5%），表明城镇移民在四季气变化适应性的分布上要好于农村移民；16~29 岁的移

民所占的比率（53.3%）和 30～55 岁的移民所占比率（51.7%）分别高于 55 岁以上的移民所占比率（38.3%），表明年轻移民在四季气候变化适应性的分布上要好于年老移民；女性移民所占比率（51%）高于男性移民所占比率（46%），表明女性移民在四季气变化适应性的分布上要好于男性移民。

由此表明，所调查的三峡移民在四季气候变化的适应方面，总体来看，回答适应或比较适应的不过半数，也就是说有过半数的移民还存在不同程度的四季气候变化方面的不适应问题。具体而言，在四季气候的适应上存在一定的人口学方面的差异，从调查比率来看，在四季气候变化的适应上：一是本地移民要好于外地移民。出现这种情况是很正常的，因为与外迁移民相比，本地移民由于地理位置没有发生更大的变化，其移民前后四季气候变化也就没有太大的差异，而外迁移民由于地理位置发生了较大的改变，因此，其移民前后的四季气候的变化差异也就较大，其四季气候的适应状况就不如本地移民。二是前期移民好于后期移民。这在一定程度上反映出移民在四季变化的适应上存在明显的时间效应，也即随着移民时间的推移，其对迁入地的四季气候变化的适应性也就有所增强。三是城镇移民好于农村移民，这主要是由于所调查的城镇移民基本上属于本地移民，而农村移民则大部分均为外地移民，因此，出现这种情况也是自然的。四是中青年移民好于老年移民。这种年龄差异可能在一定程度上表明中青年移民对于移民后四季气候的变化的适应能力要好于老年移民。五是女性移民要好于男性移民，也在一定程度上表现出女性移民对于四季气候变化的适应性能力要好于男性移民。

（3）三峡移民对迁入地常年气候环境的适应性分析。所调查的三峡移民在常年气候环境的适应性方面存在不同程度的差异性。其中本地移民与外迁移民之间存在显著性差异，$F(1, 566) = 65.556$，$P<0.000$，表现为本地移民在常年气候环境的适应性水平明显好于外迁移民；前期移民与后期移民存在非常显著性差异，$F(1, 566) = 9.907$，$P<0.002$，表现为前期移民在常年气候环境方面的适应性水平要明显好于后期移民；男性移民与女性移民在常年

气候环境的适应性方面不存在显著性差异，$F(1，566)=0.078$，$P>0.781$，表明在常年气候的适应上不存在明显的性别差异；农村移民与城镇移民在常年气候环境的适应性方面存在显著性差异，$F(1，566)=16.322$，$P<0.000$，表现为城镇移民在常年气候环境的适应性水平要明显好于农村移民；不同文化程度的移民之间存在非常显著性差异，$F(2，565)=11.530$，$P<0.000$，多重比较处理发现，其中大专及以上文化程度移民在常年气候环境的适应性水平显著好于高中及以下文化程度的移民；不同年龄段的三峡移民之间存在非常显著性差异，$F(2，565)=9.007$，$P<0.000$，多重比较处理发现，16~29岁段的三峡移民在常年气候环境的适应性水平要显著好于30~55岁及55岁以上的移民。由此看出，所调查的三峡移民在常年气候环境的适应性方面，除了仅在移民性别方面不存在显著性差异外，在其他方面均存在统计学意义上的差异性。见表2-6：

表2-6　　568名三峡移民对于常年气候环境的适应性分析

		$M±SD$	F	Sig
移民所在地	本地移民	2.91±0.93	65.556	0.000
	外地移民	2.32±0.74		
移民时间	前期移民	2.68±0.88	9.907	0.002
	后期移民	2.45±0.90		
移民性别	男性移民	2.58±0.86	0.078	0.781
	女性移民	2.56±0.96		
移民类型	农村移民	2.37±0.82	16.322	0.000
	城镇移民	2.69±0.99		
移民文化程度	小学及以下移民	2.41±0.86	11.530	0.000
	初中至高中移民	2.74±0.87		
	大专及以上移民	2.81±0.96		
移民年龄段	16~29岁移民	2.81±0.95	9.007	0.000
	30~55岁移民	2.47±0.87		
	55岁以上移民	2.44±0.82		

　　具体来讲，所调查的三峡移民在"对于这里的常年气候环境"问题中，回答"完全能够适应"的占 12.7%，"基本能够适应"的占 32.9%，"不太适应"的占 38.6%，"很不适应"的占 15.8%。其中回答"完全能适应"和"基本能适应"的所占比率上，本地移民所占比率(63.5%)高于外地移民所占比率(21.5%)；前期移民所占比率(54%)高于后期移民所占比率(37.8%)；城镇移民所占比率(57.9%)高于农村移民所占比率(38.3%)；16～29 岁的移民所占比率(52%)分别高于 30～55 岁的移民所占比率(48%)和 55 岁以上的移民所占比率(32.4%)；女性移民所占比率(50.5%)高于男性移民所占比率(42.7%)。

　　由以上分析可以看出，在关于整个常年气候环境的适应方面，从总体来讲，所调查的三峡移民反映能够基本适应和完全能够适应的不及半数，还有过半数的移民存在不同程度的不适应性反映，具体而言，在此方面仍然可以发现其人口学方面的差异性，其中表现为本地移民在常年气候的适应性要好于外地移民，前期移民在常年气候的适应性要明显好于后期移民，城镇移民在常年气候的适应性要好于农村移民，年轻年移民在常年气候的适应性要好于中老年移民，女性移民在常年气候方面的适应性要好于男性移民。

(三)　自然环境的变化对移民身体健康的影响分析

　　自然环境的变化所导致的人的适应性问题，势必在一定程度上影响人的身体健康。而一旦因自然环境的改变使人的身体健康状况受到影响，就将有碍于人的整个社会适应性。因而一旦自然环境的变化对三峡移民身体健康造成不利影响，也将直接妨碍三峡移民的社会适应性。那么，随着三峡移民自然环境的变化，是否对三峡移民身体健康有不利影响呢？对此我们做了专项调查，所调查的三峡移民在关于自然气候环境对个人身体健康的影响上存在不同程度的差异性。其中本地移民与外迁移民之间存在显著性差异，$F(1, 566) = 12.735$，$P<0.000$，表现自然气候对本地三峡移民身体健康的影响要明显好于外迁移民；前期移民与后期移民不存在显著性差异，$F(1, 566) = 1.481$，$P>0.224$，表明自然气候变化对移民身体健康的影响不存在移民先后的差异；男性移民与女性移民存在显著性差异，F（1，566）= 9.120，$P<0.003$，表现为自然气候对女性移民身体健康所造成的不良影响要明显好于男性移民；自然气候对农村移民与城镇移民身体健康的影响没有显著性差异，F（1，566）= 0.005，$P>0.946$，表明自然环境的改变对农村移民和城镇移民身体健康的影响没有显著性差异；不同文化程度的移民之间存在非常显著性差异，F（2，565）= 8.528，$P<0.004$，多重比较处理发现，其中自然环境对大专及以上文化程度移民身体健康的影响要明显好于高中及以下文化程度的移民；不同年龄段的三峡移民之间存在非常显著性差异，F（2，565）= 10.733，$P<0.001$，多重比较处理发现，自然环境对16~29岁段的三峡移民身体健康的影响要显著好于30~55岁及55岁以上的移民。由此看出，自然环境气候对三峡移民身体健康的影响除了在移民时间和移民类型方面不存在统计学意义上差异外，在其他方面均构成较为显著的统计学差异性。具体情况见表2-7：

表2-7　　　　　　　**自然环境对移民身体健康影响分析**

		$M\pm SD$	F	Sig
移民所在地	本地移民	2.67±0.80	12.735	0.000
	外地移民	2.42±0.81		
移民时间	前期移民	2.61±0.81	1.481	0.224
	后期移民	2.53±0.82		
移民性别	男性移民	2.49±0.81	9.120	0.003
	女性移民	2.70±0.81		
移民类型	农村移民	2.56±0.79	0.005	0.946
	城镇移民	2.57±0.79		
移民文化程度	小学及以下移民	2.44±0.83	8.528	0.004
	初中至高中移民	2.56±0.78		
	大专及以上移民	2.75±0.85		
移民年龄段	16~29岁移民	2.74±0.88	10.733	0.001
	30~55岁移民	2.52±0.77		
	55岁以上移民	2.37±0.76		

　　具体而言，所调查的三峡移民中，"因不适应当地的气候"而经常犯病的占 9.9%，有时犯病的占 34.5%，不犯病的占 44.4%，完全不犯病的占 11.3%。在回答"不犯病"和"完全不犯病"的比率上，本地移民所占比率（63.8%）高于外地移民所占比率（44.6%），前期移民所占比率（58.8%）高于后期移民所占比率（52.7%），城镇移民所占比率（56.9%）略高于农村移民所占比率（53.5%），16~29 岁的移民所占的比率（63.5%）分别高于30~55 岁的移民所占比率（54.1%）和 55 岁以上的移民（44%），女性移民所占比率（61.4%）高于男性移民所占比率（52.3%）。由此表明，所调查的三峡移民中，有四成因对迁入地的自然气候不适应经常或有时犯病。其中因自然气候问题对所调查的三峡移民身体健康造成影响的分布情况看，本地移民要好于外地移民，前期移民要好于后期移民，城镇移民略好于农村移民，年轻移民要好于中老年移民，女性移民要好于男性移民。

　　以上数据分析表明，所调查的三峡移民在地理、早晚和常年气候及四季变化等自然环境方面表现出不同程度的适应水平。从总体而言，相当部分三峡移民是能够适应或基本适应迁入地的自然环境的，同时也有一定的移民对于新迁入的自然环境存在不同程度的适应性问题。

　　从具体分布上看，在自然适应性状况方面，所调查的三峡移民中表现为本地移民好于外迁移民，前期移民好于后期移民，城镇移民好于农村移民，年轻移民要好于年老移民，女性移民好于男性移民。出现这种差异情况是可以理解的，因为相对于本地移民来讲，外迁移民所发生的自然环境的改变要大得多，因此，外迁移民在自然适应方面显然要比本地移民困难；相对前期移民而言，后期移民毕竟缺乏适应新的自然环境的时间，因此，根据"适应的时间效应"，后期移民的自然适应状况差于前期移民是很正常的现象；相对城镇移民而言，农村移民的自然适应性差一些，这是因为除了城镇移民所处的自然环境表现出更多的"人工化"作用而要优于农村移民外，还有一个因素，就是我们所调查的城镇移民基本属于本地移民，由于其地理位置没有发生较大变化，因此，其自然适应可能要好于农村移民。而农村移民除了本地以外，同时还包括外地移民。对于年轻移民来讲，无论是在心理还是在生理方面的敏感性与适应性等方面，均要比中老年移民强，因此年轻移民的自然适应会好于中老年移民。至于女性移民在自然环境的适应方面要好于男性移民，同样表现出女性在身心反应的敏感性与适应性要好于男性。

尽管所调查的三峡移民在自然适应总体情况是正常的，大多数移民所表现的自然适应情况是好的和比较好的，但也有少部分移民在自然适应方面存在一定问题，其中表现较为突出的是一些外地移民和中老年移民方面。由于外地移民在移民后地理位置环境方面发生了较大的改变，因此其在自然环境的适应上难免会有一定的困难。由于中老年移民在整个适应变化方面的身心能力均较差，因此，也难免会比年轻移民在自然环境的适应上面临更多的问题。与此同时，研究发现虽然移民在自然环境的适应方面，或多或少地表现出一定的时间效应，即随着时间的推移，部分三峡移民在其自然环境的适应性上有所改变，但在此方面，并没有显示出非常明显的差异。也许这种差异会随着进一步的时间推移而逐步显示出来。而我们要想三峡移民尽快适应当地自然环境，就应该注意加强移民所在地自然环境的改善，与此同时，还应该解决好移民对新的迁入地自然地理位置环境的心理适应问题，使移民对新的自然环境形成一种积极的心理上的认同感，移民能够很好地认同迁入地的自然环境状况，对他们更好、更快地适应当地的自然乃至整个社会环境将会起到积极作用。

第三章 三峡移民人际适应性研究

人是一种社会性动物。人的生物属性所表现的柔弱性决定了人只有结群而居，才能够战胜各种生存困难与危机；人所具有的社会属性决定了人必须与他人打交道，必须生活在一定的社会群体中。离开了与他人的交往与联系，离开了一定的社会群体，人几乎难以生存。同时，人要实现各种精神的追求与满足，就更需要形成对一定群体的依附，更需要与他人的交互作用。离开了一定的群体以及与他人的交互作用，人的各种精神需要几乎难以实现与满足。因而三峡移民后的人际适应，不仅关系其生存相联系的各种物质需要的满足，同时也关系与其发展相联系的各种精神需要的实现。因此，三峡移民的人际适应是继自然环境适应之后的一种更为重要的社会适应。对此，我们展开了研究。

第一节 人际适应性概述

（一）什么是人际适应性

人际适应主要是人与人之间交往及其关系的适应。人际交往与人际关系通常是指人与人之间的心理上的沟通及其所形成的心理关系。它一般包括人际认知、人际情感以及人际行为等方面的内容。人际认知是对人与人之间关系的认知，它具体表现为人对自己与他人和他人与他人之间关系所持的信念与判断及评价等方面。人际认知是人际交往及人际关系的基础，影响着人际情感态度及人际行为等反应。人际情感是对人与人之间关系所形成的体验。人际情感是在人与人之间的交往互动过程中在对人与人之间关系认知的基础上

55

所形成的一种体验。人际情感是人际交往及其关系的动力所在，人际情感状况直接会影响到人际交往的方式及频率，关系到人际关系的亲疏程度。人际行为表现出明显的交互性与对等性。一种人际行为是否发生和维持，一方面，取决于人际交往的双方对另一方所持的人际认知和人际情感体验；另一方面，取决于彼此之间所表现的人际交往的内容与方式是否能够满足对方的需要。当任何一方对对方在人际认知与人际情感上采取消极的反应，或者是有关人际交往行为的内容与方式不能很好地满足对方的需要的情况下，就难以产生并维持一种正常而有效的人际行为，而人际行为又是人际关系的重要心理表征，一旦人际行为出现失当，就难以使正常的人际关系形成或保持下去。

人际适应性是人际交往的双方在人际认知、人际情感以及人际行为方面的适应性。且人际适应是一种双向地积极地适应，而不是消极地适应。这种积极地适应表现为人际交往的双方在人际认知上形成一种相互的肯定，在人际情感上形成一种积极的体验，在人际行为上所表现的是一种有益的互动。人际交往的双方只有在人际认知、人际情感及人际行为方面产生积极的互动与反应，才能在一定意义上反映出应有的人际适应。

（二）人际适应性的主要内容

人际适应的内容是多方面的，从广泛意义上讲，只要涉及与人交往及其关系的众多方面，都有一个适应的问题。从人际适应的主体来看，人际适应包括个体与个体之间的交往及其关系的适应，同时也包括个体与其群体之间的交往与关系的适应性。个体之间的适应性，通常反映出个人与他人之间的交往及其关系的一致性和融洽性，一般来讲，人际交往及关系的双方，在其交往过程中能够形成积极的互动，彼此之间能够满足其各自交往的需要，并且在其认知上保持一致性，情感上形成应有的融洽性，行为上具有一定的默契，那么我们便可认为彼此间人际交往及其关系是相适应的。相反，如果人际交往的双方，彼此之间不能够形成有效的积极互动，相互之间不能够在另一方那里获得必要的交往的需要，且在认知上形成了彼此的对立，情感上缺乏应有的和谐，行为上相互掣肘，那么彼此之间人际交往及其关系就不具有其适应性。而人对于群之间的适应性，通常是指个人对于一定群体所形成的依附和归属的状况，包括个体对所属群体的认同感与归属感及群体对于个人的接纳性与满足度。一般来讲，如果个人对群体形成了积极的认同感和良好的归属感，同时群体又能够对个体形成积极的接纳性并且能够很好地满足个体的需要，那么，就在一定意义上反映出个体对群体的积极的适应性。否则，就难以表明个体对群体的积极适应性。

（三）人际适应性的意义

1. 有助于保障和实现人的生存的需要

"整个动物界都显示出这样一个基本法则，这就是：一个物种的个体如果没有能力面对为自我保存而进行的生存斗争，则其成员就会通过群居生活而获得新的力量。"[1] 作为单个生命体意义的个体的人，其适应生存的能力是十分有限的，他在很多维持必要生存的本领上是不及许多其他动物的。人从出生之后在相当长时间内所表现的柔弱性，就决定了他比任何其他动物都需要对其同类较长时间的依赖，即使发展并进入独立性很强的青壮年期，人仍然摆脱不了对同类的依附关系，而当步入各种身心机能日渐衰萎的老年期，人更需要得到他人的照料，一直到个体整个生命的终结，人才能完全摆脱对同类的依附。因此，从整个生命发展的周期来看，自始至终都表现出人类个体对其同类他人的依赖关系。这就在一定意义上反映出个体之间必须形成一种相互依赖和相互作用的关系。而这种关系需要人与他人保持一种经常性的互动，形成相互的适应。如果彼此之间缺乏一种经常性的有效互动，不能够形成人际间的相互适应，人就难以获得更多地为维持其生存所需要的各种条件。

2. 有益于满足并维持相应的物质的需要

人要想维持生命和生存下去，需要靠提供源源不断的物质能

---

① ［奥］艾·阿德勒：《理解人性》，陈刚等译，贵州人民出版社 1991年版。

量，需要最基本的衣食住行的物质保障，而人要想获得为生命和生存所必需的各种物质条件，他需要通过一定的劳动获取这些，而在劳动过程中，他需要与他人建立各种往来关系，形成彼此之间的合作与配合。因此，从获取为维持生命与生存所必需的物质的满足意义上，每个人也需要同他人发生各种人际交往及关系。而人只有表现出应有的人际适应性，才能够与他人保持正常的往来，才有可能顺利而有效地获取为生存所必需的物质资源，来满足其维持生命与生存的物质的需要。

3. 有利于实现人的精神及发展的需要

人不仅有如同一般动物一样表现出明显的维持生理需要的诉求，同时人更具有其一般动物所不具有的强烈的精神诉求。人有获得尊重、关爱的需要，同时人也有获得成就地位的需要，并且人不会只是一味地满足于现有的东西，而表现出一种对未来的期盼和发展的愿望，而所有这些需要和愿望的实现，都只有在特定的社会群体中才有可能，因而人只有形成对所属群体和他人的良好的适应性，才能为其各种精神及发展需要的实现创造有利的条件。生活实践表明，有的人因为缺乏基本的人际适应性，不仅无法获得他人的尊重，无法实现自己成就地位的需要，并因此产生不应有的人际恐惧等不良反应。

第二节　三峡移民前后人际交往及关系的特点及变化

随着所处地理位置的改变，三峡移民前后的人际交往及关系结构也发生了明显的改变。三峡移民在其安置上，仅有少数是集中异地安置，而多数采取分散穿插安置在不同的移民点，而不管是哪种形式的安置，原来的人际交往及关系的格局都发生了不同程度的改变，这种改变集中反映在如下方面：

（一）由移民前的地缘性向移民后的非地缘性的改变

费孝通先生的乡土结构理论明确提出中国人的人际关系的

"差序格局"的观点，认为中国社会结构中的人与人之间的交往关系的建立总是以自己为中心，个人与他人的关系不是在一个平面上，而是如同水波一圈一圈推出去，与"己"越远，关系越薄①。

根据人际交往中的"差序格局"，三峡移民前的人际交往关系网络具有以下特点：三峡移民前的人际交往关系是一种以血缘关系为主，同时具有明显地缘性特点的人际交往关系。在长期的生产与生活实践中，三峡移民除了形成以血缘性为主的家族性的人际交往及关系外，还逐步建立与形成了具有明显地缘性特点的与周围村落的非血缘性人际交往及其关系。所谓乡里乡亲，说的就是这种以地缘性为鲜明特点的人际交往及其关系。由于长期的与当地人之间各种频繁地接触，彼此之间增进了了解，有了熟悉感，才会在这种环境条件下表现出应有的归属感和安全感。随着移民迁入新的居住地，原有的人际关系格局发生了根本性的改变，对于移民来讲完全变迁的社区环境造成原有社会关系的近乎断裂，尽管三峡移民是以举家的形式实行的迁移，而仍然保留其血缘性的家庭人际交往及关系，但处在"水波近纹"的原左邻右舍的人际交往及关系不复存在了，代之而来的是完全陌生的左邻右舍；同时处在"水波外围"的乡里乡亲的人际交往及关系也荡然无存，而随之带来的是人生地不熟的周边人际环境。如前所述，三峡工程外迁移民的社会适应过程实际上是一种双向的适应过程，无论是对于迁出地移民，还是对于迁入地居民来说，都需要打破原有社会关系网络，接受或建立新的社会关系。面对人地两生的新的人际关系格局，移民不了解和熟悉当地人，当地人除了只知道移民所特有的身份外，也不了解移民的各种具体情况。当彼此缺乏必要的认识与了解，相互之间就自然缺乏信任感而更多的是距离感。当彼此形成这样的反应后，就直接造成双方在人际交往及关系上的适应问题。如程瑜所言："第一，移民始终没有办法形成对安置区的认同，无论安置区的安排是否合理科学，始终觉得原居住地好。第二，移民在遇到困难的时候，向政府提出帮助请求时，在没有得到满意答复的时候，不会向当地人

---

① 杨雅彬：《近代中国社会学》，中国社会科学出版社 2001 年版。

请求援助，而是仍然求助于在迁出地居住时所建立起的社会关系网络资源，这在某一方面说明了继续社会化的困难或者预示着失败。第三，在社区整体迁出并整体迁入另一社会环境的情况下，生成强烈的"我群体"及"他群体"意识，往往形成"国中国"，产生所谓"孤岛效应。"①

（二）由移民前的封闭性向移民后的开放性的改变

三峡移民在移民前生活在我国中西部经济不够发达的、以山地为主的地域，特定的地域环境客观上造成三峡移民在人际交往关系方面具有一定的封闭性和保守性，这种封闭性就在一定程度上反映出移民前的人际交往关系的范围是十分狭隘与有限的，同时也决定了三峡移民在人际交往的意识与观念方面的保守性。这种人际交往及关系将直接影响其移民后的人际适应性。因为移民迁入地一般处在地势较为平坦开阔且经济文化比较发达的地域，这种地域所形成的人际交往及关系往往具有一定的开放性。也就是说处在迁入地的人们，由于生计的需要，经常要与各种南来北往的人打交道，同各种不同的人建立各种各样的联系。因此，移民后三峡移民所要面对的是一种具有明显的开放式的人际交往关系，他们要想在新的迁入地发展生产和过正常的生活，就必须学会与各种人打交道，并与当地人保持一种必要的人际交往关系。因而三峡移民必须从移民前那种封闭而保守的关系向开放而进取的人际交往关系发生转变，否则就无法适应新的环境条件下的人际交往关系。而要想实现这样一种转变，却是一种困难的过程，因为这种转变不只是一种简单的或权宜性的外显行为的改变，更是一种移民在人际交往关系意识及观念上的深入的转变。

（三）由移民前的单一性向移民后的多元性的改变

移民前的交往主要是一种以情感为主要内容，与亲戚朋友见面

---

① 程瑜：《广东三峡移民适应性的人类学研究》，载《中南大学学报》（人文社会科版）2003年第3期。

为主的同时与所熟悉的乡里乡亲之间的交往关系，因此，这种人际交往及关系较为单一，而移民后移民不仅要重新与移民所在地的左邻右舍的居民建立一种新型的人际交往关系，同时为了适应新的地方生产生活的需要，获得各种生产与生活的技能，他们还必须同其他不同类型的人发生和建立多种形式的人际交往关系。因此三峡移民必须由移民前的亲情友情为主的较为单一的人际交往关系向与迁入地各种不同类型的人建立多元人际交往关系的转变。只有这样，他们才能更好地适应移民后的地方的生活，并由此获得生产与生活所必要的各种技能。而要想完成这种转变，一方面需要三峡移民自身能够从原有的有限的交往圈子中走出来，带着一种开放、真诚、积极的态度同各种不同类型的人打交道，与各种不同类型的人建立各种交往关系；另一方面，也需要当地各种人以满腔热忱的方式接纳三峡移民，并自觉与三峡移民建立一种相互信任和支持的人际交往关系。只有彼此双方采取积极交互作用，才能使三峡移民实现一种新型人际交往关系的转变①。

（四）移民前后群际关系变化所带来群际意识的改变

从文化传统的角度考虑，重庆地区历来有着团结对外、强悍不屈的民风，所谓"关了巫山峡，袍哥是一家"，抱团的四川人，讲的就是群体内部的义气②。三峡移民前后不仅仅是人与人之间交往关系的改变，同时其群际关系也发生了明显的变化。而随之带来的是三峡移民群际关系意识的改变。长期生活与居住在原属地的三峡移民，通常是根据其"乡土"而形成其内群体的意识，而将非本乡本土的一并归属于外群体。而移民后这种内外群体的格局已不复存在。移居异地的三峡移民便以其是否为"三峡移民"的身份标准来重新认定所谓的内外群体。在他们的意识中，将具有三峡移民

---

① 刘伟：《从"乡土"文化结构探究三峡移民心理困境原因》，载《三峡大学学报》（人文社会科学版）2007 年第 9 期。

② 刘伟：《从"乡土"文化结构探究三峡移民心理困境原因》，载《三峡大学学报》（人文社会科学版）2007 年第 9 期。

身份的移民视为内群体，而将不具有三峡移民身份的当地人归属于外群体。Compell（1965 年）、Sherif（1967 年）提出的关于群体意识形成的"RCT"理论认为，形成群际区别感及内群意识、外群意识的根本原因是群际间的实际冲突，即群体间利益上的实际冲突不仅造成了对抗性的群际关系，也增强了对内群体的认同与积极投入。因此，一方面，三峡移民由于移民身份所产生的内群体意识，促成了他们在新的迁入地特有的"抱团"现象，移民初到陌生地，分散的安置在某种程度上加剧了其不安全感，加之他们具有共同的语言、文化，因此移民内部容易形成小群体，自成帮派，一家有事，八方支援，对抗力极强，一旦其成员有所不满，则会迅速召集当地甚至外县（市）的移民聚集滋事，聚众要挟；另一方面，移民所形成的外群体意识，又使他们有意无意地将自己排除在所属地的居民群体之外，将所属地的居民视为"外群体"，人为造成与当地居民之间的心理距离。这样一来，当涉及移民与当地居民之间的一些利害关系的情况下，就极易产生移民与当地居民之间的群际冲突。移民也就无法融入当地社会关系网络中，继而无法适应移民后的生活。事实上，三峡移民形成的这种小群体已成为当地的一个社会问题，在个别地方，有时甚至会发展成为暴力抗法、打架斗殴等违法行为①。

第三节　三峡移民人际适应阶段分析

　　三峡移民在迁入地人际适应的过程，是一种新的人际交往关系逐步建立和不断改善的过程。奥尔特曼和泰勒研究发现，良好的人际关系是在人们自我暴露逐渐增加的过程中发展起来的。随着我们对一个人的接纳性和信任感越来越高，我们也会越来越多地暴露自我，同时我们也要求别人越来越多地暴露他们自己。因此，要想知道三峡移民同当地居民的关系深度如何，要想知道当地居民对三峡

---

　　①　吴垠：《关于三峡工程跨省外迁移民的社会适应性研究》，载《人民长江》2008 年第 7 期。

移民有多高的接纳性，主要看彼此之间自我暴露深度如何。而一般情况下人际交往及关系中的自我暴露是交往双方一个由浅入深的渐进过程。奥尔特曼和泰勒（Altman D. 和 A. Taylor，1973）认为，良好的人际关系的建立和发展，从交往由浅入深的角度来看，一般需要经过定向、情感探索、感情交流和稳定交往四个阶段。而根据三峡移民的人际关系变化的特点，我们认为三峡移民人际适应过程大致经历有戒备、试探交往、稳定交往三个时期。

（一）戒备期

这个时期主要是三峡移民初来乍到的时期，由于对当地居民缺乏了解，为了防止上当受骗，他们一般不会主动与当地人发生较多的接触，遇到困难与麻烦也不去找当地人帮忙，在日常行为上通常与当地人保持明显的距离。同样，由于移民刚到迁入地不久，当地居民也只是从最一般意义上知道其移民的身份，但是对每个移民的个性特点和家庭情况也缺乏了解，因此在此种情况下，当地居民除了因需要尽地主之谊，同移民进行一些最基本的礼仪上的接触外，一般不会与其进行更多的交流。因而处在戒备期的双方，显然各自的自我情感投入严重不足，其人际交往关系是极其肤浅和微妙的。当然，其间双方也免不了有极为有限的最初沟通，其目的是对对方获得初步的了解，以便让自己知道可否与对方有更进一步的交往，从而使彼此之间人际关系的发展获得明确的定向。由于初步沟通实际上是试图建立更深刻关系的尝试，因此，尽管双方所暴露的有关自我的信息都是最表面的，但他们还是希望在初步沟通过程中给对方留下良好的第一印象，以便使以后关系的发展获得一个积极的走向。为了达此目的，双方都有一种非常敏感的人际反应神经。各自稍有不慎，就容易给对方造成不好的第一印象，而一旦形成这种不好的人际第一印象，将直接影响其后期的人际交流和关系的发展。因此，处在这个时期的双方，在其最初的接触中显得较为谨慎、小心。从移民的角度讲，如果对所接触的当地居民形成了良好的第一印象，那么就有助于他们尽快渡过戒备期，而与当地居民进一步发生其往来，发展其人际关系，而形成最初的人际适应反应。相反，

63

如果在移民与当地居民最初的接触中，形成的是不好的第一印象，那么将直接影响到移民与当地居民进一步的交往，难以与其建立和形成一种正常的人际交往关系，并因此而直接造成其人际适应方面的问题。

（二）试探交往期

移民迁入新的居住地后，其原有的社会关系网络已不复存在，面对人地两生的境地，他们仿佛被抛掷在"荒岛"之上而显得孤独和无助，缺乏安全感。而生存下去的理性使他们明白"远亲不如近邻"的道理，并清醒地意识到要在新的迁入地长期生活，不可能总是不与当地居民打交道，同时陌生感所带来的对安全的渴求驱使他们开始试探性地与当地居民进行一定的交流。在此时期，移民与当地居民之间开始更多的只是一些表层的接触和简单的交流，因此，双方的自我卷入明显不够，但随着试探内容的不断扩展，其各自的情感卷入也就不断增加。在此期间，如果移民从与当地居民的交流中，感受到对方的真诚和友善，同时也获得了一些生活与生存上的支持与帮助，那么移民就进一步增强了对当地居民的信任感，于是就可顺利进入一种较为稳定的交往时期。当然由于这是处在一种试探性的交往阶段，其交流的内容是十分有限和较为浅显的，而且在整个过程中，移民都以其"三峡移民"特殊的角色身份同周围的地方居民交往，其身份感造成的交往距离显而易见。且在此阶段，移民与当地居民往往因一些琐事而改变与对方的交流态度和交往的方式。从移民的角度讲，哪怕他们在与当地居民的交往中只遇到一件不开心的事，他们往往因晕轮效应的作用，而对当地居民形成更多的消极看法与不良反应，进而直接影响其与当地移民的进一步的往来与沟通，而造成其人际适应方面的问题。

（三）稳定交往期

顺利度过试探交往期，移民与当地居民的关系就进入了较为稳定的交往期，在此期间，移民与当地居民双方的自我暴露的深度与广度也逐渐增加。随着双方共同情感领域的发现，从此移民与当地居民的交流增多，其交流的内容也更丰富，彼此的熟悉程度就更高。移民在其新的迁入地的社会关系网络基本形成，移民在其过程中获得一定的归属感和安全感，且在其交往过程中移民的身份感越来越淡化，移民与当地居民的关系越来越融洽，当他们遇到一些困难时，能够主动寻求当地居民的帮助，当地居民也非常乐意帮助移民，在这种情形中移民也就基本上适应了于当地居民的人际交流，且初步建立起正常的人际交往关系。

由上所述，三峡移民前后人际交往关系所发生的变化，客观上造成三峡移民在新的迁入地人际适应方面的困难。同时也在一定程度上表明要想很好地适应当地生活，完全融入当地社会，需要三峡移民努力克服其在人际适应方面的各种困难与障碍。这就需要我们高度关注三峡移民的人际适应问题，并加强对此问题的研究，以便有针对性地为三峡移民逐步解决人际适应方面的各种问题，使之尽快更好地适应当地社会生活。

第四节　三峡移民后人际适应性状况的调查分析

（一）三峡移民后的人际适应的总体状况分析

在三峡移民人际适应方面，我们共设置了 11 个调查项目，其中在人际认知上有 3 个项目，在人际情感和人际行为方面各有 4 个项目。

1. 三峡移民总体人际适应性分布情况分析

我们根据所调查的分数分布情况将三峡移民人际适应分为"良好"、"一般"、"较差"三种类型，其中的适应良好是指人际适应分数在平均数加一个单位的标准差以上分数的三峡移民，而适应较差是指人际适应分数在平均数减去一个标准差以下分数的三峡移民，而适应一般是指介于平均数上下一个单位标准差分数范围的所调查的三峡移民。统计分析发现，所调查的移民总体人际关系分布状况是：适应良好的所占比率为 13%，而适应一般的占 67.8%，适应不良的占 19.2%。由此看出，所调查的大多数三峡移民总体人际适应状况是正常的，当然，还有少部分移民存在一定的人际适应困难。具体见表 3-1：

表 3-1　　**568 名三峡移民总体人际关系适应现状的分布**

	适应良好	适应一般	适应较差
参照标准	高于平均数一个标准差以上	介于平均数与两个标准差之间	低于平均数减一个标准差以下
人数	74	385	109
比率（%）	13.0	67.8	19.2

2. 三峡移民总体人际适应水平分析

研究发现，所调查的三峡工程移民在人际适应总体水平方面存在不同程度的差异性：本地移民与外迁移民在总体人际适应方面的分数不存在显著性差异，$F (1, 566) = 0.032$，$P>0.859$，表明所调查的本地移民和外迁移民在人际适应的总体水平方面不具有明显的差异；前期移民与后期移民在总体人际适应方面分数也不存在显著性差异，$F (1, 566) = 2.473$，$P>0.116$，表明所调查的前期移民和后期移民在总体人际适应水平方面不存在明显的差异；男性移民与女性移民在总体人际适应方面分数同样不存在显著性差异，$F (1, 566) = 0.486$，$P>0.486$，表明所调查的三峡移民在人际适应总体水平上不存在明显的性别差异；农村移民与城镇移民在总体人际适应性上分数还是不存在显著性差异，$F (1, 566) = 1.737$，$P>0.188$，表明所调查的农村移民和城镇移民在总体人际适应水平上也不具有明显差异；不同文化程度的移民之间所测分数存在显著性差异，$F (2, 565) = 12.107$，$P<0.000$，多重比较处理发现，其中大专及以上文化程度移民的总体人际适应性分数显著高于高中及以下文化程度的移民，表明所调查的大专及以上文化程度的移民总体人际适应水平要明显高于高中及以下文化程度的三峡

移民；不同年龄段的三峡移民之间所测分数存在显著性差异，$F_{(2, 565)} = 15.617$，$P<0.000$，多重比较处理发现，16～29 岁段的三峡移民的总体人际适应性所测分数要显著高于 30～55 岁及 55 岁以上的移民，表明所调查的年轻三峡移民在总体人际适应水平方面要明显高于中老年移民。由此看出，所调查的三峡移民在人际适应总体水平上，在文化程度和年龄段方面存在显著性差异，而在移民所在地、性别等其他方面并不存在统计学意义上的差异性（见表 3-2）。

表 3-2　　568 名三峡移民总体人际适应水平分析

		$M\pm SD$	F	Sig
移民所在地	本地移民	27.36±4.59	0.032	0.859
	外地移民	27.28±6.00		
移民时间	前期移民	27.69±5.65	2.473	0.116
	后期移民	26.97±5.23		
移民性别	男性移民	27.19±5.49	0.486	0.486
	女性移民	27.52±5.37		
移民类型	农村移民	26.92±6.21	1.737	0.188
	城镇移民	27.55±4.93		
移民文化程度	小学及以下移民	27.12±4.45	12.107	0.000
	初中至高中移民	26.65±5.22		
	大专及以上移民	29.60±6.68		
移民年龄段	16～29 岁移民	29.17±6.31	15.617	0.000
	30～55 岁移民	26.69±4.88		
	55 岁以上移民	25.82±4.53		

（二）三峡移民后的人际适应的具体内容分析

1. 三峡移民人际认知适应分析

三峡移民的人际认知适应，集中体现在对新的迁入地人际关系状况的认知方面，即对新的迁入地人与人之间所持有的人际信任状况的反映上，只有当移民对新地方人与人之间的关系持积极的人际信任反应时，才有利于移民积极地改善与包括当地居民在内的周围人的关系；如果移民对当地居民及周围人缺乏应有的人际信任的认知，将直接妨碍他们同周围人建立相互信任与融洽的人际关系。我们研究发现，所调查的三峡工程移民在人际认知适应方面在不同程度的差异性：本地移民与外迁移民在人际认知方面不存在显著性差异，$F(1, 566) = 1.575$，$P>0.210$，表明所调查的本地移民和外地移民在人际认知水平上不存在明显差异；前期移民与后期移民在人际认知方面也不存在显著性差异，$F(1, 566) = 0.075$，$P>0.785$，表明所调查前期移民和后期移民在人际认知水平方面不存在明显差异；男性移民与女性移民之间存在较为显著的差异性，$F(1, 566) = 3.819$，$P<0.051$，表现为所调查女性移民的人际认知适应性水平高于男性移民；农村移民与城镇移民在人际认知方面不存在显著性差异，$F(1, 566) = 0.394$，$P>0.530$，表明所调查农村移民和城镇移民在人际认知水平方面不存在明显差异；所调查的不同文化程度的移民之间存在存在显著性差异，$F(2, 565) = 5.721$，$P<0.003$，多重比较处理发现，其中大专及以上文化程度移民的人际认知适应性水平显著好于高中及以下文化程度的移民；不同年龄段的三峡移民之间在人际认知适应水平方面存在显著性差异，$F(2, 565) = 8.053$，$P<0.000$，多重比较处理发现，16~29岁段的三峡移民的人际认知适应性水平要显著好于30~55岁或55岁以上的移民。由此看出，所调查的移民在人际认知的适应方面，除了在性别、文化程度及年龄段方面存在显著性差异外，在其他方面并不存在统计学意义上的差异性（见表3-3）。

表 3-3　　　　**568 名三峡移民人际认知适应状况分析**

		$M\pm SD$	F	Sig
移民所在地	本地移民	7.49±1.70	1.575	0.210
	外地移民	7.30±1.68		
移民时间	前期移民	7.39±1.74	0.075	0.785
	后期移民	7.43±1.65		
移民性别	男性移民	7.30±1.74	3.819	0.051
	女性移民	7.59±1.60		
移民类型	农村移民	7.35±1.75	0.394	0.530
	城镇移民	7.44±1.66		
移民文化程度	小学及以下移民	7.33±1.66	5.721	0.003
	初中至高中移民	7.28±1.63		
	大专及以上移民	7.91±1.85		
移民年龄段	16~29 岁移民	7.80±1.82	8.053	0.000
	30~55 岁移民	7.32±1.58		
	55 岁以上移民	6.93±1.75		

　　具体来讲，所调查的三峡移民在关于迁入地"周围大多数人是值得信任的"这一问题的回答上，比率分布仍然存在一定的差异，认为"完全是"的占 5.5%，"基本是"的占 39.6%，"不是"的占 50.5%，"完全不是"的占 4.4%。其中在肯定回答方面，本地移民所占比率（62.6%）高于外地移民所占比率（21.5%），表明本地移民对所迁入地周围人的人际信任度的分布比率要高于外迁移民；前期移民所占比率（51.5%）高于后期移民所占比率（39.2%），表明前期移民对迁入地周围人的人际信任度的分布比率要高于后期移民；城镇移民所占比率（59.3%）高于农村移民所占比率（36.7%），表明城镇移民对迁入地周围人的人际信任度分布比率要高于农村移民；16~29 岁移民所占比率（52%）高于30~55 岁移民所占比率（48.3%）和 55 岁以上移民所占比率（35.9），表明年轻移民对迁入地周围人的人际信任度的比率分布

要高于中老年人；女性移民所占比率（45.7%）和男性移民所占比率（44.7%）相差无几。由此说明，从总体上看所调查的三峡移民对周围人持积极肯定人际信念的不过半数，而超半数的移民则持消极否定的人际信念。具体而言，所调查的三峡移民对新的搬迁地的人际信任人数比存在不同程度的差异，其中本地移民高于外地移民，前期移民高于后期移民，城镇移民高于农村移民，年轻移民要高于中老年移民。

2. 三峡移民人际情感适应分析

三峡移民的人际情感适应，主要表现在移民同当地周围的居民彼此之间能够和谐相处，相互接纳。如果三峡移民能够和当地居民和睦相处，彼此相互接纳和友好，那么就可以在一定意义上说明三峡移民具有良好的人际情感适应性。相反，如果三峡移民感觉与当地人有明显的心理距离，或不能够保持与当地居民的亲切友好的交往关系，那么就很难说三峡移民在人际情感上表现出应有的适应性。

研究发现，所调查的三峡工程移民在人际情感适应方面存在不同程度的差异性：本地移民与外迁移民在人际情感方面所得分数存在显著性差异，$F(1, 566) = 4.367$，$P<0.037$，表现为本地移民人际情感的适应性要显著好于外地移民；前期移民与后期移民在人际情感方面所得分数不存在显著性差异，$F(1, 566) = 1.580$，$P>0.209$，表明前期移民和后期移民在人际情感的适应方面不存在明显的水平差异；男性移民与女性移民在人际情感方面所得分数也不存在显著性差异，$F(1, 566) = 0.428$，$P>0.513$，表明所调查的移民在人际情感适应性别方面不存在明显的水平差异；农村移民与城镇移民在人际情感所得分数方面同样不存在显著性差异，$F(1, 566) = 0.033$，$P>0.856$，表明农村移民与城镇移民在人际情感适应方面不存在明显的水平差异；不同文化程度的移民之间在所得分数方面存在显著性差异，$F(2, 565) = 4.960$，$P<0.007$，多重比较处理发现，其中大专及以上文化程度移民的人际情感适应性水平显著好于高中及以下文化程度的移民；不同年龄段的三峡移民之间在所得分数方面存在显著性差异，$F(2, 565) = 12.079$，

$P<0.000$，多重比较处理发现，16~29 岁段的三峡移民的人际情感适应性水平要显著好于 30~55 岁及 55 岁以上的移民。由此看出，所调查的移民在人际情感的适应方面，除了在地域、文化程度及年龄段方面存在显著性差异外，在其他方面并不存在统计学意义上的差异性（见表 3-4）。

表 3-4　　　　　　　568 名三峡移民人际情感适应分析

		$M\pm SD$	F	Sig
移民所在地	本地移民	10.12±2.16	4.367	0.037
	外地移民	9.74±2.17		
移民时间	前期移民	10.08±2.21	1.580	0.209
	后期移民	9.85±2.14		
移民性别	男性移民	9.91±2.26	0.428	0.513
	女性移民	10.04±2.02		
移民类型	农村移民	9.97±2.12	0.033	0.856
	城镇移民	9.94±2.26		
移民文化程度	小学及以下移民	9.68±1.89	4.960	0.007
	初中至高中移民	9.90±2.17		
	大专及以上移民	10.53±2.45		
移民年龄段	16~29 岁移民	10.57±2.44	12.079	0.000
	30~55 岁移民	9.81±2.03		
	55 岁以上移民	9.22±1.79		

具体来讲，在所调查的移民中，"总感觉与当地人还有一种距离"这一问题的反应上，回答"完全是"的占 10.0%，"基本是"的占 41.5%，"不是"的占 40.0%，"完全不是"的占 8.5%。其中在"不是"的和"完全不是"的回答上，本地移民所占比率（60.5%）高于外地移民所占比率（32.2%），表明本地移民同当地居民的心理距离的分布情况要好于外迁移民；前期移民所占比率（54.4%）高于后期移民所占比率（42.9%），表明前期移民与本

地居民的心理距离的分布比率要好于后期移民；城镇移民所占比率（48.9%）和农村移民所占比率（48.4%）基本相同；大专及以上文化程度的移民所占比率（61%）分别高于初中和高中文化程度的移民所占比率（46.8%）和小学及以下文化程度的移民所占比率（42.9%），表明文化程度高的移民同当地居民的心理距离分布状况要好于文化程度低的移民；16~29岁移民所占比率（55.9%）高于30~55岁移民所占比率（47.4%）和55岁以上移民所占比率（34.6%），表明年轻移民同当地居民的心理距离分布状况要好于中老年移民；女性移民所占比率（52%）高于男性移民所占比率（46.4%），表明女性移民同当地居民的心理距离的分布状况要好于男性移民。

在移民中之所以存在同当地居民不同程度的心理距离，很大程度上因为部分移民有一种对当地居民的消极感受。所调查的移民在"感到当地人总把自己当外地人看待"这一问题的回答上，认为"完全是"的占16.2%，"基本是"的占37.0%，"不是"的占36.6%，"完全不是"的占10.2%。由此表明，过半数的移民同当地居民有一种距离感。而一旦这些移民与当地居民产生一种距离感，将直接妨碍他们同当地居民的正常往来与沟通，这样势必造成其在人际适应方面的问题。其中在"不是"的和"完全不是"的回答比率上，本地移民所占比率（55.8%）高于外地移民所占比率（34.7%），由此表明本地移民在此方面的感受情况要好于外地移民；前期移民所占比率（52.9%）高于后期移民所占比率（41.2%），由此表明前期移民在此方面的感受情况要好于后期移民；城镇移民所占比率（47.9%）和农村移民所占比率（46.2%）相差无几，由此表明城镇移民与农村移民在此方面的感受没有什么区别；大专及以上文化程度的移民所占比率（58.1%）分别高于初中与高中文化程度的移民所占比率（43.3%）和小学及以下文化程度的移民所占比率（46.3%），由此表明文化程度较高的移民在此方面的感受情况要好于文化程度较低的移民；16~29岁移民所占比率（53.5%）高于30~55岁移民所占比率（44.6%）和55岁以上移民所占比率（41.3%），由此表明年轻移民在此方面的感受情况要好于年长的移民；女性移民所占比率（50.5%）高于男性移民所占比率（44.7%），由此表明女性移民在此方面的感受情况要好于男性移民。

与此同时，所调查的移民中认为"总感觉当地人""非常欺生"的占 11.4%，"比较欺生"的占 38.4%，"不欺生"的占 42.3%，"完全不欺生"的占 7.9%。由此表明，有过半数的三峡移民并未有"当地人"欺生的感觉，而同样有近半数的移民存在不同程度地被"当地人"欺生的感觉。虽然这只是他们的一种感觉，也许实际上并非存在当地人欺生的情况，但不管事实上是否如此，一旦移民产生有"当地人"欺生的感觉，将直接影响到他们与当地人的正常交流与沟通，无形之中拉大了他们同当地居民之间的心理距离。王富茂、罗天莹从社会关系的角度着眼，认为人际关系中的歧视问题严重影响移民对迁入地的归属感①。这样带来的直接后果是使部分移民难以融入到当地社会，造成人际适应不良。

由于在所调查的部分移民中与当地居民存在明显的心理距离，且他们中的部分人在主观上存在有"当地人欺生"的感受，因此所调查的部分移民"在现在的地方生活感到""非常孤独的"占 14.1%，"比较孤独的"占 39.1%。当移民在新的迁入地感到一定的孤独时，他们将更加留恋老家的生活，更加思念过去的亲朋好友。这样也在一定程度上影响到他们同当地居民的人际交往和建立亲密的人际情感关系，且可能造成部分三峡移民的人际适应问题。

3. 三峡移民人际行为适应分析

三峡移民的人际适应性集中反映在三峡移民与所在地的居民及周围的人群之间正常的交往与沟通方面，包括交往的频率与交往的协调性与一致性上。如果三峡移民能够与所在地居民保持一种正常的交往，且通过交往双方都能够满足其各种的需要，并能够积极改善彼此之间的人际关系，增强其友好感和团结互助的精神，那么就可以认为三峡移民表现出应有的人际行为的适应性。

---

① 王富茂、罗天莹：《水库移民返迁与社会关系》，载《中国人口科学》2005 年第 5 期。

研究发现，所调查的三峡工程移民在人际行为适应方面存在不同程度的差异性：本地移民与外迁移民在人际行为适应性方面存在显著性差异，$F(1, 566) = 8.747$，$P<0.003$，表现为本地移民人际行为的适应性水平要显著好于外地移民；前期移民与后期移民在人际行为方面存在显著性差异，$F(1, 566) = 5.883$，$P<0.016$，表现为前期移民人际行为的适应性水平要好于后期移民；男性移民与女性移民在人际行为的适应性方面不存在显著性差异，$F(1, 566) = 0.130$，$P>0.719$，表明男性移民与女性移民在人际行为适应水平方面不存在差异；农村移民与城镇移民在人际行为方面存在显著性差异，$F(1, 566) = 4.848$，$P<0.028$，表现为城镇移民人际行为的适应性水平要明显好于农村移民；不同文化程度的移民之间存在显著性差异，$F(2, 565) = 17.966$，$P<0.000$，多重比较处理发现，其中大专及以上文化程度移民的人际行为适应性水平显著好于高中及以下文化程度的移民；不同年龄段的三峡移民之间存在非常显著性差异，$F(2, 565) = 14.060$，$P<0.000$，多重比较处理发现，16～29 岁段的三峡移民的人际行为适应性水平要显著好于 30～55 岁及 55 岁以上的移民。由此看出，所调查的移民在人际行为的适应水平方面，除了仅在移民性别方面不存在统计学意义上的差异外，在其他方面均存在统计学意义上的差异性（见表 3-5）。

表 3-5　　　　　**568 名三峡移民的人际行为适应分析**

		$M\pm SD$	F	Sig
移民所在地	本地移民	10.31±1.76	8.747	0.003
	外地移民	9.66±3.05		
移民时间	前期移民	10.21±2.81	5.883	0.016
	后期移民	9.68±2.36		
移民性别	男性移民	9.97±2.50	0.130	0.719
	女性移民	9.89±2.77		
移民类型	农村移民	9.63±3.06	4.848	0.028
	城镇移民	10.12±2.27		

续表

		M±SD	F	Sig
移民文化程度	小学及以下移民	9.46±2.09	17.966	0.000
	初中至高中移民	10.10±2.48		
	大专及以上移民	11.15±3.13		
移民年龄段	16~29岁移民	10.80±3.02	14.060	0.000
	30~55岁移民	9.55±2.31		
	55岁以上移民	9.66±2.27		

　　具体而言，移民的人际行为的适应性，首先表现在移民是否能够与当地居民保持正常的交往上，包括交往意愿和交往频率以及交往的融入度等方面。在交往的意愿上，所调查的移民在"平时闲着没有事宁愿独自待在家里也不想与当地人交往"的问题上回答"完全是"的占 8.3%，"基本是"的占 42.1%，"不是"的占 40.7%，"完全不是"的占 9.0%。由此看出，在所调查的移民中，尚有过半数的移民平时缺乏较为积极与当地人交往的意愿。当移民不具备其这种积极与当地人交往意愿的情况下，他们在平时就难以与当地人展开必要的交流与沟通，而其中的部分人就难以更好地表现出应有的人际适应性。当然，在此问题的反映上也存在一些明显的差异性，其中在回答"不是"的和"完全不是"的所占比率上，本地移民所占比率（53.1%）高于外地移民所占比率（45%），表明部分本地移民的交往意愿要好于外地移民；前期移民所占比率（53.3%）高于后期移民所占比率（46.3%），表明部分前期移民的交往意愿要好于后期移民；城镇移民所占比率（54.1%）高于农村移民所占比率（47.1%），表明部分城镇移民的交往意愿要好于农村移民；大专及以上文化程度的移民所占比率（53.4%）分别高于初中和高中文化程度的移民所占比率（50.4%）和小学及以下文化程度的移民所占比率（48.1%），表明部分文化程度高的移民交往的意愿要好于部分文化程度低的移民；16~29岁移民所占比率（54.7%）分别高于30~55岁移民所占比率（48.3%）和

55 岁以上移民所占比率（44%），表明部分年轻移民与当地人交往的意愿要好于部分年长的移民；女性移民所占比率（49.5%）和男性移民所占比率（49.7%）基本相同，表明在与当地人交往的意愿所占比率上男女移民不存在明显的差别。

所调查的部分移民缺乏与当地人交往的积极意愿，这会直接影响到他们与当地人的交往。研究发现，在所调查的三峡移民中，"平时与当地居民交往""很多"的占 13.2%，"较多"的占 37.1%，"较少"的占 39.1%，"很少"的占 10.6%。其中在回答交往"很多"和"较多"的比率分布上，本地移民所占比率（55.4%）高于外地移民所占比率（46.6%），表明部分本地移民与当地居民平时交往的频率要高于部分外地移民；前期移民所占比率（55.1%）高于后期移民所占比率（45.2%），表明部分前期移民与当地居民平时交往的频率要高于部分后期移民；农村移民所占比率（53.5%）高于城镇移民所占比率（45.1%），表明部分农村移民平时与当地居民的交往的频率要多于城镇移民；大专及以上文化程度的移民所占比率（56.7%）分别高于初中和高中文化程度的移民所占比率（44.2%）和小学及以下文化程度的移民所占比率（40%），表明部分文化程度高的移民与当地人平时的交往频次要好于部分文化程度低的移民；16～29 岁移民所占比率（53%）要分别高于 30～55 岁移民所占比率（48.8%）和 55 岁以上移民所占比率（42.6%），表明部分年轻移民与当地人的交往频率要高于部分中老年移民的交往频率；女性移民所占比率（51.4%）高于男性移民所占比率（48.6%），表明部分女性移民与当地人所交往的频率要高于部分男性移民。

反映交往的融入度的一个重要方面，就是看交往双方在需要帮助的时候能否主动寻求对方的帮助。一般来讲当交往中的任何一方需要得到他人的帮助时，都希望能够从对方那里满足这种帮助的需要，就可在一定意义上表现出该寻求的一方与另一方在交往的融洽性上是较好的。研究发现，所调查的移民在"遇到再大困难也不愿向当地人寻求帮助"问题上，回答"完全是"的占 6.3%，"基本是"的占 40.7%，"不是"的占 45.8%，"完全不是"的占

7.2%。由此看出，有过半数的移民在遇到困难的时候倾向于向当地人寻求帮助，还有超过四成的移民在遇到困难时并没有向当地人寻求帮助的反应。具体来讲，其中在回答"不是"的和"完全不是"的所占比率上，本地移民所占比率（56.2%）高于外地移民所占比率（48.7%），表明本地移民在交往的融入度方面的分布情况要好于外地移民；前期移民所占比率（55.9%）高于后期移民所占比率（50.3%），表明前期移民在交往的融入度方面的分布情况要好于后期移民；城镇移民所占比率（58.3%）高于农村移民所占比率（49.8%），表明城镇移民的交往融入度分布比率要好于农村移民；大专及以上文化程度的移民所占比率（62.9%）分别高于初中和高中文化程度的移民所占比率（49.4%）和小学及以下文化程度的移民所占比率（53.7%），表明大专以上文化程度的移民的交往融入度分布情况要好于高中及以下文化程度的移民；16~29岁移民所占比率（64.8%）分别高于30~55岁移民所占比率（48%）和55岁以上移民所占比率（48%），表明年轻移民交往融入度分布情况要好于中老年移民；女性移民所占比率（55.3%）高于男性移民所占比率（51.7%），表明女性移民交往融入度分布状况要好于男性移民。

　　在所调查的部分移民中，之所以存在缺乏与当地人进行交往的积极意愿和表现出较少的与当地人的交往行为，不排除是由于移民在与当地人的交往中存在某些困难。我们在调查中发现，"对于当地人的讲话""完全能听懂"的占26.6%，"基本能听懂"的占21.8%，"不太懂"的占29.4%，"完全听不懂"的占22.2%，在"完全能听懂"和"基本能听懂"的回答率上，本地移民所占比率（68.1%）高于外地移民所占比率（21.9%），表明外地移民在语言交流方面的困难要明显多于本地移民；城镇移民所占比率（60.2%）高于农村移民所占比率（41.4%），表明在语言交流方面的困难农村移民要明显多于城镇移民；前期移民所占的比率（51.8%）高于后期移民所占比率（45.2%），表明后期移民在语言交流方面的困难要明显多于前期移民；大专及以上文化程度的移民所占比率（53.2%）高于初中与高中移民所占比率（45.6%）

和小学及以下文化程度的移民所占比率（38.1%），表明文化程度低的移民在语言交流方面的困难要明显多于文化程度高的移民；16~29 岁段移民所占比率（53.2%）分别高于 30~55 岁移民所占比率（45.3%）和 55 岁以上移民所占比率（40.5%），表明年老移民在语言交流方面的困难要明显多于中青年移民；男性移民所占比率（45.8%）低于女性移民所占比率（52.9%），表明男性移民在语言交流方面的困难要明显多于女性移民。

由于部分移民在与当地人交往中存在较为明显的语言障碍，而这会直接造成其交往方面的困难。研究发现，所调查的移民在回答"与当地居民进行正常的交谈感到""非常困难"的占 8.5%，"比较困难"的占 46.1%，"不困难"的占 35.0%，"完全不困难"的占 10.4%。其中回答"不困难"和"完全不困难"的比率上，本地移民所占比率（48.4%）高于外地移民所占比率（43.2%），表明外地移民在语言交流方面遇到的困难要远远多于本地移民；城镇移民所占比率（53.6%）高于农村移民所占比率（46.5%），表明农村移民在语言交流方面的困难要明显多于城镇移民；前期移民所占的比率（49.7%）高于后期移民所占比率（41.5%），表明后期移民在语言交流方面的困难要多于前期移民；大专及以上文化程度的移民所占比率（53.8%）高于初中与高中移民所占比率（49%）和小学及以下文化程度的移民所占比率（37.6%），表明文化程度低的移民在语言交流方面的困难要远远多于文化程度高的移民；16~29 岁段移民所占比率（60%）分别高于 30~55 岁移民所占比率（41.4%）和 55 岁以上移民所占比率（38.7%），表明年长移民在语言交流方面的困难要多于年轻移民；男性移民所占比率（45.6%）和女性移民所占比率（45.2%）相差无几。从总体上看，尽管有相当部分的三峡移民在与当地居民进行交谈中并不觉得有什么困难，但仍然有过半数的三峡移民在与当地居民的正常交谈上存在不同程度的困难。这种交谈困难，主要反映在部分外迁地区的移民方面，且主要是由于语言之间的巨大差异所造成，如在上海、江浙等地的移民，对于当地方言是很难听懂的，因为从语言来看，重庆话属北方方言，江苏话属吴方言，两地语言差别明显。因此，移居这些地方的三峡移民在与当地人进行正常交流时所遇到的困难是在所难免的。郝玉章对江苏 227 户三峡移民的调查发现，对于当地话，48.0% 的移民只能听懂一点，还有 15.4% 的移民完全听不懂，69.6% 的人在与当地人交流的时候有一定的困难①。由此也表明部分移民与当地人交流起来有一定的困难。

由此看出，有相当部分的三峡移民与当地居民之间存在语言沟通上的障碍，由此带来的问题往往是多方面的，不仅直接影响到三峡移民与当地居民之间的正常交往和良好人际关系的建立，且会由此引起一些连锁性反应。首先直接会影响到与当地居民所发生生产与劳动方式方面的交流，不利于移民向当地人学习各种生产与生活经验，其次，会影响到移民与当地居民之间的经贸活动，再次，会影响到三峡移民对当地的文化适应，因为语言是文化的重要载体之一，如果三峡移民与当地居民存在语言上的交流障碍，将直接影响到移民对当地文化的吸收，而直接造成移民在文化适应方面的困难。并且我们调查中也发现，"因语言不通和当地人发生过一些误会"，回答"经常这样"的占 11.8%，"有时这样"的占 38.4%，"不这样"的占 35.2%，"完全不这样"的占 14.6%。由此表明，因为语言不通直接造成部分三峡移民不同程度地影响到在迁入地与他人的正常往来，而导致人际适应方面的问题。

综上所述，虽然所调查的大多数三峡移民在总体人际适应方面是正常或基本正常的，但由于各种主客观原因，也有少部分移民在总体人际适应方面存在明显的问题。其中外地移民、农村移民、文化程度低的移民以及中老年移民在人际适应方面所面临的问题显得更为突出。根据三峡移民前后人际关系的变化特点和人际适应的一般过程，以及三峡移民目前人际适应方面所存在的一些实际问题，进一步增强移民的人际适应，需要加强在此方面的教育与引导，做好深入细致的工作。

---

① 郝玉章、风笑天：《三峡外迁移民的社会适应性及其影响因素研究——对江苏 227 户移民的调查》，载《市场与人口分析》2005 年第 11 卷第 6 期。

首先，要妥善处理移民与当地居民之间客观差异所造成的一些利益冲突。根据冲突理论，不平等的社会系统导致某一社会群体的利益受损，一旦有被剥夺感，就易形成社会冲突。在这种冲突中会强化我群意识，形成小群体，而这种我群意识又将进一步激化冲突。如果移民与当地居民之间存在明显的利益上的冲突，将无法使移民与当地人形成与发展一种稳定的人际交往关系，而直接影响到移民的人际适应。因此作为地方有关部门，应该协调和处理好三峡移民同当地居民之间的利益关系，妥善处理三峡移民与地方居民之间的一些矛盾和纠纷问题，尽可能避免彼此双方之间所发生的矛盾冲突。一方面，要引导移民正确认识与对待因为过去历史的原因，移民与地方居民在一些利益上已存在的差别，另一方面，在现实的有关利益的再分配上，应该一视同仁地对待移民和当地居民，避免因不公平所带来的利益上产生新的冲突，影响移民与当地居民之间的关系，从而逐步淡化移民身份，改变移民最初形成的内群体和外群体之间的格局，使移民与当地居民形成共属群体感。

其次，积极营造移民和当地居民进行交流的良好环境，促进移民与当地居民的各种交往实践。调查表明，移民与当地居民交往越多，其适应性就越强，而与其他移民交往越密切，其适应性就越弱[1]。这是因为移民与移民之间过度地密切交往，会更加强化移民之初形成的"内群体"意识，这种内群体意识是造成移民与当地居民发生正常往来的一种明显障碍，而移民只有平时更多地与当地居民发生各种交流，才有可能从以往的"内群体"中摆脱出来，逐步融入当地居民中去。地方有关管理部门应该不时地组织移民和当地居民的联谊活动和各种文化娱乐活动，为移民与当地居民的交流创造各种机会。社会心理学家强调，在人际交往，人际关系的建立与维持当中，必须首先遵循交互原则。对于同我们发生交往的人，我们应首先接纳、肯定、支持、喜爱他们，保持在人际关系的主动地位。不然，我们在人际关系上会困难重重，甚至为别人所拒

---

① 林秀俊、黄忠煌：《积极落实移民政策　坚持安置发展并举——三峡移民在福州市生存状态及适应性调查》，载《福州党校学报》2006年第2期。

绝。因此，三峡移民要想增强人际适应性，一方面，移民应该加强与当地人的接触和沟通，增强对对方的了解，培养其信任感；另一方面，当地居民应该以自己的真诚和善意接受三峡移民，并以积极的主人的身份主动关心和帮助他们，做他们信赖的朋友。只有三峡移民和当地移民彼此之间通过更多的交流与沟通，增强相互的了解，达成相互的信任，并形成相互的尊重，才能不断促进三峡移民适应新的人际环境。

再次，地方各级组织与主管部门，要帮助移民克服人际适应方面的各种心理与行为障碍。三峡移民在新的迁入地所表现的一些心理与行为障碍，严重地影响到他们与当地居民的正常交流及关系的改善，造成其人际适应不良。如三峡移民身份所形成的内群体意识，三峡移民对当地居民所产生的各种认知偏差和不应有的态度偏见等，都是影响其与当地居民进行正常交流、妨碍其人际适应的心理障碍。因此，帮助其移民努力克服来自自身的各种影响其人际交往及适应方面的障碍，是帮助移民增强其人际适应的一项必不可少的措施。三峡移民只有完全克服其在移民的诸多事件上的心理障碍，才能最终形成与保持同当地干群之间的正常往来与沟通，从而形成一种正常的人际关系，获得良好的人际适应。

第四章　三峡移民生活适应性研究

　　生活是人得以生存与发展的最普遍而又最基本的活动方式，而生活的适应又是人最为基本的社会适应。一般来讲，人生活的适应所包括的内容与形式是极为丰富多样的，既有衣食住行等日常生活的适应，也包括人对各种风俗习惯的适应，同时还应包括人际关系和文化娱乐、休闲等多方面的适应性。本章我们需要集中探讨的是三峡移民日常生活为主的，同时也适当涉及移民在有关风俗习惯和文化生活等方面的适应性，而关于移民人际关系等方面的生活适应我们在其他章节予以探讨。

第一节　生活适应性概述

（一）什么是生活适应性

　　要想弄清什么是生活适应性，我们首先需要明确生活的含义。生活与我们每个人都息息相关，但生活又是非常难以明确其意义的一个词。现代汉语词典对"生活"一词的解释有五：第一，作为名词的"人或生物为了生存和发展而进行的各种活动"。这是广泛意义上的生活定义，该定义规定其生活的主体是人或生物，其生活的功能是为了其生存与发展，其生活的方式及手段是活动。第二，作为动词使用的生活是指"进行各种活动"，该侧面的释义强调的是生活所具有的方式及形式。第三，作为动词使用的生活是指"生存"，该侧面所要言明的生活就是生存之意。第四，作为名词使用的生活是指"衣、食、住、行方面的情况"，此方面的生活之意是对生活的具体内容的一种狭义的解释。第五，作为方言的名词使用的是指"活儿"，该解释只是将"生活"赋予一种一般通俗的称谓，并无实在的意义。①

中国生活学首倡者黄现璠从广义和狭义两个方面对生活予以解释，他认为广义的生活是指人的各种活动，包括日常生活行动、工作、休闲、社交等职业生活、个人生活、家庭生活和社会生活。狭义上的生活是指人于生存期间为了维持生存和繁衍所必须从事的不可或缺的生计活动，它的基本内容即为衣食住行生活。

生活从其空间场合大体上可划为三类：一类是家庭生活，主要是以家庭为单位的人的各种活动；一类是职业生活，主要以工作单位为场合的人的各种活动；一类是狭义的社会生活，主要是人在家庭和工作单位以外的其他社会场合的各种活动。从其内容来分，人的生活可概括为"物质生活"和"文化生活"。不管是哪种类型的生活从其本质来讲都是一种社会性的生活。正如阿德勒所言："人的社会生活先于其个人生活。在人类文明史上，找不到一种不以社会生活为基础的生活方式，没有人能够脱离开人的社会而单独存在。"②

在此，对于生活的理解，我们首先将人看成生活的主体，而人的生活又离不开社会，因此，生活应该是人的一种社会活动，同时人首先作为一种生命个体而存在，作为生活又是作为个体的人维系其生命和生存的一种重要形式，而这种形式不仅反映出一定的社会属性，同时也反映了人同自然的关系。另外，人的生活总是在一定的时空条件下，借助于一定的物质文化条件而进行的，因此从整体看，生活是人在一定的社会形态和自然环境下的空间及物质文化条件的生存与发展的活动状态。

根据对其生活特性的认识，生活适应从一般过程意义上讲，就是指人们对生存与发展所进行的各种活动的适应。具体而言，生活适应指作为生活主体的人对所处的社会生活环境、生活空间状况及

① 《现代汉语词典》第五版，商务印刷馆 2005 年版。
② ［奥］艾·阿德勒：《理解人性》，陈刚等译，贵州人民出版社 1991 年版。

生活所需的物资条件的适应。

(二) 生活适应性的内容

处在现代社会中的人们，其生活是丰富多样的，因此，其生活适应性所包括的内容是极其广泛的。我们可以从几个侧面看待与理解其生活的适应性内容。

从较为普遍的意义上，人们生活的适应性包括日常生活的适应性和非日常生活的适应性。所谓日常生活的适应性通常是人们日复一日所要发生的各种活动及其事件上的适应性，如衣食住行等内容的适应性就是一种日常生活的适应性。非日常生活的适应性是存在于人们中的具有间断性活动或事件方面的适应性，如对节假日、各种祭典等的适应性，均为非日常生活的适应性。根据从其生活的空间场所及变化，生活适应性有家庭生活的适应性、工作（学习）生活的适应性、社会（公共场所）生活的适应性等。根据其具体生活内容，有人们对日常的基本衣食住行的适应性，社会交往的适应性、工作的适应性、休闲的适应性等。另外，根据生活的形态，有人们对赖以生存的各种物质生活条件的适应性和文化生活的适应性等。

总之，凡是与人的生存和发展有关的各种活动及其内容，不管其存在的方式和具体表现的形式如何，均可视为一种生活适应性的组成部分。

(三) 生活适应性的意义

生活适应的意义是由于生活本身所具有的重要性及其价值意义决定的。生活适应性事关人的生存状况，个体能否适应所处的社会生活环境和物质生活条件以及各种实际生活活动，将直接影响其现实的生存状况。个体只有表现出对现实生活环境和物质生活条件以及各种生活活动良好的适应性，才能够形成对现实生活的良好感受和积极的体验，才能够享受到生活所带来的愉快与轻松，才能够享有真正的生活质量，并对未来的发展充满希望，从而拥有幸福的人生。如果一个人不能够表现出良好的生活适应性，所有这些东西几乎是不可能得到的。因此，生活的适应性对我们每个人来讲实在太重要了。

三峡移民生活的适应性，不仅具有最基本的个人生存与发展的意义，同时具有不可低估的社会价值。因为三峡移民生活适应性的好坏，不只是影响到移民个人及其家庭在新的地方生活的感受及其质量状况，同时也会影响到移民所属地方的秩序和稳定。这是由于移民一旦不能够很好地适应当地生活，他们就难以在新的地方安定下来，就会给地方的管理和社会的正常运作带来干扰，而出现不应有的不和谐现象。因此，关注与研究三峡移民的生活适应性，帮助其移民克服在生活方面的各种不适应性，不仅对移民个人具有重要的意义，同时对促进移民所在地的社会安定与和谐也具有重要的作用。

第二节　三峡移民前后生活的变化

三峡移民的生活适应性是指三峡移民在迁入新的居住地以后在各种生活活动中所表现的适应性，具体包括在新的迁入地的衣食住行、社会交往、工作与休闲等方面的适应状况。

移民地理位置环境的改变不仅直接导致移民原有的社会关系网络的破坏，造成移民在人际适应方面的困难，同时也使移民的生活发生一系列的明显改变，具体来讲，三峡移民前后生活的变化主要表现在衣食住行、风俗习惯、文化生活等方面。

（一）三峡移民日常生活的变化

1. 三峡移民衣着服饰的变化

覆盖皮肤的衣服，在物质方面和生理方面具有防护和御暖的实用性功能，同时也具有明显的非实用性。人们对于衣服、装饰品、文身和发型等身体装饰的习惯性考虑，往往将它们作为社会性的标志。如果人们的社会范畴不同，他们对身体所进行的装饰也有所区别。① "身

① ［日］石川荣吉：《现代人类文化学》，周星等译，中国国际广播出版社 1988 年版。

体装饰则是文化的装饰。"① 衣着服饰具有明显的地域文化的特点。如我国北方民族的服装以皮袍、长裤为主要款式，以冬装夏装有明显区别为主要特色，以普遍使用毛皮，多穿各种靴子而少有刺绣和饰物为主要风格。究其原因与牧业渔猎业及冬季寒冷的气候有关。而南方民族服装就女性来说，除生活于高寒地带的民族之外，基本上是短上衣和裙子，普遍重视女服的刺绣装饰和首饰佩饰。藏族由于分布于西藏、青海、四川、云南和甘肃的广大地区，故而服饰样式较多。就普遍特点而言，男女服装都是大襟袍式，左襟大，右襟小，领、袖、襟和底边都镶有各色绸缎或珍贵毛皮。男装右襟腋下以飘带代替纽扣，女袍则钉铜银等纽扣。三峡移民前的衣饰着装以典型的南方四川地域特色为主，而移民后会随着地域的不同将有所变化，移至北方的移民，其衣着装扮应适合北方地域的特点，而移居东南沿海一带的移民其衣着打扮要与其当地居民保持一致。同样，移居内陆其他地区的移民，其衣着打扮也要随同当地人的衣着打扮一样。三峡移民只有在衣着服饰方面与当地人保持协调一致，才能更好地适应当地的生活环境，从而进一步融入当地社会。否则，不但不能够适应当地生活，反而会因此造成与当地人的一些隔膜，甚至引起当地人不必要的误会。如一个年轻的女移民告诉研究者，她觉得广东人特别保守，对移民有偏见。她说，有一次她穿了一个吊带裙上街，当地人以为她是搞"三陪"的。这种误会实际是由各地文化的不同所造成的。②

2. 三峡移民饮食的变化

特定的地域及气候环境，形成了所在地人的特有的种植物产和食品结构。我国北方天气比较冷，需要的能量多，所以北方人喜欢吃面食（面食易于消化），南方的气候不需要人快速产生能量，稻米及其系列产品是需要慢慢消化的，因此适合南方人。地处南方的

---

① ［日］石川荣吉：《现代人类文化学》，周星等译，中国国际广播出版社 1988 年版。

② 程瑜：《广东三峡移民适应性的人类学研究》，载《中南民族大学学报》（人文社会科学版）2003 年第 5 期。

三峡移民移民前后的饮食结构发生了不同程度的变化。移民前其主要的食品结构是以大米为主，兼有玉米、土豆等杂粮；而移民后其所处的不同地域的食品结构则有所不同，如移民所到的北方地区主粮是面食。移民前后所在地的饮食口味也有明显的不同。地处川东鄂西的三峡移民，移民前其口味以麻辣为主，这是因为该地区气候潮湿，从医学角度来说，辣椒具有温中下气、开胃消食、散寒除湿的作用。吃辣椒是为了驱寒祛湿快，毛孔张大，皮肤毛细血管扩张变粗，血液加速，汗腺张开，全身冒汗，身上的寒气湿气就被驱赶出体内，全身就会感觉到热乎乎的。而移民后的一些地方其饮食口味则有明显的差异，移居北方的移民因为气候干燥食宜为咸，而移居江浙沿海的移民因气候潮湿而食宜为甜。诚然移民要改变原来的饮食口味，而适应新迁入地的饮食口味。吴炳义、董征对移居山东的三峡移民调查发现，虽然移民中有 54.4% 的人表示适应或基本适应当地的饮食，但是在问到以什么为主食时，88.1% 的移民表示还是以大米为主食，仅有 11.3% 的人能适应以小麦为主食。[1] 另外，郝玉章和风笑天对江苏的三峡移民调查发现，73.9% 的移民认为移民前后的饮食有差别，其中最典型的差别是：重庆人喜麻辣，江苏人喜甜食。[2] 同样，吴垠对如东三峡移民调查，该地区菜则以甜、淡口味为主，有的移民认为如东米太粘、水太咸，尤其吃不惯海鲜，更有甚者不能闻其味。[3]

　　由此看出，移民前后无论是其饮食的结构，还是饮食的口味都会因地域间的差异而有所不同，这样就直接导致移民对新迁入地的饮食感到难以适应。如吴炳义对山东的三峡移民调查发现，有 54.3% 的移民表示已能适应或基本适应当地的饮食，有 45.6% 的人

---

　　① 吴炳义、董征：《山东省三峡外迁移民社会适应状况的分析》，载《西北人口》2010 年第 6 期。

　　② 郝玉章、风笑天：《三峡外迁移民的社会适应性及其影响因素研究——对江苏 227 户移民的调查》，载《市场与人口分析》2005 年第 11 卷第 6 期。

　　③ 吴垠：《关于三峡工程跨省外迁移民的社会适应性研究》，载《人民长江》2008 年第 7 期。

表示不适应。① 而要想克服在部分移民中的这种不适应，就需要移居不同地域的移民根据移民所在地的饮食特点而有所改变，只有这样，才能逐步适应其当地的饮食习惯。

3. 三峡移民前后居住的变化

居者有其屋。住房是居民生活最基本的保障，也是移民高度重视的一项生活工程。尤其是在当今社会，住宅已不仅仅是遮风避雨、隔热御寒、繁衍后代的栖身之处，而且还是学习、娱乐、休息和社交的重要场所。因此，移民在期望有一套自己的住宅的同时，还十分关心住宅的功能和性能能否满足自身多方面的要求，其居住空间能否适应可持续发展，能否适应家庭的变化。移民前后在住房方面发生了显著变化，移民前由于地方经济条件和地理环境等限制，绝大多数移民的住房条件一般，且有少数移民住房条件较差，大多住的是平房，虽然有不少移民房屋面积较大，但其住房的结构多为土木，因此其坚固程度较差。其饮水大多是未经处理的自然水。而移民后其住房条件得到普遍的改善，在基本的住房面积有所保障的前提下，同时大多是砖木结构的楼房，使用的多是人工处理后的自来水。尽管移民后住房条件得到了应有的改善，但是由于移民所在地的土地资源十分有限，不少移民的住房面积可能要比原来小，特别是他们可能缺乏原来专门圈养各种家禽的场所。还有一个较为突出的问题是，移民的住房分配面积是根据当初的现有人口进行的，而随着移民的小孩长大成人，需要结婚生子，由此会使本身容量有限的住房更显得狭小，因此，面对这样的情况，移民会在住房方面产生一些不适应反应。

4. 移民前后出行的变化

三峡移民前后在出行方面所发生的变化，主要是移民前由于移民地处山区，道路崎岖不平，平时行走在狭窄的山路上，因此，行事显得小心谨慎。这些地方的交通不够发达，家庭中最先进的代步工具是摩托车，住在江河附近的，移民以舟楫为主要交通工具。而

---

① 吴炳义：《山东省三峡外迁移民社会适应状况的分析》，载《西北人口》2010 年第 6 期。

移民后所在地区，主要是地势开阔的平原地区，交通四通八达，移民出行往往也就不那么小心而谨慎，但由于来往车辆较多，移民出行时往往易发一些交通事故，尤其是那些骑摩托车出行的移民，开始不懂交通规则，乱闯红灯，因此不时有违规驾驶所导致的车祸，而致伤、致残甚至致死的现象均有发生。由此看出，移民后的出行虽然有所改善，但移民却表现出不同程度的不适应反应。

（二）三峡移民风俗习惯的变化

从一般意义上讲，所谓风俗指的是一定社会文化区域内历代相袭的人们共同遵守的行为模式和生活习惯，通常又称习俗。[①] 从形态来看，风俗是一种非正式的社会规范系统，它常常具体化为各种礼仪和禁忌，渗透于人们日常起居迎送的活动之中。风俗所涉及的范围极广。举其细目，一个社会或群体在生产、贸易、居住、饮食、器物、服饰、娱乐、婚嫁、丧葬、祭祀、时令、语言等各个方面，都通行着特定的习俗规范，常见的如婚礼、丧礼、祭祀、节庆、寿诞、服制等。[②] 目前研究认为，我国的风俗大体可分为六类：有衣食住行闲的生活风俗，有关于婚娶丧葬、生儿养老的生育风俗，有关于礼仪结拜、待人接物的人际风俗，有关于节令岁时的闲暇风俗，还有民间文学、艺术竞技的审美风俗以及有关天地山川、日月星辰的信仰风俗。[③]

风俗对人现实的诸多方面都产生重要的影响作用。露丝·本尼迪克特认为，风俗在人类经验和信仰中起着的那种占支配地位的角色，以及它可能表现出的极为巨大的多样性。[④] 杜威曾严肃指出，风俗在形成个体行为中所起的作用与能影响个人传统的任何方式相比，犹如个人母语的总词汇量与他牙牙学语时所用的取自家庭词汇

---

① 沙莲香主编：《社会心理学》，中国人民大学出版社 1998 年版。
② 沙莲香主编：《社会心理学》，中国人民大学出版社 1998 年版。
③ 沙莲香主编：《社会心理学》，中国人民大学出版社 1998 年版。
④ 沙莲香主编：《社会心理学》，中国人民大学出版社 1998 年版。

的词汇量之比。①

同一社会群体中的人们对于本群体的风俗总是习以为常，视为生活中应有的内容与特色。风俗正是以约定俗成的规矩、程式，调节并固定着人类的各种活动，使人类生活呈现出浓郁的群体特征和地方色彩。② 我国历史悠久，幅员辽阔，素有"千里不同风，百里不同俗"之说。③ 因此，从此意义上讲，移居到各地的三峡移民在新的迁入地所要面对的是完全有别自己过去生活中的各种习俗，如移民前所处的三峡地区，在婚娶丧葬方面都有着本地长期形成的一些习俗。就拿丧葬而言，受巫文化影响下的三峡地区有招魂送魂的丧葬习俗。三峡地区风行巫师招魂术已有两千多年的历史，这些地区的农村至今依然保存这种文化。若有村民气绝身亡，就请巫师前来为死者进行招魂祭祀。招魂仪式后，若死者还未复生，则被人们正式确认为已经死亡。此时，丧家便要忙着举行一系列的送魂仪式。点引魂灯、放落气炮、烧落气钱、烧床衣、烧袱子、闹丧——唱孝歌、跳丧舞（鼓）等。而移民所到的新的迁入地，显然在包括丧葬在内的其他习俗有很大的不同，面对新地方的在婚丧嫁喜等方面的各种不同习俗，移民将表现出相应的适应上的困难。由于习俗是世代相延，长期形成的，因此要想在很短的时间内改变是非常困难的，而面对新的地方所表现的习俗，不采取接纳反应，也将使三峡移民难以最终融入当地社会。

（三）三峡移民文化娱乐生活的变化

人总是生活在特定的区域之中，而不同的区域形成了特定的区域文化。区域文化"是在某特定区域出现的文化"，"是文化的空间分类，是类型文化在空间地域中的凝聚和固定"。中国仅在汉族居住区就有众多区域文化，如关中文化、中原文化、燕赵文化、荆

---

① ［美］露丝·本尼迪克：《文化模式》，何锡章等译，华夏出版社1987年版。

② 沙莲香主编：《社会心理学》，中国人民大学出版社1998年版。

③ 沙莲香主编：《社会心理学》，中国人民大学出版社1998年版。

湘文化、吴越文化、闽浙文化、岭南文化等。人们的各种文化娱乐生活和文化行为习惯正是特定区域文化的反映。个体生活历史首先是适应由他的社区代代相传下来的生活模式和标准，从他出生之时起，他生于其中的风俗就在塑造他的经验与行为。到他能说话时，他就成了自己文化的小小的创造物，而当他长成大人并参与这种文化的活动时，其文化的习惯就是他的习惯，其文化的信仰就是他的信仰，其文化的不可能性亦就是他的不可能性。① 川渝鄂陕接壤的三峡地区是中原汉族文化与西南少数民族文化、巴蜀文化与楚文化的多元交织积沉带。按是否跨区域文化迁移，可以把三峡移民分为跨区域文化的移民和区域文化内的移民。跨区域文化的外迁三峡移民客观上面临区域文化差异。这种区域文化差异可分为两个层面，第一个层面是两个区域文化的表象差异。跨区域文化迁移的三峡移民一般会感受到两个区域文化在物质文化现象方面有所不同，在非物质文化方面如民间艺术、生活与生产方式、行为规范、价值观念甚至宗教观念等都有一定差异。第二个层面是两个区域文化的内在差异。跨区域文化外迁三峡移民一般能比较容易地感知区域文化间的表象差异，而对区域文化间的内在差异的感知则有一个较为漫长复杂的过程。一定的区域文化是相应居住群体的历史记忆。由移民造成的区域与生活方式的改变，不仅使三峡移民将承受原有文化资源流失的威胁。同时，安置地完全不同的地域文化，直接导致其因地域文化差异所产生的冲突。在这种文化失落与文化冲突面前，他们因此会有被剥夺、疏离和迷惑感，甚至产生严重的文化焦虑情绪，并有可能因此影响移民和安置，如果完全忽视或处理不当，可能造成移民无法弥补的创伤性心理经验，形成搬迁后的"慢性"不稳定因素和移民长时间的不适应反应。

　　总之，由于移民所带来的日常生活、风俗习惯及地域文化发生的变化，直接影响到三峡移民现实生活，导致其生活方面的各种不良反应。有关研究所反映的三峡移民社会适应调查情况呈现出一定的差异性。在现有研究的基础上，我们就三峡移民总体生活的适应及其具体

---

① 　沙莲香主编：《社会心理学》，中国人民大学出版社 1998 年版。

的日常生活的适应、文化习俗的适应展开了专门的调查研究。

第三节 三峡移民生活适应性调查分析

在关于移民生活适应方面，我们共设置了 30 个调查项目，主要包括有移民在总体生活方面的感受与体验、移民在衣食住行、风俗习惯和文娱生活方面的适应性问题。

（一）三峡移民总体生活适应性状况

1. 移民总体生活适应性水平分析

根据移民回答的具体情况，我们仅就三峡移民总体生活适应性水平按测得的分数划分为三个相对的层次水平，一是将所调查的分数值在平均数减一个单位的标准差以下的为生活适应较差；介于平均数上下两个单位标准差之间的为生活适应一般；高于平均数一个标准差以上的为生活适应良好。由表 4-1 可知，所调查的移民在总体生活适应良好所占比率为 15.6%，适应一般所占比率为 79.2%，而适应较差的所占比率为 13.9%，由此可见，所调查的三峡移民绝大多数在总体生活适应方面表现出一般及以上的适应水平，但也有少部分三峡移民总体生活适应性较差。

表 4-1 **568 名三峡移民总体生活适应水平分布分析**

参照标准	适应良好	适应一般	适应较差
	高于平均数一个标准差以上	介于平均数与两个标准差之间	低于平均数减一个标准差以下
人数	88	401	79
%	15.6	70.5	13.9

2. 移民总体生活适应水平的比较分析

调查发现，本地移民与外迁移民所测得分数存在非常显著性差异，$F(1, 566) = 10.232$，$P<0.001$，表现为本地移民的总体生

活适应性水平要显著高于外地移民；前期移民与后期移民在总体生活适应方面所测得分数不存在显著性差异，F（1，566）= 0.010，$P > 0.922$，表明前期移民与后期移民在总体生活适应性水平方面没有明显的差异；男性移民与女性移民在总体生活适应方面所测得分数不存在显著性差异，F（1，566）= 0.000，$P > 0.990$，表明在总体生活适应性水平方面不存在明显的性别差异；农村移民与城镇移民在总体生活适应性方面所测得分数存在显著性差异，F（1，566）= 7.925，$P < 0.005$，表现为城镇移民在总体生活适应水平方面要显著高于农村移民；不同文化程度的移民之间所测得分数存在显著性差异，F（2，565）= 10.780，$P < 0.000$，多重比较处理发现，其中大专及以上文化程度的移民总体生活适应性水平要显著高于高中及以下文化程度的移民；不同年龄段的三峡移民之间所测总体生活适应分数存在显著性差异，F（2，565）= 14.463，$P < 0.000$，多重比较处理发现，16~29 岁段的三峡移民的总体生活适应性水平要显著高于 30~55 岁及 55 岁以上的移民。由此表明，所调查的三峡移民在总体生活适应性方面除了在移民时间、性别方面不存在统计学意义上的显著性差异外，在其他方面均存在非常显著性差异（见表 4-2）。

表 4-2　　　三峡移民总体生活适应水平的比较分析

		$M \pm SD$	F	Sig
移民所在地	本地移民	73.46±10.10	10.232	0.001
	外地移民	70.41±12.01		
移民时间	前期移民	71.76±12.30	0.010	0.922
	后期移民	71.66±10.37		
移民性别	男性移民	71.71±11.17	0.000	0.990
	女性移民	71.70±11.63		
移民类型	农村移民	69.97±10.43	7.925	0.005
	城镇移民	72.73±12.54		

续表

		M±SD	F	Sig
移民文化程度	小学及以下移民	71.48±9.93	10.780	0.000
	初中至高中移民	70.34±10.69		
	大专及以上移民	76.18±13.78		
移民年龄段	16~29岁移民	75.55±12.89	14.463	0.000
	30~55岁移民	70.07±10.30		
	55岁以上移民	70.13±9.76		

3. 移民对移民后生活的总体感受分析

移民对总体生活的感受情况，主要包括他们对新的迁入地的直接接触所形成的生活感受和基于同过去生活的比较所形成的感受。无论怎样形成的感受，都与移民的生活适应具有十分密切的关系。且人的适应性就其主体特性来讲，首先就反映在主观感受性及其体验上，当人们对改变后的生活感受及体验良好时，就有助于增强他们对这种生活的进一步的适应性，否则将会妨碍其对新的生活的适应性。因此，三峡移民对移民后生活的总体感受及其体验是反映其移民生活适应性的一个重要指标。具体来讲，所调查的移民在生活的感受性水平方面存在不同程度的差异性：本地移民与外迁移民在生活的感受性方面不存在显著性差异，$F(1, 566) = 1.246$，$P>0.265$；前期移民与后期移民在生活的感受性方面不存在显著性差异，$F(1, 566) = 2.010$，$P>0.157$；男性移民与女性移民在生活感受性方面不存在显著性差异，$F(1, 566) = 0.010$，$P>0.919$；农村移民与城镇移民在生活感受性方面存在显著性差异，$F(1, 566) = 4.315$，$P<0.038$，表现为城镇移民在生活感受性方面要明显好于农村移民；不同文化程度的移民之间存在非常显著性差异，$F(2, 565) = 3.611$，$P<0.028$，多重比较处理发现，其中大专及以上文化程度移民在总体生活的感受性方面好于高中及以下文化程度的移民；不同年龄段的三峡移民之间存在非常显著性差异，$F(2, 565) = 5.681$，$P<0.004$，多重比较处理发现，16~29

岁段的三峡移民总体生活的感受性要显著好于 30~55 岁及 55 岁以上的移民。由此表明，所调查的三峡移民在生活的感受性方面除了在移民类型、时间、性别方面不存在统计学意义上的显著性差异外，在其他方面均存在显著性差异（见表 4-3）。

表 4-3 三峡移民生活主观感受分析

		$M\pm SD$	F	Sig
移民所在地	本地移民	24.87±4.55	1.246	0.265
	外地移民	24.42±5.06		
移民时间	前期移民	24.31±4.88	2.010	0.157
	后期移民	24.88±4.67		
移民性别	男性移民	24.60±4.82	0.010	0.919
	女性移民	24.64±4.71		
移民类型	农村移民	24.07±4.76	4.315	0.038
	城镇移民	24.93±4.77		
移民文化程度	小学及以下移民	24.35±4.87	3.611	0.028
	初中至高中移民	24.36±4.65		
	大专及以上移民	25.74±4.88		
移民年龄段	16~29 岁移民	25.61±5.17	5.681	0.004
	30~55 岁移民	24.27±4.58		
	55 岁以上移民	23.82±4.36		

移民对移民后生活的总体感受反映在多个方面，我们主要围绕如下具体方面，就三峡移民对移民生活的感受性展开调查：

首先，移民对迁入地生活条件的感受方面。三峡移民搬迁后，其生活条件会发生一定的改变，而移民怎样看待移民前后生活条件的变化，将在一定程度上影响其移民后生活的适应性。如果移民认为其移民后生活条件有好的改变，就会增强其对新的生活积极反应，进而有助于移民对新的迁入地的社会适应性。所调查的三峡移民在对"现在的生活条件要比老家的"四个选项的回答上，认为

"好得多"的占12.5%，"好一些"的占37.1%，"差一些"的占40.7%，"差很多"的占9.7%。其中认为移民后生活"好得多"和"好一些"的，本地移民所占比率（59.8%）要高于外地移民的比率（35.9%）；前期移民的所占比率（50.3%）要略高于后期移民的比率（49.0%）；城镇移民所占比率（61.6%）要高于农村移民所占比率（42.6%）。由此表明，从总体上看所调查的移民中近半数认为现在的生活条件要比老家好。相对而言，本地移民所占比率要高于外地移民，城镇移民要高于农村移民。由此说明，所调查的三峡移民至少在移民后的生活条件的认同度上还存在一些明显的差异，具体反映在多数本地移民和城镇移民对移民后的生活条件更为看好一些，而还有多数外迁移民和农村移民认为移民后的生活条件不如移民前，也许在这些移民中有的现有实际的生活条件并不一定差于原来的，但至少反映出他们主观上有一种"今不如昔"的感受，而当移民存在这种感受时，则在一定程度上反映出他们对新的生活条件存在主观感受方面的不适应性。

其次，移民对迁入地生活环境的熟悉情况。移民是否能够很好地熟悉移民后的生活环境，将直接反映出移民后的生活适应性状况。一般来讲，移民对移民后的生活环境愈熟悉，代表了他们对移民所在地的生活环境愈了解；而他们对所在地的生活环境愈了解，就愈有助于他们增强对新的生活环境的适应性。我们所调查的三峡移民"对于现在生活的环境感到""十分陌生"的占8.3%，"比较陌生"的占42.8%，"不陌生"的占39.1%，"完全不陌生"的占9.9%。在"不陌生"和"完全不陌生"方面，其中本地移民所占的比率（55.3%）高于外地移民所占的比率（44.2%）；前期移民所占的比率（49.7%）略高于后期移民所占的比率（48.1%）；城镇移民所占的比率（45.0%）低于农村移民的比率（51.2%）；大专及以上文化程度的移民所占的比率（57.2%）分别要高于初中与高中移民所占比率（48.0%）和小学及以下移民所占比率（36.2%）；16~29岁移民的比率（60.6%）分别要高于30~55岁移民的比率（43.6%）和55岁以上移民所占的比率（45.3%）；男性移民所占的比率（49.9%）和女性移民所占比率（49.0%）基本没有差别。由此表明，所调查的超过半数的移民对于搬迁后的生活环境是熟悉和比较熟悉的，而还有部分移民对新的生活环境不那么熟悉，其中相对而言，外地移民和文化程度较低一些的移民以及中老年移民在此方面所占的人数要多一些。这在一定程度上也可说明外迁移民和文化程度低的移民以及中老年移民对新的生活环境的适应性分布情况稍要欠缺一些。

再次，移民的生活感受性也可通过他们所反映的意愿表现出来。"愿望不过是服务于欠缺感的一种倾向，是帮助获得遂心如意的适应感的一种手段。"① 所调查的移民在"如果让你重新回到故乡去生活，你会——"，回答"非常愿意"的占 17.1%，"比较愿意的"占 38.0%，"不太愿意"的占 36.3%，"完全不愿意"的占 8.6%。其中在回答"不太愿意"和"完全不愿意"方面所占的比率 44.9%。由此表明，超过四成的三峡移民对新的地方的生活产生了不同程度的满意感，当然也有过半数的三峡移民仍然表现出不同程度的难以割舍的"故土情结"。研究表明，在所调查的移民中"对在老家的生活至今还""非常留念"的占 20.2%，"比较留念"的占 37.0%，"不大留念"的占 28.9%，"不留念"的占 13.9%。由此不难看出，在部分移民中仍然反映出对故乡的留念之情，这样将会妨碍其对新的生活的适应性。

另外，反映移民在新的迁入地生活的顺利程度方面。所调查的移民在对"目前生活中经常发生不顺利的事"，回答"完全是"的占 5.6%，"基本是"的占 39.6%，"基本不是"的占 49.5%，"完全不是"的占 5.3%。其中回答"基本不是"和"完全不是"的所占比率为 54.8%。由此表明，有过半的三峡移民在日常生活中总体感到生活是顺利和基本顺利的，而超过四成的三峡移民感觉在新的地方生活经常存在不同程度的不顺。当这些移民感觉在新的地方生活经常发生一些不顺利的事情的情况下，也势必直接影响其对新的生活的适应性。

---

① 李华和、蒋华林：《三峡工程外迁移民的社会角色转换》，载《河海大学学报》（哲学社会科学版）2002 年第 2 期。

（二）三峡移民生活适应性具体情况分析

三峡移民的生活适应性具体反映在日常生活、风俗习惯和文娱活动等基本生活内容方面。只有当三峡移民能够在这些方面表现出良好的适应性反应，才能在一定意义上说明三峡移民的生活表现出应有的适应性。我们围绕这样几个基本内容展开了相应的调查。

1. 三峡移民日常生活适应性分析

三峡移民的生活适应性首先反映在日常生活中的衣食住行等基本内容方面，因为衣食住行是人最基本的日常生活样式。三峡移民只有在衣食住行方面很好地融入到当地社会生活中，才能表明其在此方面应有的适应性。而人的衣食住行是在特定的地域环境中，受相应的文化环境作用而逐步形成的日常生活样式，可反映出比较独特而浓郁的地域文化色彩。因此一旦人生活的地域环境发生改变，将直接带来移民在衣食住行方面的适应性问题。移民只有彻底地摆脱由原来地域文化所形成的衣食住行习惯，逐步认同并接受新的地域文化所倡导的衣食住行的生活样式，才可能表现出良好的生活适应性。

我们研究发现，所调查的三峡移民在衣食住行生活的适应性方面所测得的分数存在不同程度的差异性：本地移民与外迁移民在衣食住行生活适应性方面所测得的分数存在非常显著性差异，$F_{(1, 566)} = 27.299$，$P < 0.000$，表现为所调查的本地移民衣食住行生活的适应性水平要显著好于外地移民；前期移民与后期移民在衣食住行生活的适应性方面所测得的分数不存在显著性差异，$F_{(1, 566)} = 0.739$，$P > 0.390$，表明所调查的前期移民和后期移民在日常衣食住行的生活适应水平方面不存在明显的差异；男性移民与女性移民在衣食住行的生活适应性方面不存在显著性差异，$F_{(1, 566)} = 0.000$，$P > 0.993$，表明所调查的三峡移民在衣食住行日常生活适应水平方面不存在明显的性别差异；农村移民与城镇移民在衣食住行的生活适应性方面存在显著性差异，$F_{(1, 566)} = 5.878$，$P < 0.016$，表现为城镇移民在衣食住行生活的适应性水平方面要明显好于农村移民；不同文化程度的移民之间存在非常显

著性差异，F（2，565）= 13.586，$P<0.000$，多重比较处理发现，其中大专及以上文化程度移民在衣食住行生活适应性水平分别好于高中及以下文化程度的移民；不同年龄段的三峡移民之间存在非常显著性差异，F（2，565）= 23.615，$P<0.000$，多重比较处理发现，16~29 岁段的三峡移民在衣食住行生活适应性水平要显著好于 30~55 岁及 55 岁以上的移民。由此表明，所调查的三峡移民在日常生活衣食住行方面的适应性水平，除了在移民时间、性别方面不存在统计学意义上的显著差异外，在其他方面均存在非常显著性差异（见表4-4）。

表 4-4　　　三峡移民日常生活适应性分析

		$M \pm SD$	F	Sig
移民所在地	本地移民	25.88±3.91	27.299	0.000
	外地移民	23.68±5.61		
移民时间	前期移民	24.81±5.64	0.739	0.390
	后期移民	24.44±4.49		
移民性别	男性移民	24.62±4.84	0.000	0.993
	女性移民	24.62±5.46		
移民类型	农村移民	23.95±4.45	5.878	0.016
	城镇移民	25.01±5.93		
移民文化程度	小学及以下移民	24.50±4.03	13.586	0.000
	初中至高中移民	23.93±4.80		
	大专及以上移民	26.84±6.42		
移民年龄段	16~29 岁移民	26.76±5.70	23.615	0.000
	30~55 岁移民	23.61±4.51		
	55 岁以上移民	24.08±4.36		

具体而言，三峡移民日常生活的适应性状况集中反映在衣食住行几个方面：

（1）移民的衣着服饰适应状况。衣饰装扮是人的社会生活最基本的内容，也是人的生活适应的一个重要方面。不同地域形成了某些特定的服饰文化，而直接造成服饰文化方面的地域差异。随着三峡移民地域位置的变迁，需要三峡移民能够在衣饰着装方面也有所改变，而这种改变表面上看是一种衣着的改变，而实际上也是适应新的迁入地文化生活的需要。移民在服饰穿戴方面的适应性也是生活适应的一个重要方面，因为服饰穿戴本身就是一种文化的行为表征。

所调查的移民在"至今还保持在老家时的穿着打扮"一问中，回答"完全是"的占14.6%，"基本是"的占40.3%，"不是"的占35.7%，"完全不是"的占9.3%。同时，所调查的移民在"对于当地人的衣着打扮"一问上，回答"非常喜欢"的占6.0%，"比较喜欢"的占39.8%，"不大喜欢"的占45.4%，"很不喜欢"的占8.8%。从中看出，所调查的移民虽然搬到新地方生活，但有过半数的移民仍然保持着在老家的衣着打扮。同时有过半数的移民对当地的衣着打扮表现出不同程度的不喜欢。衣着装扮在一定意义上讲是一种特定文化的标识，而当这些移民仍然保持原来文化服饰的标识的同时，又对新的迁入地文化服饰缺乏积极的情感反应，他们不仅最后无法融入当地社会，同时也难以更好地适应当地的生活。

（2）移民的饮食适应状况。"民以食为天。"因此，饮食的适应是最为基本的也是最重要的适应。人的饮食习惯是在长期的居住环境中逐步形成的。而不同的地域所表现的饮食文化存在明显的差异性。这就意味着一旦人的居所地发生改变，就需要人改变原来的一些饮食习惯，而重新培养与形成新的饮食习惯。这也就在一定意义上表明，当人们从自己长期生活的地方迁入到一个新的生活环境中，开始都可能会在饮食方面表现出不同程度的不适应性。判断移民是否存在饮食适应性问题，主要看移民后是否仍然保留原来的饮食习惯，如果移民仍然保留原来的饮食习惯，那么他们就往往难以接受新的迁入地的饮食方式而无法最终形成新的饮食习惯。

我们的调查也正好说明了这点。所调查的三峡移民在"至今仍保留在老家的饮食习惯"一问上，回答"完全是"的占15.1%，

"基本是"的占 41.9%，"不完全是"的占 37.9%，"完全不是"的占 5.1%。由此可见，所调查的移民中，虽然在新的迁入地生活，但有过半数的移民仍然保留老家的饮食习惯。由此看出，由于部分移民一直按照原来的饮食习惯生活，而直接影响其对新的迁入地饮食的适应性。所调查的三峡移民在"对新地方的饮食习惯"感到"完全能适应"的占 12.1%，"基本适应"的占 42.8%，"不大适应"的占 31.5%，"很不适应"的占 13.6%。其中在"完全适应"和"基本适应"的回答上，本地移民所占的比率（61.7%）高于外地移民所占的比率（44.1%），这主要是因为外迁移民所在地的饮食方式及习惯与移民前所在地饮食习惯差异较大，而本地移民由于地理位置的位移不大，其饮食方式及习惯并没有很大的变化；前期移民所占的比率（50.7%）高于后期移民所占比率（31.2%），由此表明，移民在饮食适应方面也存在一种时间效应，即随着时间的推移，移民对新的迁入地的饮食习惯所占的比率不断提高。由此可以看出，移民之所以难以形成对迁入地饮食习惯的适应性，其直接原因是由于新的迁入地的生活习惯与移民原所在地的生活习惯有较大的差异，且移民仍然坚守着原来的饮食习惯。

（3）移民居住的适应性状况。住房是人的最基本的生活需要之一。安居住宅是影响移民在迁入地稳定生活下去的一个重要因素。它不仅能满足人家庭生活需要，同时也能满足人安全需要。在中国传统观念中，历来是安土重迁，强调安稳，除非为了生计，不得不迁移。同时在中国传统观念中，将盖房和娶媳妇视为人生的两件重要大事。住宅不仅是生活安定的象征，同时还是社会地位、身份的象征。因此，对于移居异地的三峡移民来讲，住房及其适应是最为直接和基本的内容。

有关调查表明，三峡移民对住房及其条件的反映因地方的不同而存在一定的差异。郝玉章和风笑天对江苏的部分三峡移民的调查发现，所调查的移民认为住房条件"比原来好"的占 20.1%，"差不多"的占 34.4%，两者合计为 54.5%，但对住房不满意的比例却高达 65.8%。也就是说，有一部分住房条件与原来差不多甚至好于原来条件的移民也对此表达了不满意。可能的解释是因为参照对象发生了变化,在这里有 97.8% 的移民是购买当地居民的旧房,而绝大多数当初买房时,人生地不熟,了解的信息有限,等到真正住进去之后,大多数移民发现所买住房的价格远高于房屋本身的价值,一部分移民甚至有上当受骗的感觉。这样导致了他们对住房的满意度偏低,因而大多数(65.8%)移民对住房状况不甚满意。①

在此方面,雷洪对移居湖北部分地方的三峡移民的调查更为深入细致。他通过对收集到的资料整理分析发现,总体上迁后住宅面积比搬迁前有所增加,搬迁后住宅面积在 80m² 以上的达到 81%,比搬迁前上升了 5.4%,搬迁后人均住宅面积在 20m² 以上,也比搬迁前增加了 6%。认为结构格局不比迁前差的超过 80%,认为卫生设施、厨房设施不比迁前差的超过 80%,认为住房位置不比迁前差的也超过 60%。在总体上认为迁后住宅条件比搬迁前好的达55.2%,认为和搬迁前差不多的占 20.8%,认为迁后不如搬迁前的仅有 23.8%。而且 60% 以上的移民对迁后住宅条件感到满意或比较满意,仅有 20.6% 的移民对迁后的住宅条件不太满意或不满意。由此看来,移民对新住宅表示习惯、适应的程度与他们对新住房的客观评价是一致的。调查中我们看到,有的地方将移民的住宅相对集中安置,有的地方建成移民小区,这些地方的移民普遍对人际关系状况较满意,表示可以习惯、适应迁入地的人际关系。有的地方移民则被安置在离原居民区甚远的地方,他们与邻里等很少来往。显然住宅位置可能对移民与原有居民关系乃至整个人际关系的影响是值得重视的。②

(4)移民出行的适应性状况。移民对新的迁入地的出行情况也是其生活适应的一个重要方面,而移民对出行的适应性主要反映在出行的安全和便利等方面。

---

① [奥]艾·阿德勒:《理解人性》,陈刚等译,贵州人民出版社 1991年版。

② 郝玉章、风笑天:《三峡外迁移民的社会适应性及其影响因素研究——对江苏 227 户移民的调查》,载《市场与人口分析》2005 年第 11 卷第6 期。

在安全方面，我们所调查的移民关于在"现在一般不敢独自出行"问题，回答"完全是"的占9.3%，"基本是"的占37.7%，"不是"的占41.5%，"完全不是"的占11.4%。其中在回答"不是"的和"完全不是"所占比率上，本地移民所占的比率（47.9%）高于外地移民所占的比率（32.2%），前期移民所占的比率（45.2%）高于后期移民所占比率（33.1%），城镇移民所占比率（40.3%）高于农村移民的比率（38.1%），16～29岁移民所占比率（50.6%）分别高于30～55岁移民的比率（45.3%）及55岁以上移民所占的比率（31.3%），男性移民所占的比率（40.5%）高于女性移民所占比率（36.2%）。由此看出，所调查的移民中，过半数的移民在新的迁入地出行感到安全与基本安全，同时也有超过四成的移民则在新的迁入地出行感到不那么安全。其中尤其是外地移民、后期移民、农村移民、中老年移民以及女性移民在此方面所占的比率相对较高。由此说明，在外地移民、后期移民、农村移民、中老年移民以及女性移民中所反映的出行安全的适应性问题较为突出。

在出行是否方便的问题上，所调查的移民认为"现在出行""非常方便"的占20.2%，"比较方便"的占40.8%，"不大方便"的占26.6%，"很不方便"的占12.3%；其中在回答"非常方便"的和"比较方便"的所占比率上，本地移民（67.8%）高于外地移民（52.1%），前期移民（66.9%）高于后期移民（54.6%），城镇移民（61.9%）略高于农村移民（59.7%），16～29岁移民（68.7%）分别高于30～55岁移民（54.6%）和55岁以上移民（49.4%），男性移民（59.5%）低于女性移民（63.8%）。同时，所调查的移民认为"现在外出生活购物""非常方便"的占15.0%，"比较方便"的占31.2%，"不大方便"的占38.0%，"很不方便"的占15.8%。其中在回答"非常方便"和"比较方便"上，本地移民所占的比率（65.7%）高于外地移民所占的比率（19.9%），前期移民所占的比率（51.5%）高于后期移民所占比率（41.2%），城镇移民的比率（56.9%）高于农村移民的比率（39.8%），16～29岁移民的比率（52%）分别高于30～55岁移民的比率（45.3%）及55岁以上移民所占的比率（35.3%），男性移民所占的比率（43.9%）低于女性移民所占比率

（50%）。由此可以看出，在一般出行方面，超过六成的移民是适应的，而在购物方面则只有超过四成的移民是适应的。

如前所述，三峡移民由原居住与生活在崎岖不平的山区迁居到地势平坦的地区，其行走方式发生了变化。所调查的移民"在平地行走赶路"感到"非常不习惯"的占 23.4%，"不大习惯"的占 32.7%，"比较习惯"的占 25.7%，"很习惯"的占 18.1%。其中回答"比较习惯"和"很习惯"上，本地移民所占的比率（49.4%）高于外地移民所占的比率（40.5%），前期移民所占的比率（49.7%）高于后期移民所占比率（38.5%），城镇移民的比率（46.4%）高于农村移民的比率（42.3%），16~29 岁移民的比率（57%）高于 30~55 岁移民的比率（46.6%）及 55 岁以上移民所占的比率（36.3%），男性移民所占的比率（44.2%）和女性移民所占比率（43.4%）相差无几。从总体上看，仅有超过四成的移民能够适应平地上行走，而有过五成的移民反映不习惯平地上行走赶路。

原习惯于"日没而息，日出而作"的三峡移民移居新的迁入地后，其作息发生了改变。所调查的三峡移民"对于目前的作息时间""非常习惯"的占 11.6%，"比较习惯"的占 35.0%，"不大习惯"的占 42.4%，"很不习惯"的占 10.9%。其中在回答"非常习惯"和"比较习惯"上，本地移民所占的比率（64.8%）高于外地移民所占的比率（22.3%），前期移民所占的比率（54.8%）高于后期移民所占比率（39.2%），城镇移民的比率（62.6%）高于农村移民的比率（37.3%），30~55 岁移民的比率（51.4%）分别高于 16~29 岁移民的比率（37.6%）及 55 岁以上移民所占的比率（46.7%），男性移民所占的比率（45.6%）低于女性移民所占比率（48.6%）。从总体上看，对于迁入地的作息感到适应和基本适应的没过半数，而过半数的移民在作息方面还存在不同程度的不适应反应。

睡觉是人最基本的日常生活方式，睡眠的质量与状况直接关系到人的身心健康。所调查的三峡移民"在现在的地方睡觉感到""非常踏实"的占 12.9%，"比较踏实"的占 33.1%，"不大踏实"的占 41.4%，"很不踏实"的占 12.7%。其中回答"非常踏实"和"比较踏实"的比率上，本地移民所占的比率（60.4%）高于外地移民所占的比率(26.5%)，前期移民所占的比率(52.6%)高于后期移民所占比率(39.8%)，城镇移民的比率(60.7%)高于农村移民的比率(37.3%)，30~55岁移民的比率(53.3%)分别高于16~29岁移民的比率(37.1%)和55岁以上移民所占比率(48.9%)，男性移民所占的比率(45.2%)略低于女性移民所占比率(47.1%)。由此看出，所调查的三峡移民从总体上只有四成的移民睡眠适应状况较好，但还有超五成的移民存在不同程度的睡眠适应问题。

(三)移民风俗习惯的适应性分析

我们主要围绕移民对移民前后风俗习惯差异的感受和移民在节日、婚娶、丧葬行为表现等对三峡移民文化习俗的适应性展开调查。

1. 移民风俗习惯适应水平差异分析

从其移民的风俗习惯的适应水平来看，所调查的本地移民与外地移民不存在显著性差异，$F_{(1, 566)} = 2.326$，$P > 0.128$；前期移民与后期移民不存在显著性差异，$F_{(1, 566)} = 1.028$，$P > 0.311$；男性移民与女性移民不存在显著性差异，$F_{(1, 566)} = 0.070$，$P > 0.792$；农村移民与城镇移民存在非常显著性差异，$F_{(1, 566)} = 8.172$，$P < 0.004$，表现为城镇移民文化习俗适应性水平要明显好于农村移民；不同文化程度的移民之间存在非常显著性差异，$F_{(2, 565)} = 9.691$，$P < 0.000$，多重比较处理发现，其中大专及以上文化程度移民在文化习俗方面适应性水平分别好于高中及以下文化程度的移民；不同年龄段的三峡移民之间存在非常显著性差异，$F_{(2, 565)} = 5.691$，$P < 0.004$，多重比较处理发现，16~29岁段的三峡移民在文化习俗方面适应性水平要显著好于30~55岁及55岁以上的移民。由此表明，所调查的三峡移民在文化习俗方面的适应性水平，除了在移民迁入地、移民时间、移民性别方面不存在统计学意义上的显著性差异外，在其他方面均存在非常显著性差异（见表4-5）。

表 4-5　　　　　　　　　　三峡移民风俗习惯的适应性分析

		$M\pm SD$	F	Sig
移民所在地	本地移民	22.72±3.10	2.326	0.128
	外地移民	22.30±3.33		
移民时间	前期移民	22.62±3.39	1.028	0.311
	后期移民	22.35±3.09		
移民性别	男性移民	22.51±3.16	0.070	0.792
	女性移民	22.43±3.36		
移民类型	农村移民	21.98±3.46	8.172	0.004
	城镇移民	22.78±3.06		
移民文化程度	小学及以下移民	22.63±2.94	9.691	0.000
	初中至高中移民	22.04±3.14		
	大专及以上移民	23.61±3.63		
移民年龄段	16~29 岁移民	23.18±3.51	5.691	0.004
	30~55 岁移民	22.17±3.07		
	55 岁以上移民	22.22±3.08		

2. 移民对风俗习惯变化的反应分析

所调查的移民认为"新地方的习俗要比老家的习俗""更复杂"的占 10.7%，"较复杂"的占 37.0%，"较简单"的占 12.9%，"更简单"的占 39.4%。他们"对当地的一些习俗""非常熟悉"的占 10.6%，"比较熟悉"的占 41.0%，"不大熟悉"的占 40.8%，"完全不熟悉"的占 7.6%。总体上有超半数的移民觉得迁入地的风俗习惯比老家简单，因此，有超半数的三峡移民对迁入地的习俗比较熟悉或非常熟悉。同时，他们"对于目前所在地的生活习俗"非常喜欢的占 5.6%，比较喜欢的占 46.8%，不大喜欢的占 43.1%，很不喜欢的占 4.4%。由于部分三峡移民对迁入地的生活习俗比较了解同时也产生喜欢的情感，因此其中的部分移民认为"自己目前对于当地生活习俗""完全适应"的占 10.7%，"基本适应"的占 34.0%。当然，也有部分移民由于对迁入地生活习俗不甚了解，因此，他们中对迁入地生活习俗"不大适应"的占 43.5%，"完全不适应"的占 11.8%。且其中有的移民"为不能适应当地的生活习俗""经常感到苦恼"的占 9.0%，"有时感到苦恼"的占 39.6%。他们中认为"现在看来要想完全改变老家的生活习俗"，"非常容易"的占 10.2%，"比较容易"的占 42.3%，"不大容易"的占 38.6%，"很不容易"的占 9.0%。而且所调查的移民中有近半数（49.3%）回答"不管怎样自己不愿按当地的风俗习惯生活"。之所以如此，所调查的移民尽管在新的迁入地生活，但是他们中的许多人却仍然保留着迁入前的生活习俗。如：在节日习俗方面，所调查的移民在"现在逢年过节还是按老家的习俗去做"，回答"完全是"的占 14.6%，"基本是"的占 41.4%，"基本不是"的占 36.1%，"完全不是"的占 7.9%；在婚嫁习俗方面，所调查的移民在"如果操办婚姻大事会按现在的习俗去做"，回答"完全会"的仅占 9.0%，"基本会"的占 36.1%，而"基本不会"的占 42.8%，"完全不会"的占 12.1%；在丧葬习俗方面，所调查的移民在"如果办理老人丧事一定会按老家的习俗去做"，回答"完全会"的占 15.0%，"基本会"的占 37.1%，"基本不会"的占 36.8%，"完全不会"的占 11.1%。

以上分析表明，由于风俗习惯本身所具有的稳定性和积成性等原因，在所调查的三峡移民中，尽管有半数左右的移民能够逐步适应当地社会各种风俗习惯，但是也有近半数的移民对迁入地各种风俗习惯存在不同程度的适应性问题。

（四）移民对迁入地文化生活的适应性分析

从移民的文化适应水平来看，所调查的本地移民与外地移民存在非常显著性差异，$F(1, 566) = 101.492$，$P<0.000$，表现为本地移民文化生活适应水平明显高于外地移民；前期移民与后期移民存在显著性差异，$F(1, 566) = 4.262$，$P<0.039$，表现为前期移民文化生活适应性水平明显高于后期移民；男性移民与女性移民不存在显著性差异，$F(1, 566) = 0.181$，$P>0.670$；农村移民与城镇移民存在非常显著性差异，$F(1, 566) = 36.196$，$P<0.000$，表现为城镇移民文化适应性水平要明显好于农村移民；不同文化程度的移民

之间存在非常显著性差异，$F(2, 565) = 15.255$，$P<0.000$，多重比较处理发现，其中大专及以上文化程度移民在文化方面适应性水平分别好于高中和初中文化程度的移民；不同年龄段的三峡移民之间存在非常显著性差异，$F(2, 565) = 8.764$，$P<0.000$，多重比较处理发现，16~29 岁段的三峡移民在文化方面适应性水平要显著好于 30~55 岁及 55 岁以上的移民。由此表明，所调查的三峡移民在文化方面的适应性水平除了在移民性别方面不存在统计学意义上的显著性差异外，在其他方面均存在显著性差异（见表4-6）。

表4-6 三峡移民文化生活适应性水平分析

		$M \pm SD$	F	Sig
移民所在地	本地移民	5.72±1.11	101.492	0.000
	外地移民	4.60±1.45		
移民时间	前期移民	5.19±1.48	4.262	0.039
	后期移民	4.95±1.36		
移民性别	男性移民	5.10±1.39	0.181	0.670
	女性移民	5.04±1.48		
移民类型	农村移民	4.62±1.51	36.196	0.000
	城镇移民	5.35±1.30		
移民文化程度	小学及以下移民	5.27±1.32	15.255	0.000
	初中至高中移民	4.81±1.37		
	大专及以上移民	5.61±1.52		
移民年龄段	16~29 岁移民	5.45±1.43	8.764	0.000
	30~55 岁移民	4.89±1.36		
	55 岁以上移民	5.04±1.54		

具体来讲，移民是否表现出对迁入地文化环境的应有的适应性，首先反映在移民是否认可其迁入地的文化环境，如果移民对迁入地文化环境缺乏积极的认可，则他们是难以适应其所在地的文化环境的。我们的调查较好地证明了这一点。所调查的移民认为

"这里的文化环境""非常好"的占 8.5%，"比较好"的占 38.7%，
"不太好"的占 40.8%，"很不好"的占 12.0%。其中对迁入地文化
环境持肯定反应，认为"非常好"和"比较好"的比率占 47.2%，而
有过五成的移民对迁入地的文化环境持不同程度的否定反应。如此
对应的是所调查的移民在"对于这里的文化环境"回答"完全适应"
的占 8.5%，"比较适应"的占 39.6%，"不大适应"的占 43.7%，
"很不适应"的占 8.3%。其中对迁入地文化环境"完全适应"和
"基本适应"的占 48.1%，还有过半数的移民对迁入地的文化环境
存在不同程度的不适应。

从上述调查研究分析中我们不难发现，移民迁居异地后，随着
环境的改变，其生活也发生了各种变化。在其变化的过程中，部分
移民在日常衣食住行、风俗习惯以及各种文化生活方面都能够逐步
形成各种适应性反应。同时也有相当部分移民在生活的诸方面，存
在不同程度的适应问题。从其内容来看，相对来讲，移民在风俗习
惯方面的适应问题比日常生活的适应更为突出，而在衣食住行日常
生活的适应上，尽管在各个方面都存在不同程度的适应问题，但相
对突出一些的是移民在住方面的适应问题，尤其是那些娶妻生子的
移民，其住房的适应问题显得更为突出。从其移民的生活适应分布
及水平来看，尽管在某些生活的适应上不存在非常显著的人口统计
学方面的差异，但在部分生活适应内容上仍然显现出较为明显的人
口学方面的统计差异，其中具体表现为本地移民在绝大多数生活方
面的适应状况要好于外地移民；前期移民在某些方面的生活适应性
要好于后期移民，因而显现出移民在部分生活适应方面的时间效
应；城镇移民在诸多生活的适应侧面都要好于农村移民；文化程度
高的移民生活适应性在较多的方面都要优于文化程度低的移民；年
轻移民几乎在整个生活的适应方面都要好于中老年移民；在性别方
面，除了在少数生活的适应上女性移民要好于男性移民外，在多数
生活适应的内容上不存在性别上的统计学差异。基于所调查三峡移
民在生活适应方面所存在的问题，需要社会各方面，尤其是有关地
区的各级政府及管理部门引起足够的重视，并通过各种积极的政策
及具体可行的措施帮助解决。应该将工作的重点对象放在那些适应

性问题较为突出的外迁移民、农村移民、文化程度低的移民和中老年移民方面，同时要着力解决好的是移民在日常的衣食住行方面所遇到的一些适应问题。

第五章　三峡移民生产适应性研究

生产劳动是人类赖以生存的基本手段，是人们获取各种生活资料的唯一形式，是人类得以生存与发展的根本途径。只有通过一定的生产劳动，人们才能获得生存所需的粮食及各种物质产品，才能拥有其发展所必须具备的各种经济及物质条件。三峡移民在失去了原有的生产资源、改变了原有的生产方式、来到一个全新的环境之后，面临的是如何适应生产劳动方式的变化。劳动生产的适应是移民恢复生产、提高生产效率和生活质量、融入迁入地社会生产结构的根本前提和首要条件。因此，探讨三峡移民在迁入地的生产适应具有重要的实际意义。

第一节　生产适应性概述

（一）什么是生产适应性

生产是指人们创造社会财富的活动过程。狭义的生产仅指创造物质财富的活动和过程。从经济学的角度讲，生产是指将投入转化为产出的活动，或是将生产要素进行组合以制造产品的活动。人类生产活动包括物质财富、精神财富的创造和人自身的生育活动。因此，人类有满足人们衣食住行等必需的物质资料的生产，有满足人们必需的文化生活的精神生产，还有使人类世代延续的人自身的生产。这三种形式的生产是相互联系与制约的。其中物质资料的生产是基础，对精神生产和人自身生存起决定性的作用。当然，有生命的个人的存在是人类历史的第一个前提，在这一意义上表明人自身的生产又是物质资料生产和精神生产的基础，没有人自身的生产其他两种生产就无法存在与维持下去。精神生产对物质资料生产和人自身生产也具有重大的反作用，影响着其他两种生产的发展。因此，这三种生产有着内在的联系，必须相互协调才能顺利地向前发展。

生产是人类的一种最基本同时也是最复杂的社会活动。它由一定的结构要素所组成。生产要素指进行物质生产所必需的一切要素及其环境条件。一般而言，生产要素至少包括人的要素、物的要素以及二者结合的因素，其中劳动者和生产资料是构成生产的最基本的要素。之所以如此，是因为不论生产的社会形式如何，它们始终是生产不可或缺的要素。但是，如果劳动者和生产资料处于分离的情况，它们就只是可能性上的生产要素，而要成为现实的生产要素，就需要劳动者和生产资料结合起来。因而劳动者与生产资料的结合是人类生产的一般条件，没有它们的结合，就没有社会生产劳动。但由于生产条件及其结合方式的差异，使社会区分成不同的经济结构和发展阶段，随着社会生产的不断发展，会有新的生产要素进入生产过程，生产要素的结构方式也将发生变化，在现代社会里现代科学、技术、管理、信息、资源等要素在现代化大生产中发挥各自的重要作用。

所谓生产适应，主要是指生产活动的执行者对其生产活动的环境、生产活动的方式及生产活动内容等方面的适应性。因此，生产适应就是劳动者通过调整劳动行为模式和心理状态，使之适应于新的劳动环境和劳动方式及其内容的过程。生产适应包括获得生产知识与技能，掌握相应的劳动操作，适应劳动环境，对自己生产效率及劳动成果以及对所处的劳动关系的满意度等方面。

（二）生产适应性的主要内容

生产适应性主要包括劳动者对劳动生产环境条件、生产方式及内容等方面的适应性。

1. 生产环境的适应性

对于生产者来讲，无论是从事何种生产劳动，都是在一定的环境条件下进行的。生产环境从广义上讲是指除生产对象以外的所有影响生产者生产活动及其内容的外部因素及条件。人类的生产劳动环境一般包括有物理条件环境和人际条件环境两种。其生产的物理环境主要是指生产活动的时空场所和必要的物质生产条件等。这种生产环境既有反映在普遍意义上的环境，如生产的空间、温度、湿度等。对于不同的生产活动及内容来讲，在生产的物理环境上反映出的特点及具体要求是存在明显差异的，也就是说，随着生产活动场所及内容的不同，所要求的生产的物理环境也不相同。就拿农耕这种生产活动来讲，水土、气候、季节等是农耕活动所需要具备的自然物质环境条件，但对不同的农作物来讲，其在水土、气候、季节上的要求是不同的。因此，随着生产活动内容的改变，环境也会改变。在这种情况下，从事相关生产的劳动者也需要作出一定的改变，以适应变化的生产物理环境。因而劳动者的生产适应首先是对基本的物理环境条件的适应。劳动者只有较好地适应了有关生产劳动的物理环境条件，才有可能在相应的物理环境条件下从事正常的生产劳动，才有可能保证获得最基本的劳动生产效率。

生产的人际环境是生产劳动者与周围人发生的各种关系。其中包括有与劳动的组织及领导者的关系和一同从事劳动的同事之间的关系。生产中的人际环境是劳动生产中最具有能动性的环境条件，是影响其生产过程及其效率的最为关键的因素。同时，生产的人际环境又是最为复杂的环境因素。因此，生产中人际环境的适应性是整个劳动生产中最为重要的适应。劳动者只有很好地适应其生产过程中的人际环境，才能够有效调动和充分发挥生产中的积极性和能动性，为生产的正常运行并取得预期的生产效率和成果创造条件。

2. 生产方式的适应性

生产方式是指社会生活所必需的物质资料的获取方式。生产方式是人类社会发展的决定力量，是人类社会赖以生存和发展的基础。生产方式制约整个社会生活的过程。生产方式的物质内容是生产力，其社会形式是生产关系，生产方式是生产力与生产关系在生产过程中的统一。生产力是指生产主体利用劳动工具对劳动对象进行加工的能力。生产关系是指在生产劳动中形成的人与人之间的关系。生产方式的两个方面是相互联系与相互作用的。在一定意义上

113

讲，生产方式是从事生产的主体与生产外部条件交互作用的体现。生产方式的适应，从其基本意义看，就是指生产的主体对生产内容、生产条件及其生产工艺的适应。劳动者只有根据生产内容及劳动产品的要求，形成与之相适应的劳动技艺与劳动能力，才能不断促进生产效率与生产产品质量的提高，最终确保获取预期的劳动成果。由于现代科学已日益渗透生产领域，生产劳动的科技含量也与日俱增，因此，生产方式越来越集约化和科学化，这就对从事生产劳动者的劳动素质提出越来越高的要求。对于今日的劳动者来讲，无论是从事何种领域的生产劳动，都需要懂得一定的科学知识，掌握必要的劳动生产技术，这样才能适应现代生产劳动的要求，顺利从事正常的生产活动，并成功获取劳动成果。就拿农业生产来讲，由于现代科学技术的渗透，现代农业生产正发生着从"自然化"向"工厂化"，由"机械化"向"自动化"，由"化学化"向"生物化"、由"石油型"向"生态型"、由"平面式"向"立体式"等转变。这对处在变迁中以从事农业为主的三峡移民来讲，无疑是个前所未有的巨大挑战。移民只有通过学习，掌握先进的生产技术，才能适应现代农业的生产方式，正常地从事相应的农业生产活动。

3. 生产内容的适应性

生产内容一般是指生产对象，也就是劳动者通过一定的劳动手段及方式施加影响的劳动对象，如对于从事水稻种植的农民来讲，其水稻就是其生产的内容，而水稻的种植有一个较为复杂的过程，其间不仅需要从事水稻生产的人掌握大量的与之相适应的种植流程，同时还需要其具备适应整个不同流程中的各种技艺，如选种、浸种、育苗、插秧、施肥、田间管理、收藏等。秧农只有熟练掌握其中的各种技艺，才能适应水稻种植内容的要求，并顺利地从事好水稻的生产。如果秧农不能够适应水稻种植中各个方面的内容要求，就无法正常从事水稻的种植活动。由此看出，生产者对所从事劳动对象的适应也是一种必要的生产适应。现今社会，由于现代科学技术同社会生产越来越紧密的结合，无论是现代工业产品还是农业产品，都经常升级换代，如现代农业中出现的转基因生产产品在科技上的含量越来越高，这就客观上需要从事其生产的劳动者，能够通过学习与接受必要的科技培训，较为熟练地掌握其更新的生产劳动内容的生产技艺，以此适应生产对象的变化，从事劳动生产活动。

4. 生产成果的适应性

生产成果，即通过生产劳动所获得的结果，是劳动者劳动的结晶。生产成果的适应性是指生产劳动者在处理其劳动结果方面的反应能力及水平。在传统的农业社会中，农产品主要用于自给自足，而少量剩余产品主要是采用小商小贩的形式出售，用于换取其他生活用品。因此，对于生产成果方面的处理要求不高，劳动者能够较好地适应生产的结果。但在现代化的生产中，不仅生产产品的过程日益复杂，生产产品结果的处理的技术含量也越来越高，就拿现代化的农业生产来讲，其已进行规模化与集约化的生产，劳动者所从事的农业生产不再只是满足自己简单的生计，而需要以不同的方式进入市场，因此他们需要考虑如何通过自己的经营，使生产的产品获得更多更高的经济回报。在这个过程中，他们有可能将自己生产的农产品进行深加工，或通过一定的谋略将产品直接推向市场，获得更多的经济效益。这些无疑对劳动者在生产成果的处理方面提出了更高的要求，劳动者只有通过进一步的学习，获得其生产成果处理的知识技能，才能达到此目的，因此，其对生产成果的适应性也是一种必要的生产适应。

（三）生产适应性的意义

生产适应是人的最基本的社会适应之一，人类要生存和发展，就必须拥有生存与发展所需的生活物质资料，而生活物质资料的唯一来源就是直接的生产劳动。没有劳动者的生产劳动，人就无法取得生存与发展所需要的物质资料，而人一旦缺乏其生活的物质资料，其生存就受到威胁，人的发展也就无法进行。而要想获得为生存与发展所必需的生活物资资料，人就得从事各种形式的生产劳动，而要想顺利从事各种生产劳动，提高劳动的效率，就必须表现出应有的生产适应性，也就是要学会使用劳动工具，掌握其生产劳动的技能，熟悉其劳动的工艺流程，适应其劳动生产的环境与场所等。只有这样，人才能够顺利有效地从事各种生产劳动，并得到为生活必需的各种物质资料。由此看来，人在生产方面的适应性，无论是在维系和满足基本生存的需要，还是实现其发展的需要方面，均具有重要的现实意义。

对于生产环境及生产内容等方面发生明显改变的三峡移民来讲，其生产的适应性更具有十分重要的实际意义。移民要想在新的迁入地落地生根，过上幸福安稳的生活，就必须通过一定的努力，掌握为新的迁入地所必需的生产技艺，更好地形成对新的迁入地的生产劳动过程及其方式的适应，以此顺利地从事劳动生产，并获得为其生存与发展所必需的各种生活物资资料，从而为在新的迁入地可持续性的稳步而健康的发展奠定必要的物质基础。

第二节　三峡移民前后生产的特点及其变化

在三峡移民的过程中，移民生产劳动条件、劳动对象、劳动资料都发生了或多或少的变化，也引起了劳动内容、劳动方式、劳动收入和劳动关系等方面的相应变化，因此，面对新的生产劳动环境，三峡移民在关于生产劳动的诸方面需要表现出良好的适应性。

（一）三峡移民生产内容的变化

三峡移民前后生产内容有较大的改变。移民前由于地处深山之中，生产经营结构比较单一，以种植业为主，且主要是以农作物的种植为主，以养殖业及其他行业为副业。移民由山区到平原安家落户之后，他们的产业结构发生了比较大的变化。就拿直接从事的农业生产来讲，搬迁前的移民主要是旱田耕作，主要种植脐橙、土豆、玉米等，搬迁以后则以水田耕作为主，且直接从事农作物种植的移民数有了比较大的减少，有更多的移民开始从事其他副业的经营，尤其是打工的人数有了比较显著的增加。即使是从事农作物生产的移民，其生产对象也发生了一定的改变，原来以种旱地为主，且主要种植果木，而移民移居的平原地区则以种植水稻和蔬菜为主，有的则是以养殖业为主，还有的以运输业为主，另外也有部分移民开始经商，还有的移民则直接进城打工，而那些地方乡镇企业较为发达的移民所在地，由于人多田少，可直接将三峡移民安排到企业工作。总之，移民后生产经营的对象内容发生了较大变化。有关调查研究也证实，林秀俊、黄忠煌对福州的三峡移民调查发现，移民中单纯种田的占27.3%；从事运输业的占24.6%；选择就地打工的占40.6%；7.5%选择从事其他行业。① 吴垠对如东的三峡移民的调查发现，移民来到如东后多以养殖业、小商业、小手工业为主业，同时兼顾家庭种植业。也就是说，在沿海地区相对发达的工商业经济背景之下，多数移民不再囿于单纯务农，而是通过发展种植业以外的创收项目（如发展养殖业、小商业或是进厂打工）扩大了收入来源，逐步走上了致富的道路。② 由此表明，那些世代守着农舍，以农耕为主的移民，移居新的迁入地后，有更多的人离开农土，走进城镇，进入企业或从事其他非农生产经营活动。当然，在其生产内容的改变过程中，部分移民也存在一定的问题，如那些移居到江浙、广东、福建等地的移民，由于语言、文化习俗等方面的问题以及在当地人地两生，他们从事经商活动遇到许多困难，还有那些被安排进乡镇企业的移民，由于不懂技术，且劳动强度较大，而相应的收入又不高，因此他们中的一些人不愿去从事类似的生产活动。

（二）三峡移民生产方式的变化

随着移民生产对象及内容的改变，移民的劳动方式也发生了明显的变化。移民前的生产工具及方式是十分原始而简单的。其农业生产方式就是围绕自己家所承包的山地垦种，其生产工具基本上还

---

① 林秀俊、黄忠煌：《积极落实移民政策 坚持安置发展并举——三峡移民在福州市生存状态及适应性调查》，载《福州党校学报》2006年第2期。

② 吴垠：《关于三峡工程跨省外迁移民的社会适应性研究》，载《人民长江》2008年第7期。

是以简单而原始的锄头镰刀为主，生产运输方式就是肩扛背驮，而移民后由于生产的范围扩大和多样化，移民的劳动方式发生较大改变。那些仍然以农业为主的移民，由于以种植水稻和蔬菜为主，他们的劳动工具是犁耙秒等，其生产中的人工运输方式则是肩挑车推，而那些从事其他行业的移民，其生产工具及劳动方式变化更大，跑运输的主要靠驾驶工具，经商的主要靠技艺，进入工厂做工的则靠专门的技能。另外从生产时间的支配上，移民前后也有很大的不同。移民前通常是以一家一户组成生产单位，在时间及具体的劳动形式方面较为松散与自由。移民后，对于从事水稻种植的移民来讲，需要抢季节，因此需要多家组织起来，相互配合。而那些从事其他行业的移民，其生产时间及场地都要受到特定生产对象的制约，如从事经商的需要根据客户来安排时间和场所，进厂做工的则要严格根据生产的流程及厂矿的作息制度开展工作，跑运输的更需要表现多种应对方式。因此，移民后无论在生产时间还是在具体的生产方式方面都具有一定的限制性和非自由性。这对原本"日出而作，日落而息"，自由而散漫惯了的三峡移民来讲是很大的挑战，同时势必直接造成部分移民适应方面的困难。郝玉章和风笑天对江苏的三峡移民的调查显示，有80%以上的移民认为，迁入地和迁出地在生产劳动方式上存在较大的差异，14.5%的人认为差别不大。[1] 显然，由于移民后的整个生产内容及方式等发生了较大的变化，致使部分移民难以在较短的时间内完全适应这种生产的变化。由此看来，对于那些生产劳动方式变化较大的移民来讲，为了适应新的劳动对象及方式，他们需要重新学习新的生产技术，同时还要增强一定的从事相应劳动强度的体力。

（三）三峡移民生产环境的变化

三峡移民生产环境的变化集中反映在生产内容、生产过程和生

---

① 郝玉章、风笑天：《三峡外迁移民的社会适应性及其影响因素研究——对江苏227户移民的调查》，载《市场与人口分析》2005年第11卷第6期。

产流通中的环境变化。从生产内容方面来看，三峡移民前主要是在一种较为单一的自然环境中从事农耕生产，因此，其生产的自然环境是移民前赖以生产的最主要的环境，由于移民后所经营的土地相对不足，而不得不使移民中的部分劳动力发生转移，致使一部分由原来固守农田为主生产经营方式的移民朝非农经营方式转变，其结果是移民后的生产经营内容更加多样化与复杂化，他们中除了有的仍然从事农耕生产外，有的借助于濒临城镇的地理优势而从事个体经营业，有许多移民从事餐饮、运输以及一些较为粗放型的企业生产。即使是那些仍然从事农耕生产的移民，其生产的自然环境也有所不同，因为这些地处比邻城镇附近平原的移民，主要从事的是种植蔬菜和水稻等农作物，其农时的季节性要求更强，而那些从事其他生产行业的三峡移民，其生产环境的变化更大，他们中有的人走进城镇，融入人口众多的闹市环境中营生，有的则直接进入机器轰鸣的生产车间做工。从生产过程来看，移民前整个生产活动过程中的环境都是基于家族式的生产关系上的较为单一的人际环境，而移民后由于生产内容及地域的变化，其生产活动过程中的劳动关系显得更为复杂，移民生产不再只是与家族成员打交道，而且需要与其他各方面的人打交道，如从事经商活动的人需要同各种顾客打交道，进入企业中的移民在与机器设备打交道的同时，还要与企业主和其他员工打交道，这无疑增强了移民在生产活动过程中环境的复杂性。从生产流通来看，移民前生产的农业成果大部分留着供自己生计外，仅有少部分剩余的劳动成果进入市场流通领域，而移民后移民需要将自己的相当一部分劳动成果直接进入到市场流通领域，通过商品交换的方式来维持自己的生产与生活，这就让生产的流通环境更加复杂化。

移民生产环境最根本的改变莫过于移民生产的置地环境的变化，移民前的土地环境是他们祖祖辈辈劳作的地方，无论贫瘠与否，他们对此无所怨尤。且对于许多移民来讲，尽管自己在原来所居之地经营的土地并不是那么富饶，但还是较为宽裕充足的，而移民后由于迁入地区人口较为稠密，其土地资源相对有限，因此，有些地方分给移民的土地相对较少，且土地的品质也可能不是最好的。这对于移民来讲，往往也是难以完全接受的。如我们调查的宜昌南湾村的移民反映"当地人的地比我们的好得多。我们的地都是当地人退下来不要的"，这也许不是非常普遍的现象，但可能有一定的代表性，因为毕竟移民所到之处，其土地资源是有限的，尤其是上好的土地资源更有限，因此，对于搬迁进来的移民而言，其享有的土地资源环境不可能不受到限制。由于移民后土地资源的有限，致使那些完全靠土地维持生计的移民不可避免地会遇到一定的困难，同时也促使部分移民不得不通过其他途径谋求新的生活出路。

另外，由于客观自然条件的限制，部分移民后的生产环境也存在一定问题。例如某村的一些移民原居住沿江边，移民后靠到山上，所属镇址也同时从沿江边迁到新的地方，以前去镇上走水路只需 20 分钟，现在到镇上走公路需 2 个小时以上，这就为移民购买生产资料造成极大不便。同时也影响到移民生产产品销出的困难，例如有些移民生产的水果由原来的水路运输首次改为公路运输，由于对公路运输不熟悉，收获的橙子、橘子不能及时运出，而直接造成收入的减少。还有些外迁移民在原居住地承包的土地就在房前屋后，外迁后新住宅与分配的责任田相距较远，这种生产环境也给移民造成一定的生产适应问题。

由于移民后在生产内容和方式及其环境发生了较为明显的改变，致使部分移民在生产适应方面存在这样那样的问题。

首先，对于移民后仍然完全从事农业的移民来讲，由于其经营的内容发生改变，由原来以种植水果等经济作物为主，变为种植水稻和蔬菜为主，他们一方面感到劳动强度的加大，另一方面需要重新学习水稻种植技术，学会犁、耙、耖的使用方法。如移居宜昌市夷陵区平湖村一位移民的话很有代表性，他说："原来我们一把剪子一个背篓就足够了，现在要用锄、锹、耙，还要借牛；原来在树下干活，又干净又凉快，现在种水田满脸满身都是泥，简直像头牛。"而种植水稻等粮食作物的收益低于经营经济作物的收益，且劳动强度增大的同时，移民的收入不但没有相应地增加，反而减少了。又如闽清多户移民反映责任田缺灌溉设施，无水源。种植蔬菜又缺技术、缺肥料。政府对移民减免三年生产税的优惠对种地者的收益影响也不是很明显。① 这样就出现某些地方的移民，由于不善于从事水稻或养殖业，或感到从事水稻种植业收入低，且劳动强度又高而将地闲置不种的情况。如博罗湖镇的移民来了一年多，依然让田地抛荒。这种有田不耕的情况，在移民中极为普遍。②

其次，由于迁入地土地资源的有限而完全靠农业实际收入差等原因，移民难以维持其生计，被迫寻求其他谋生之道，因此部分移民只好进城务工经商。而那些直接进入城镇经商的移民，有的由于缺乏基本的经商技巧，特别是移入到江浙、福建、广东等地的移民，一方面由于语言、文化习俗等方面的问题，另一方面由于人地两生，缺乏从事经营买卖活动的人脉，因此其在经营活动中困难重重。调查发现，移民到广东三水白泥镇的巫山移民，移民前都是在巫山县巫峡镇从事小商品贸易的。来到三水后，虽然政府分给了较好的土地和鱼塘，但移民却不识耕作。他们想从事商品贸易，一来语言不通，二来人生地不熟，缺乏固定客源，而且在这些地方流动人口有限，即使有做生意的，也是惨淡经营。③

再说那些被安排进乡镇企业做工的移民，由于无法从事技术含量高的工作，而更多的是从事一些以体力为主的工作，因此其劳动强度大而实际的收入却较低，他们中的部分人难以承受繁重的体力活，也无法接受过低的劳动薪酬，因此许多人也不愿意去做这种工作。如在闽清县调查中发现，每月500~600元的工资当地人能做，而移民却不愿做。产生这种问题主要是由于强制性迁移，提高了移

---

① 林秀俊、黄忠煌：《积极落实移民政策　坚持安置发展并举——三峡移民在福州市生存状态及适应性调查》，载《福州党校学报》2006年第2期，第62~64页。

② 程瑜：《广东三峡移民适应性的人类学研究》，载《中南民族大学学报》（人文社会科学版）2003年第5期。

③ 程瑜：《广东三峡移民适应性的人类学研究》，载《中南民族大学学报》（人文社会科学版）2003年第5期。

民对于收入的预期值，影响移民们对未来发展信心的判断。①

根据以上的分析，我们初步认识到，三峡移民后由于劳动生产内容、方式及环境的改变，在其生产适应方面有可能出现这样与那样的问题。那么，三峡移民生产适应的状况究竟怎样，其生产适应问题具体反映在哪些方面，对此，我们可以从如下调查数据中有进一步的了解。

第三节　三峡移民生产适应性现状分析

三峡移民的生产适应性主要反映其在对生产活动的诸要素及生产过程与结果的认知、情感及其行为等方面，也就是说，移民的生产适应主要由其对生产的应有的合理认知、积极情感及适宜行为等内容所构成。

（一）三峡移民总体生产适应状况分析

1. 三峡移民总体生产适应性分布状况分析

三峡移民生产适应性水平就其分布来讲是相对的。我们按照高于实际所测得平均分数加 1 个单位的标准差以上的为适应良好，低于平均分数减一个单位标准差以下的为适应较差，介于二者之间的为适应一般，对所调查的三峡移民的生产适应性进行分类，由表5-1 可见，所调查的三峡工程大多数移民的总体生产适应性状况是正常的，只是少部分移民的生产适应性较差。其中生产适应良好的占所调查移民的 1.9%，而适应一般的占 83.5%，适应较差的占14.6%。由此表明，移民生产适应相对来讲要比其他社会适应显得更为困难一些，尤其是在生产适应良好方面所占比率较低。这在一定程度上反映出移民前后在生产内容及方式的改变程度较大，移民原有的较为单一的生产技能无法适应新的复杂而多样性的生产。

---

① 林秀俊、黄忠煌：《积极落实移民政策，坚持安置发展并举——三峡移民在福州市生存状态及适应性调查》，载《福州党校学报》2006 年第 2 期。

表 5-1　　　　　　　**568 名三峡移民生产适应的分布情况**

参照标准	适应良好	适应一般	适应较差
	高于平均数一个标准差以上	介于平均数与两个标准差之间	低于平均数减一个标准差以下
人数	11	474	83
%	1.9	83.5	14.6

2. 三峡移民总体生产适应水平分析

所调查的三峡移民在总体生产适应水平方面的基本情况表现为：本地移民与外迁移民不存在显著性差异，$F_{(1, 566)} = 2.265$，$P>0.133$，由此表明所调查的三峡本地移民和外地移民在总体生产适应水平方面不存在明显的差异；前期移民与后期移民也不存在显著性差异 $F_{(1, 566)} = 2.905$，$P>0.089$，由此表明所调查的前期三峡移民与后期三峡移民在总体生产水平的适应上不存在明显的差异；男性移民与女性移民同样不存在显著性差异，$F_{(1, 566)} = 1.103$，$P>0.294$，由此表明所调查的三峡移民在总体生产适应水平方面不存在性别的差异；农村移民与城镇移民存在非常显著性差异，$F_{(2, 565)} = 10.987$，$P<0.001$，表现为城镇移民在总体生产适应性方面要明显好于农村移民；不同文化程度的移民之间存在非常显著性差异，$F_{(2, 565)} = 8.129$，$P<0.000$，多重比较处理发现，大专及以上文化程度移民在总体生产适应性水平方面要分别明显好于高中及以下文化程度的移民；不同年龄段移民之间存在非常显著性差异，$F_{(2, 565)} = 20.101$，$P<0.000$，多重比较处理发现，16~29 岁段移民在总体生产适应性水平方面要分别明显好于 30~55 岁及 55 岁以上年龄段的移民。以上数据分析表明，所调查的外迁移民与本地移民、前期移民与后期移民、男性移民与女性移民之间在总体生产适应水平方面不存在统计学意义上的差异，而农村移民与城镇移民、文化程度低的移民与文化程度较高的移民、年轻移民与中老年移民之间在总体生产适应性水平方面存在明显的统计学方面的差异。具体表现为城镇移民、文化程度高的移民以及年轻移民

的总体生产适应性水平要分别好于农村移民、文化程度低的移民以及中老年移民。见表5-2：

表5-2　　568名三峡移民总体生产适应性水平差异比较

		$M±SD$	F	Sig
移民所在地	本地移民	35.48±5.92	2.265	0.133
	外地移民	34.73±5.85		
移民时间	前期移民	35.45±5.69	2.905	0.089
	后期移民	34.61±6.07		
移民性别	男性移民	34.85±6.00	1.103	0.294
	女性移民	35.39±5.68		
移民类型	农村移民	34.00±5.92	10.987	0.001
	城镇移民	35.68±5.78		
移民文化程度	小学及以下移民	34.44±5.06	8.129	0.000
	初中至高中移民	34.65±5.70		
	大专及以上移民	37.11±7.01		
移民年龄段	16~29岁移民	37.35±7.02	20.101	0.000
	30~55岁移民	34.20±4.98		
	55岁以上移民	33.53±5.20		

（二）三峡移民具体生产适应内容分析

1. 三峡移民生产认知适应性

三峡移民生产认知适应主要指其在生产的内容、方式及结果方面的认知的适宜性反应，也即其对生产有关的各种条件及因素持一种积极的认可反映。

所调查的三峡移民在生产认知适应水平方面的基本情况表现为：本地移民与外迁移民存在显著性差异，$F_{(1, 566)} = 15.868$，$P < 0.000$，表现为所调查的本地移民在生产认知方面的适应性水平要显著好于外地移民；前期移民与后期移民不存在显著性差异

$F(1, 566) = 2.169$，$P > 0.141$，表明所调查的前期移民与后期移民之间在生产认知适应水平方面不存在明显的差异；男性移民与女性移民存在显著性差异，$F(1, 566) = 4.891$，$P < 0.027$，表现为女性移民的生产认知适应性水平明显好于男性移民；农村移民与城镇移民不存在显著性差异，$F(2, 565) = 1.550$，$P > 0.214$，由此表明农村移民与城镇移民在生产认知水平方面不存在明显的差异；不同文化程度的移民之间存在显著性差异，$F(2, 565) = 3.953$，$P < 0.020$，多重比较处理发现，大专及以上文化程度移民在生产认知方面的适应性要明显好高中及以下文化程度的移民；不同年龄段移民之间存在显著性差异，$F(2, 565) = 4.308$，$P < 0.014$，多重比较处理发现，16～29岁段移民在生产认知方面的适应性方面要明显好于30～55岁及55岁以上年龄段的移民。由此数据分析看出，所调查的前期移民与后期移民、农村移民与城镇移民之间在生产认知的适应性水平方面不存在统计学意义上的差异，而本地移民与外迁移民、男性移民与女性移民、文化程度低的移民与文化程度高的移民、年轻移民与中老年移民之间在生产的认知水平方面存在较为明显的统计学方面的差异性，具体表现为本地移民、女性移民、文化程度高的移民以及年轻移民在生产认知方面的适应水平分别要高于外迁移民、男性移民、文化程度低的移民以及中老年移民。见表5-3：

表5-3　　　　　**568名三峡移民生产认知适应性差异比较**

		$M \pm SD$	F	Sig
移民所在地	本地移民	12.78±2.53	15.868	0.000
	外地移民	11.94±2.42		
移民时间	前期移民	12.26±2.72	2.169	0.141
	后期移民	12.57±2.28		
移民性别	男性移民	12.24±2.47	4.891	0.027
	女性移民	12.72±2.52		

续表

		M±SD	F	Sig
移民类型	农村移民	12.25±2.31	1.550	0.214
	城镇移民	12.52±2.60		
移民文化程度	小学及以下移民	11.98±2.63	3.953	0.020
	初中至高中移民	12.48±2.37		
	大专及以上移民	12.85±2.62		
移民年龄段	16~29岁移民	12.85±2.45	4.308	0.014
	30~55岁移民	12.30±2.50		
	55岁以上移民	11.94±2.49		

具体来讲，在生产内容的认知方面，所调查的移民认为"目前所在地的生产经营内容与原来""完全一样"的占13.0%，"基本一样"的占39.4%，"不大一样"的占37.1，"完全不一样"的占10.4%。由此看出，所调查的三峡移民在新的迁入地超过五成的生产经营内容完全或基本保持不变，但有超过四成的移民的生产经营内容发生了不同程度的改变。这种改变将给部分三峡移民直接造成生产适应方面的问题，他们必须重新学习新的生产经营方式，才能逐步适应所在地的生产经营内容。

在生产经营方式方面，所调查的三峡移民认为"现在的劳动(工作)方式与原来所在地的劳动(工作)方式""完全一样"的占11.3%，"基本一样"的占39.6%，"不大一样"的占39.6%，"完全不一样"的占9.5%。由此看出，所调查的移民在新的迁入地与原所在地的劳动方式没有发生改变的和发生不同程度改变的相差无几，也就是说有半数的移民需要调整与改变自己原来的劳动或工作方式，这也势必影响到部分人在新的迁入地劳动方式方面的适应性问题，有可能造成部分移民因学习能力的不足而在劳动或工作方式上的适应困难。

由于移民生产内容与生产经营方式发生了一定的改变，因此，所调查的移民"对于现在的劳动(工作)方式""非常熟悉"的仅占

9.9%，"基本熟悉"的占36.4%，而"不大熟悉"的占44.9%，"完全不熟悉"的占8.8%。由此说明，所调查的三峡移民对迁入地劳动或工作方式熟悉和比较熟悉的人不到半数，而超过半数的人对迁入地的劳动或工作方式不那么熟悉或完全不熟悉。其中回答"非常熟悉"和"基本熟悉"的，本地移民所占的比率（68.1%）高于外地移民的比率（17%），前期移民所占的比率（53.3%）高于后期移民所占的比率（39.9%），城镇移民所占的比率（66.6%）高于农村移民所占的比率（36.7%），大专及以上移民所占比率（53.5%）分别高于初中与高中移民所占的比率（38.1%）和小学及以下移民所占的比率（36.2%），这在一定程度上反映出所调查的本地移民、前期移民、城镇移民、文化程度高的移民在生产方式的适应性方面要分别好于外迁移民、后期移民、农村移民以及文化程度低的移民。

有一部分移民不熟悉移民后的劳动方式，这将直接影响其生产劳动的效率。所调查的移民认为"现在从事生产（工作）的效率""非常高"的仅占6.0%，"比较高"的占43.3%，"比较低"的占45.1%，"非常低"的占5.6%。也就是说在所调查的移民中有过半数的移民不满意目前的劳动生产效率。且其中回答劳动效率"非常高"的和"比较高"的，本地移民所占的比率（51.5%）高于外地移民的比率（46.3%），前期移民所占的比率（53.4%）高于后期移民所占的比率（45.6%），城镇移民所占的比率（52.6%）高于农村移民所占的比率（47.3%），大专及以上移民所占比率（51.6%）和初中与高中移民所占的比率（49%）同时高于小学及以下移民所占的比率（42.9%）。由此表明，在劳动生产效率方面所调查的本地移民、前期移民、城镇移民以及文化程度高的移民的状况要分别好于外迁移民、后期移民、农村移民以及文化程度低的移民。

在关于生产结果的认知方面，主要反映在与过去的自我比较和与当地居民的横向比较方面。在与自我的过去比较方面，所调查的移民认为"现在的经济状况要比原来""好许多"的占16.7%，"好一些"的占32.4%，"差不多"的占39.8%，"差一些"的占11.1%。其中在回答"好许多"和"好一些"的，本地移民的比率（49.7%）与外地移民所占比率（48.3%）相差无几，前期移民所占的比率

(54%)高于后期移民所占的比率(44.6%)，城镇移民所占的比率(53.5%)高于农村移民所占的比率(46.5%)，大专及以上移民所占比率(53.7)高于初中与高中移民所占的比率(47.5%)和小学及以下移民所占的比率(47.6%)。由此表明，前期移民、城镇移民、大专及以上文化程度的移民在生产收入的改善状况方面要分别好于后期移民、农村移民和高中及以下文化程度的移民。同时也表明，还有少部分移民移民后的生产收入状况出现下降的情况，虽然这部分人为数不多，但这是一种值得关注和进一步研究的现象，也是最终要解决的一种移民问题。

在与当地人的横向比较方面，所调查的移民认为"自己目前劳动收入要比当地人""差很多"的占14.8%，"差一点"的占34.3%，"差不多"的占34.4%，"高一些"的占16.5%。由此表明，有过半数的移民认为基本达到或超过当地居民的收入，而有超过四成的移民认为收入未达到当地居民的水平。在回答"差不多"和"高一些"的所占比率上，本地移民(55.9%)高于外地移民(44.2%)，前期移民(48.8%)低于后期移民(53.8%)，城镇移民(53.1%)高于农村移民(49.6%)。由此表明本地移民、后期移民、城镇移民认为本地居民收入要高的所占比率要分别高于外地移民、前期移民和农村移民。

2. 三峡移民生产情感的适应性

移民生产情感的适应性主要指移民对生产的过程及其方式的积极体验与生产成果的满意度等方面。所调查的三峡移民在生产情感适应方面的基本情况为：本地移民与外迁移民存在显著性差异，$F(1,566)=5.033$，$P<0.025$，表现为本地移民在生产情感方面的适应性显著好于外地移民；前期移民与后期移民不存在显著性差异 $F(1,566)=1.972$，$P>0.161$，表明所调查的前期移民与后期移民在生产情感适应性方面不存在明显的差异；男性移民与女性移民不存在显著性差异，$F(1,566)=0.446$，$P>0.505$，表明男性移民和女性移民在生产情感的适应方面也不存在明显的差异；农村移民与城镇移民存在显著性差异，$F(2,565)=4.108$，$P<0.043$，表现为城镇移民生产情感方面的适应性要明显好于农村移民；不同文化程

度的移民之间存在非常显著性差异，$F(2，565)=3.598$，$P<0.028$，多重比较处理发现，大专及以上文化程度的移民生产情感的适应性要明显好于高中及以下文化程度的移民；不同年龄段移民之间存在非常显著性差异，$F(2，565)=16.857$，$P<0.000$，多重比较处理发现，16~29岁段移民生产情感的适应性要分别明显好于30~55岁及55岁以上年龄段的移民。数据分析发现，在生产情感的适应方面，所调查的前期移民与后期移民之间、男性移民与女性移民之间不存在明显的差异，而本地移民与外迁移民、城镇移民和农村移民、文化程度高的移民与文化程度低的移民、年轻移民与中老年移民之间则存在明显的差异，且前者均好于后者。见表5-4：

表 5-4　　　**568名三峡移民生产情感适应性差异比较**

		$M \pm SD$	F	Sig
移民所在地	本地移民	7.82±2.99	5.033	0.025
	外地移民	7.38±1.53		
移民时间	前期移民	7.70±2.77	1.972	0.161
	后期移民	7.43±1.56		
移民性别	男性移民	7.62±2.65	0.446	0.505
	女性移民	7.49±1.43		
移民类型	农村移民	7.32±1.60	4.108	0.043
	城镇移民	7.72±2.59		
移民文化程度	小学及以下移民	7.21±1.42	3.598	0.028
	初中至高中移民	7.60±2.74		
	大专及以上移民	7.99±1.54		
移民年龄段	16~29岁移民	8.38±3.40	16.857	0.000
	30~55岁移民	7.28±1.43		
	55岁以上移民	6.98±1.47		

具体而言，三峡移民生产情感的适应集中体现在对移民后的生

产劳动的满意度、感受及其生产劳动的愿望方面。

首先,从其对生产劳动的满意度来看,所调查的移民"对自己目前的劳动状况"感到"非常满意"的仅占 8.3%,"基本满意"的占 37.3%,"不大满意"的占 46.0%,"很不满意"的占 8.5%。其中在回答"非常满意"和"基本满意"的比率上,本地移民(59.2%)高于外地移民(27.3%),前期移民(51.1%)高于后期移民(40.5%),城镇移民(57.8%)高于农村移民(38.4%),大专及以上移民(61.9%)高于初中与高中移民(50.6%)和小学及以下移民(40.1%),16~29 岁移民(32.4%)低于 30~55 岁移民(52.1%)和 55 岁及以上移民(48%)。由此表明,在对生产的满意度方面,所调查的本地移民、前期移民、城镇移民、文化程度高的移民所占比率要大于外地移民、后期移民、文化程度低的移民。而年轻移民的生产满意度低于中老年移民,在一定程度上可能反映出部分年轻移民在其生产的期望值方面较高。

其次,从其对生产劳动的感受来看,所调查的移民"为不能按照现在的劳动(工作)方式去做"感到"非常苦恼"的占 9.5%,"比较苦恼"的占 42.6%,"不太苦恼"的占 41.2%,"完全不苦恼"的占 6.7%。在回答"不太苦恼"和"完全不苦恼"的比率上,本地移民(48.8%)高于外地移民(45%),前期移民(48.3%)高于后期移民(46%),城镇移民(49.3%)高于农村移民(42.2%),大专及以上移民(59%)分别高于初中与高中移民(45.6%)和小学及以下移民(42.2%)。由此表明,在所调查的移民中有过半数的移民因不能很好适应迁入地的劳动或工作方式,而表现出不同程度的情绪困扰。其中外地移民、农村移民、文化程度低的移民在其生产适应的情绪困扰方面所占比率要高一些。

再次,从其对生产的期望来看,所调查的移民在关于"如果有可能还是希望按照老家的劳动方式生产"问题方面,回答"完全是"的占 11.3%,"基本是"的占 41.5%,"不是"的占 38.0%,"完全不是"的占 9.2%。其中回答"不是"的和"完全不是"的比率上,本地移民(53.1%)高于外地移民(39.3%),前期移民(53.5%)高于后期移民(42.2%),城镇移民

（53.1%）高于农村移民（43.7%），大专及以上移民（58.1%）高于初中与高中移民（48.1%）和小学及以下移民（37.4%）。由此表明，在所调查的移民中有过半数的移民因不能更好地适应其变化后的生产劳动方式而希望重新按照老家的劳动方式生产，尤其在外地移民、后期移民、农村移民以及文化程度低的移民中所反映的比率较高。

3. 三峡移民生产行为的适应性

生产行为的适应性主要指为生产所需的各种行为方式及劳动技能的适应性，也就是指劳动者的行为方式及能力能够满足生产劳动的要求，并能够顺利有效地从事生产活动。所调查的三峡移民在生产行为适应方面的基本情况是：本地移民与外迁移民存在显著性差异，$F(1, 566) = 21.150$，$P<0.000$，表现为本地移民生产行为的适应性要显著好于外地移民；前期移民与后期移民不存在显著性差异 $F(1, 566) = 1.084$，$P>0.298$，表明前期移民与后期移民在其生产劳动行为的适应性水平上不存在统计学意义上的差异；男性移民与女性移民不存在显著性差异，$F(1, 566) = 0.527$，$P>0.468$，表明所调查的移民在生产劳动行为适应性水平方面不存在明显的性别差异性；农村移民与城镇移民存在显著性差异，$F(2, 565) = 15.286$，$P<0.000$，表现为城镇移民生产行为的适应性水平要明显好于农村移民；不同文化程度的移民之间存在非常显著性差异，$F(2, 565) = 13.445$，$P<0.000$，多重比较处理发现，大专及以上文化程度移民生产行为的适应性水平要明显好于高中及以下文化程度的移民；不同年龄段移民之间存在非常显著性差异，$F(2, 565) = 15.494$，$P<0.000$，多重比较处理发现，16~29 岁段移民生产行为的适应性方面水平要明显好于 30~55 岁及 55 岁以上年龄段的移民。由此数据分析可以看出，在生产行为的适应性水平方面，所调查的三峡前期移民与后期移民之间、男性移民与女性移民之间不存在明显的差异性，而本地移民与外地移民、城镇移民与农村移民、文化程度高的移民与文化程度低的移民、年轻移民与中老年移民之间存在较为明显的差异性，且均表现为前者的生产行为的适应性水平要明显好于后者。见表 5-5：

表 5-5   **568 名三峡移民生产行为适应性差异比较**

		$M\pm SD$	F	Sig
移民所在地	本地移民	15.71±2.50	21.150	0.000
	外地移民	14.56±3.25		
移民时间	前期移民	15.18±2.86	1.084	0.298
	后期移民	14.91±3.15		
移民性别	男性移民	14.98±2.96	0.527	0.468
	女性移民	15.17±3.08		
移民类型	农村移民	14.42±3.37	15.286	0.000
	城镇移民	15.43±2.70		
移民文化程度	小学及以下移民	14.56±2.70	13.445	0.000
	初中至高中移民	15.23±2.70		
	大专及以上移民	16.26±3.84		
移民年龄段	16~29 岁移民	16.10±3.32	15.494	0.000
	30~55 岁移民	14.60±2.68		
	55 岁以上移民	14.60±3.02		

具体来讲，所调查的三峡移民所反映的生产行为的适应性可以从如下几个方面的调查数据说明：

首先，移民是否掌握与当地生产相适应的生产经验。这是衡量移民生产行为适应性的一个重要指标。调查发现，移民在关于"至今还没有完全掌握当地的生产经验"的问题上，回答"完全是"的占 7.7%，"基本是"的占 43.7%，"不是"的占 43.1%，"完全不是"的占 5.5%。由此表明，所调查的移民中有过半数的尚缺乏当地生产的经验。其中在"不是"的和"完全不是"的回答中，本地移民所占的比率（53.9%）高于外地移民的比率（41.3%），前期移民所占的比率（52.2%）高于后期移民所占的比率（45.3%），城镇移民所占的比率（50.2%）高于农村移民所占的比率（47.6%），大专及以上移民所占比率（61.9%）分别高于初中与高中移民所占的比率（51%）和小学及以下移民所占的比率（43.1%），16～29 岁移民所占的比率（62.9%）分别高于 30～55 岁移民所占的比率（42.4%）和 55 岁及以上移民所占的比率（42.7%），女性移民所占的比率（59.3%）高于男性移民所占的比率（46.7%）。数据表明，所调查的本地移民、前期移民、城镇移民、文化程度高的移民以及年轻移民在掌握当地生产经验的情况要分别稍好于外地移民、后期移民、农村移民、文化程度低的移民以及中老年移民。

其次，移民是否具有能够独立从事当地生产劳动的能力。这是反映移民生产适应性的又一个重要指标。调查发现，移民在关于"自己已经能独立地从事当前的生产劳动（工作）"的问题上，回答"完全是"的占 14.3%，"基本是"的占 32.4%，"不是"的占 38.6%，"完全不是"的占 14.8%，由此看出，不到半数的移民基本能够或完全能在新的迁入地独立从事当前的生产劳动，在所调查的移民中有过半数的移民尚不能够完全独立地从事当地的生产劳动。其中"完全是"的和"基本是"的回答中，本地移民所占的比率（64.1）高于外地移民的比率（23.1%），前期移民所占的比率（46.7）与后期移民所占的比率（46.7）没有差别，城镇移民所占的比率（50.2%）高于农村移民所占的比率（48.7%），大专及以上移民所占比率（53.2%）分别高于初中与高中移民所占的比率（41%）和小学及以下移民所占的比率（36.8%），16～29 岁移民所占的比率（52%）分别高于 30～55 岁移民所占的比率（44%）和 55 岁及以上移民所占的比率（37.7%）。由此表明，本地移民、城镇移民、文化程度高的移民以及年轻移民在独立从事当地生产劳动的能力的情况要分别稍好于外地移民、农村移民、文化程度低的移民以及中老年移民。

再次，移民能否承受其移民后的生产劳动的强度。这也应该是衡量其是否具有生产适应性的一个基本标准。调查发现，移民在关于"现在的劳动（工作）强度有些吃不消"的问题上，回答"完全是"的占 8.5%，"基本是"的占 38.6%，"不是"的占 44.7%，"完全不是"的占 8.3%。由此看出，所调查的移民有过半数的人是基本能够承受目前生产劳动的强度的，同时也还有超过四成的移民则难以完全承受当前的生产劳动的强度。其中回答"不是"和"完全不是"的，本地移民所占的比率（52.9%）与外地移民的比率（52.1%）无明显差异，前期移民所占的比率（53%）与后期移民所占的比率（53%）无差异，城镇移民所占的比率（53.5%）与农村移民所占的比率（52.1%）相差无几，大专及以上移民所占比率（74.3%）分别高于初中与高中移民所占的比率（51%）和小学及以下移民所占的比率（46.8%），16~29岁移民所占的比率（65.3%）分别高于30~55岁移民所占的比率（49.8%）和55岁及以上移民所占的比率（38.7%）。由此表明，本地移民与外地移民、前期移民与后期移民、城镇移民与农村移民在承受生产劳动强度能力方面没有显示明显的差异，而文化程度高的移民和年轻移民要分别比文化程度低的移民和中老年移民表现出更好一些的生产劳动的承受力。

由于在部分移民中缺乏从事当前生产劳动的相应经验，不熟悉移民后的生产经营方式，而难以承受移民后的劳动强度。因此，所调查的移民在"现在做事感到力不从心"的问题上，回答"经常是"的占10.0%，"有时这样"的占38.9%，"不大这样"的占39.6%，"完全不这样"的占11.4%。其中回答"不大这样"和"完全不这样"的，本地移民的比率（63.5%）高于外地移民所占比率（34.3%），前期移民所占的比率（65.5%）高于后期移民所占的比率（47%），城镇移民所占的比率（54.5%）高于农村移民所占的比率（49%），大专及以上移民所占比率（61%）高于初中与高中移民所占的比率（49.7%）和小学及以下移民所占的比率（47%），16~29岁移民所占的比率（61.8%）高于30~55岁移民所占的比率（47.3%）和55岁及以上移民所占的比率（42.6%）。

综上所述，虽然移民后三峡移民的生产对象、方式及结果内容等发生了不同程度的改变，但所调查的三峡移民在生产适应方面总体情况是正常的，其中大部分移民基本上能够适应其变化后的生产劳动，尤其是本地移民、前期移民、城镇移民、文化程度高的移民以及年轻移民在生产适应性方面的状况较好。但也有少部分移民存在不同程度的生产适应方面的问题，这种情况较为集中地反映在外迁移民、后期移民、农村移民、文化程度低的移民以及中老年移民方面。这是由于外迁移民所发生的生产对象及方式等的改变较大，在一定程度上增加了外迁移民生产适应方面的难度；而后期移民的生产适应性之所以比前期移民的生产适应差一些，恐怕主要是由于后期移民迁入新的地方时间相对较短，因此其难以在较短的时间内熟练掌握新的生产技术而无法一下子适应变化了的劳动生产方式；农村移民的生产适应性之所以要比城镇移民的差一些，恐怕主要是农村移民后生产的内容、方式等与原来相比发生较大变化，而城镇移民移民后的工作内容与性质并没有发生很大改变；文化程度高的移民和年轻移民的生产适应性要分别好于文化程度低的移民和中老年移民，恐怕主要是他们在学习和接受新事物新知识方面的能力通常好于文化程度低的移民和中老年移民。

以上整体分析表明，三峡移民生产适应情况显示了一定的差异性，对于部分生产适应性水平较高的移民来讲，他们能够顺利从事移民后新的生产劳动，表现出应有的责任感与坚定的生产与生活信念，其生产收入与当地居民的收入不分上下，有少部分移民的收入甚至超过当地居民。有的三峡移民虽然难以完全适应迁居后的移民生产，但他们能够自力更生，吃苦耐劳，通过自己的勤勉劳动较好地维持目前的生计，其经济收入与当地居民的收入差不多；对于少部分既不能够正常从事有限的农田生产，又不能主动采取其他补充式的副业生产的移民，其经济收入比移民前的状况可能要差一些，尤其是极少数移民，自己不能够积极从事正常的生产劳动，而仅靠政府的一点帮扶过日子，长期下去将会不可避免地出现贫困现象。

因此，从生产的角度来看，我们应该高度关注少部分生产适应差的移民，其重点是那些外地移民、农村移民、文化程度低的移民以及中老年移民，应该通过一定的培训和帮扶措施，帮助其更好地掌握与新的生产环境相适应的生产劳动的知识技能，同时为其从事生产经营活动提供必要的场所和有利的环境条件，使之能够从事正常的生产经营活动，不断提高劳动生产的效率，从而使他们能够在新的迁入地愉快地工作与生活。

第六章　三峡移民社会心理适应性研究

在前几章中，我们从社会适应的主要内容，就三峡移民在自然、人际、生产和生活方面的适应性展开专门的探讨。我们不仅要从其内容侧面研究三峡移民的社会适应性，也需要从其社会适应的形式——社会心理的层面就三峡移民社会适应性展开探讨。因为移民社会心态是移民社会适应性的主观指标，直接反映移民适应新环境的程度。同时，移民社会心态是移民行为的向导和前奏，对移民的适应性行为构成直接的影响。前面我们所涉及的三峡移民社会适应性内容，在很大程度上表现在三峡移民的一系列社会心理及行为方面。因此，研究三峡移民的社会适应性，不可不考察其社会心态。

第一节　社会心理适应性概述

（一）什么是社会心理适应性

要知道什么是社会心理适应性，首先需要理解什么是社会心理。由于社会心理本身的复杂性和学者对其认识不尽相同，关于社会心理的解释也有所不同。孙非等将社会心理解释为"人们对客观存在的社会现实的感受和反映，是人们在一定的社会环境、文化和社会条件的影响下，通过世代相传、潜移默化的作用，由社会现象而引起的感情、意识等心理现象。通俗地说，社会心理是社会生活中一般人的心理，是社会生活中人与人以及群体之间相互类似与相互感应的心理。"[1] 由此解释中我们不难看到，社会心理是人们

---

[1]　孙非、金榜主编：《社会心理学词典》，农村出版社 1988 年版。

对一定的社会现实的感受与反映，而这种反映又是一种社会文化影响下的具有潜移性和传承性的，并诉诸其感情、意识等形式的反映。沙莲香则指出："所谓社会心理是人们在特定生活条件下对社会事件所做的一种互有影响、互有制约的心理反应。"① 这种对社会心理的解释较为简洁明了。

从以上解释中，我们应该进一步明确的是，社会心理就其产生来讲，是人们在特定的社会文化环境中，由于彼此之间的相互作用和影响所形成的一种对一定社会事件的心理反应，而这种反应形式是复杂多样的，包括人们在一定现实中形成的风俗习惯、宗教信仰、情感态度、观念意识等。根据其社会心理主体的不同，社会心理分为个体心理和群体心理。这里的个体心理一般是指在社会因素影响与作用下个体所表现的心理及其反应。群体心理则是指群体成员在群体活动中表现的共有的同时又有别于其他群体的心理及其反应。群体心理以个体心理为基础，但又有别于个体心理，它是某一群体成员在相应的群体活动中所表现出来的共有的心理。因此，群体心理既具有群体性，又具有群体边界性，就是说不同群体有别于其他群体的心理。当然群体边界性总是相对的。群体心理随着群体的存在形式与状态而有所不同。就其规模范围来讲，有三五人结成的小小群体、较多的人组成的小群体，还有更多的人组成的大群体；从其规范的组织程度来看，有经过严密组织的正式群体和未经严格组织的非正式群体。由于群体存在的形式及性质的不同，形成的群体心理及其反应也就有所不同，且对其群体内成员的影响也有所不同。

基于上述分析我们不难理解，社会心理是在一定的社会文化情境中，个体或群体在与各种社会因素的相互作用中所表现出的心理。因此，从一般意义来讲，社会心理适应性，主要是作为社会主体的人对赖以存在的客体，即个体在各种生存与发展的社会环境条件下所形成的在认知、情感及行为诸方面的综合性反应。我们认为所谓社会心理的适应性主要应该表现在人们对所生存与发展的各种

---

① 沙莲香主编：《社会心理学》，中国人民大学出版社 1992 年版。

自然与人际环境、生活习俗以及生产方式等条件在认知方面的认同性、情感上的融入度以及行为方面的适宜性等的一种综合性反应。针对三峡移民而言，其社会心理适应性主要指无论是作为独立身份出现的移民个体还是以其三峡移民群体形式而表现的社会心理，能够很好地形成对新的生活的正常而适应的反应，能够对生活所在地的各种社会情境事件和人物形成认知上的和情感上以及行为表现方面的积极而良好的反应。

（二）社会心理适应性的主要内容

人在社会生活中所表现的社会心理现象是极为复杂多样的，因而人的社会心理的适应内容也就非常广泛，从一般社会心理学的意义上讲，社会心理适应主要包括社会认知、社会情感、社会行为等方面的适应性。

1. 社会认知的适应性

所谓社会认知，是指人们对于包括个体自身及人与人及其关系等社会现象的认知。所谓社会认知的适应性，是指人的社会认知在反映包括自身在内的各种社会生活事件方面是合理而积极的，即通过自己对各种社会认知对象的觉知与判断，充满应有的理性色彩，其认知活动的结果既有利于适应外在事物的要求，同时也给自己的主观情感世界带来积极的体验。具体针对三峡移民而言，所谓社会认知适应性，是指其认知主体的三峡移民，能够理智审慎地对待移民过程中所遇到的问题，能够较为客观地看待移民前后在生产与生活方面所存在的一些合理与不合理的差异，并通过有效的认知调节化解其在移民问题上所产生的各种消极认知和认知冲突，而保证不因为个人认知问题给自己在情绪体验和行为适应方面造成不应有障碍，并使其认知在妥善处置各种事物和促进自我发展中发挥其应有的积极功能。

2. 社会情感的适应性

所谓社会情感，是指人们在社会生活中所形成的对各种社会生活事件与自身需要之间关系的反应，是人对各种社会生活事件所持的态度的体验。在社会生活中，人们不仅会表现出对衣食住行等各种物质的需要，同时也有获得安全、归属、爱、自尊、成就地位等各种精神的需要。当人们的这些物质和精神的需要得到相应的满足时，便会产生积极的情绪情感体验，否则就会产生一定的消极的体验。所谓社会情感的适应性，也就是指作为社会心理适应的主体在对包括自我在内的各种社会生活事件的反映中，不仅使自己获得了更多的愉快感，同时也对反映的对象产生更多的满意感，并与之保持一种正常而融洽的沟通关系。对于三峡移民来讲，其社会情感的适应性主要体现在他们对与移民有关的人物和事件方面抱以积极的正性情感为主的体验，同时能够有效的控制一些偶尔出现的负性情绪及体验，对移民生活持有较多的满意感，对移民所在地的人持良好的友好感，热爱移民后的生活等方面。

3. 社会行为的适应性

从广义上讲，社会行为一般是指人们在社会生活中所从事的各种活动及具体行为表现。其表现形式包括有表情、姿态、言语、活动等。具体而言，社会行为是一种在群体活动中相互影响的行为，如有关的从众行为、服从行为、角色行为等都是较为常见的社会行为。社会行为与社会认知和社会情感一样，都是由一定的社会生活事件引起，并在人的社会生产与生活过程中产生与表现出来。社会行为虽然与社会心理有一定的区别，但二者通常联系密切，社会行为与社会心理具有一致性和协同性，且社会行为往往是社会心理的外部表现，因而，通过对人的社会行为的观察，我们可以推知其所具有的社会心理。基于二者之间的这种关系，我们在此也将社会行为的适应作为社会心理适应的重要内容。社会行为适应性通常是指人们在社会生活中所表现的各种行为反应，能够与所处的具体环境保持良好的一致性，也就是我们通常所讲的"到什么山上唱什么歌"。具体对三峡移民而言，社会行为适应性是指三峡移民在生产与生活中所表现的各种行为能够与当地人基本一致，从而显示出良好的适宜性，其主要行为表现一方面能够为当地人所接纳和认可，另一方面移民自身从中也获得了相应的满足和一定的愉悦感受。

因此，三峡移民的社会心理的适应性主要包括有社会认知、社会情感及社会行为三个方面。

（三）社会心理适应性的意义

社会心理适应的意义主要是为社会心理在人的整个社会生活中的地位及影响所决定的。人们对各种社会生活及其事件的感受与理解以及所做出的各种行为表现在很大程度上讲，都是人们社会心理活动及作用的结果。社会心理所具有的广泛性，能够对人的整个社会活动构成直接影响。社会心理反映出一定的社会风貌，表现出一定的人心向背，对人的社会实践形成直接的作用。同时社会心理是人的一种自在的社会意识形态，在很大程度上影响着人们的精神世界。从实践意义上讲，人们只有形成了必要的社会心理适应性，才能够很好地适应现实的生活；从意识形态来看，人们只有表现出应有的社会心理适应性，才能够形成和保持一种良好的精神状态。另外，人们社会生活方式的变化，首先要引起人的社会心理的必要调整，从而使人的社会心理更好地适应变化了的社会生活方式。可以这样讲，社会心理的扭曲，必然会带来人们社会行为的异常，而正常的社会心理，则将促成人良好的社会行为表现。

三峡移民的社会心理是其在特定的社会生活条件的影响与作用下形成的，同时这种形成的社会心理将反过来对三峡移民现实生活产生直接的影响。而当三峡移民社会生活发生改变，其社会心理必定有所调整与变化，这样才能保证三峡移民以应有的心理状态去面对所改变了的生活，从而保证其良好的适应性反应。因此，对于发生重大变迁的三峡移民而言，最基本也是最重要的社会适应莫过于其社会心理的良好适应。只有当三峡移民在迁入地形成了真正的社会心理适应性，他们才有可能最终在新的迁入地"安其居，乐其业"，过上安定幸福的生活。由于社会心理的积淀性和巨大的惯性作用，三峡移民要形成真正的社会心理的适应性是非常艰难的和充满曲折与反复的，但对于安土重迁的移民来讲又是势在必行的。

第二节　三峡移民前后社会心理变化特点

三峡移民在移民前长期居住和守望在祖辈们生活过的土地上，在实际生活中逐步形成了世代相袭的较为稳定的社会心理结构及行为模式，而随着三峡工程所带来的具有强制性的移民，迫使三峡人要迁居到生活习俗、习惯等迥异的异地他乡。这就意味着每个移民都需要经历一次彻底的社会脱域的过程，而从原有的地域关系中脱离出来，同时也需要移民进行各种社会关系的新的重组。置身于这个过程的移民需要在新的结构上发现属于他们自己的模型和标准，再人为地把自己的行为嵌入整个过程中。而在这个移民过程中，必然会产生移民与原来熟悉的环境和原来熟悉的社会关系的断裂，每个移民都要重新面对一个全新的社会生活环境，对自己的人际关系，社会网络等各个方面进行全方位的重组。在此过程中，也必然会使其社会心理发生一定的改变，而这些社会心理变化的过程，也是三峡移民逐步适应迁入地生活的过程，同时其中有些社会心理活动的变化可能又会影响其移民的社会适应。三峡移民前后社会心理主要发生以下方面的变化：

（一）由普通三峡人所产生的"特殊公民"心理

三峡移民在移民前是地地道道的三峡人，他们以生活在祖祖辈辈留下的土地上为安，以成长在举世闻名、风景独特的三峡地域为其荣，按照祖辈留下的生活样式生息着。一切都平平常常、平平淡淡，没有超出地域文化以外的过多的生活诉求，更没有超越作为普通的三峡人身份的希望。随着三峡工程的动工兴建，一夜之间，他们的身份发生了改变，即由平凡的三峡人变成身份特殊的"三峡移民"。三峡移民是由历史造成的一种特定的身份，这种身份意味着三峡人角色的变化，而这种"三峡移民"的角色是历史强加给他们的，并非他们自觉自愿选择。三峡人自己很清楚，这种角色对他们将意味着——为了国家的利益，他们将毫无选择地永远地离开父辈们给他们留下的土地，他们的未来及其子孙都注定要与那些从未谋面的异地他乡人居住生活在一地。对于传统观念浓厚的三峡人来讲，他们内心的抵触与怨尤等情绪会自然而生，但这种情绪还是被他们的理智暂时地制服，使他们不得不表现出一定理智的服从，但在服从中他们并没有完全消解一些负性的情绪，且这些情绪随时随地因某些情况而爆发。同时，在其三峡移民角色下所形成的"特性公民"心理的作用下，他们往往会滋生一些较为突出的行为反应，如在某些三峡移民中所持的"等、靠、要"的反应。显然这些由于移民角色所产生的"特殊公民"心理及其行为反应，不利于三峡移民在新的迁入地的社会适应性的提高。而要想改变移民的这种状况，需要移民通过"去移民化"，逐步淡化直至完全消除其移民的身份，从而完全消除其特殊公民心理。只有实现了这样的改变，三峡移民才能最终完全融入当地社会，过上与当地人完全一样的生活。当然，这是一个需要时间和各种努力的过程。

（二）由"三峡移民"身份所造成的特有的抱团心理

一般来讲，每个人都生活在一定地域空间里，我们通常将所生活的这种地域空间称之为社区。尽管社区有通过一定的行政划分的区域范围而显示出明确的边界性，但从社会心理层面来看，社区却是一种人的集合，人的集合是由共同感所凝聚的，在一个特定的社区里，这种共同感即是社区意识，它具有显著的亲和作用。因此，从人们所形成的社区意识来看，这种边界性是较为模糊的，而在人的意识中所反映的社区是以其地缘性为主要特征的，如张克荣将"地缘感"作为社区的基本要素。地缘感反映同一社区成员倾向于对居住空间自然生态环境的归属意识，同时同一社区的人往往表现出较为明显的同一群体感。这种群体感使同一社区成员对本社区群体关系产生认同。因此，人们的社区意识所指的是某一类人共同具有的认同心理，即社区意识是一种以共同居住特定空间为前提的社会认同而非单纯的群体认同，社区意识既包含地缘感也包含群体感。社区意识是一个社区赖以存在的社会基础，因为社区意识可以简单地归结为居住在同一社区的居民普遍具有的地缘群体认同感。它包括下列三方面的内容：内群意识或"我群体意识"，包括对本社区居民某种程度的认同感，对社区的义务感和归属感以及内群体优越感；群内、外界限意识或区辨意识，主要是对"我社区"与"他社区"间在经济、社会地位、职业、民族、文化等方面差异的区辨；外群体意识，即对其他地缘群体的态度①。

三峡移民在移民前所赖以存在的群体是以其家族为中心，以乡土地域性为明显边界的社区群体，除此以外的则属于"外群体"。因此其所形成社区群体的认同感、归属感、安全感和其他诸多的社会情感以及有关习俗、信仰等社会心理和行为表现均以此为基础。三峡工程移民则从根本上动摇了这种基础。随着移民移居到新的迁入地，他们原有社会心理赖以产生的社会历史条件不复存在了，而与新的迁入地的社会关系网络又未真正建立，处在"边缘化"境地的三峡移民必然需要经历一种"失落和重建"所造成的不安与焦虑乃至无助，为了减少和克服在此过程中造成的这些负性情绪和在其迁徙过程中有可能遇到的各种风险，他们以"三峡移民"的身份形成一种特殊的内群体，而以此作为一种特殊的归属，以期重新获得失去的原有关系网络所应有的支持，并从中满足因原有社会关系网络解体而几乎失去的归属感和安全感等。这种由移民身份所形成的内群体直接导致其移民"抱团心理"的出现。这种抱团心理一方面有助于移民减轻与缓解在一段时间失去社会关系网络带来的失落与焦虑、孤独与无助反应，同时也给移民在新的迁入地壮了胆，他们不再因为自己的某些愿望没有实现或自己的利益受损而保持沉默。由于移民抱团心理的作用，不时出现一些地方的移民因各种原因所导致的聚众闹事和"集体上访"等现象，而由此引起各级政府对他们的关注与重视，移民也的确从中获得了一些包括精神利益在内的各种利益的满足。但因移民抱团心理而产生的行为反应所造成的负面影响却显而易见，它不但扰乱了移民所在地的社会安定和正常的生活工作秩序，同时也打乱了移民自己正常的生产生活秩序，更为严重的是这种抱团心理会使移民与当地人的关系更加疏

① 包晓霞：《"落地生根"还是"落叶归根"——移民的社区意识探析》，载《甘肃社会科学》1997年第6期。

远，与当地人的正常社会关系网络更难建立。从长远来看抱团心理只能会成为移民适应并融入当地社会的巨大心理障碍。因此，移民要尽快适应移民所在的地域社会，必须彻底消解由移民过程中自发形成的抱团心理。

（三）由"外来人"所形成的另类心理

人们在长期的一地生活中所形成的社区意识，突出表现在所属的同一社区居民有一体和互相归属的感觉，他们往往在感情或心理上具有共同的地域观念、乡土观念和认同感，把社区看作"我们的"，而把非本地源性的社区及其成员视为"他们"，在现实生活中表现出明显的内外群属界限的划分。因此，对于三峡移民来讲，来到他乡异地，自然会与当地居民分出一些彼此。他们不仅往往将自己看作外来人，同时在当地人意识中也很容易将移民与当地居民区分开来而将其视为外来人。这样一来，移民与当地居民彼此之间的心理距离也就自然产生了。三峡移民不仅表现出与当地人的社会心理距离，同时也容易滋生各种由于自己是"外来人"的另类心理。一旦与当地人发生一些纠葛或冲突，就容易产生一种当地人"欺生"的感受，并因此更加疏远与当地人的关系；一旦在一些实际的利益与当地人有差别时，也就容易产生不公平的心理，而与当地人直接发生一些利益上的争执；当面对当地人完全不同的生活样式时，就很容易表现出看不惯的厌恶反应等。除此之外，移民还容易产生诸如失衡心理、尽快致富心理、被尊重的心理和攀比与反差心理等[1]。一旦移民将自己与当地居民区分开来，将自己视为外地人，或移民一旦被当地居民贴上"外地人"的标签，那么由此滋生的各种另类心理将严重妨碍三峡移民与当地居民建立与保持正常的关系往来，同时也不利于移民适应新的社会生活。因此，要想适应迁入地的生活，无论是在移民本人的意识中，还是在当地居民的意识中，应该逐步消除移民是"外来人"的反应。只有在其各自

---

① 施国庆：《非自愿移民：冲突与和谐》，载《江苏社会科学》2005年第5期。

的意识中完全消除"外来人",移民才能真正融入新的社会生活中去。

第三节　三峡移民社会心理适应问题

移民所发生的一些典型的社会心理的变化,在一定意义和程度上反映出移民的一些必然的心理变化的同时,也由此滋生出一些妨碍移民进一步适应新的移民生活的社会心理问题。一般来讲,三峡移民中所存在的社会心理问题集中反映在如下方面:

(一) 移民社会认知问题

在社会认知方面,容易使移民产生一些不利于适应性的消极认知偏差。所谓认知偏差,最初是社会心理学中提出的概念。Gigerenzer 等认为,认知偏差主要是指个体在认识和判断事物时,与事实本身、标准规则间所产生的某种差别和偏离,或偏离的倾向和趋势,是认知与被认知的事物之间、应遵从的判断规则和人们的现实表现之间所存在的一种无法拟合的缺口,一种没有实现的不完全匹配,是人们的认知局限和认知风格、感觉机制和加工策略、个体动机和情绪情感等因素共同作用的结果。其中移民在整个移民过程中表现较为常见的认知偏差有:

1. 定型偏差

所谓定型偏差,主要是指人们因受已有的个人信念和观念的作用,而形成对其他事物的模式化认知判断所产生的一种认知偏差。这对于移民来讲也是一种文化心理偏差,如三峡移民对移民过程中所发生的各种社会生活事件,对迁入地的各种生活方式以及风俗习惯等的判断上往往会根据自己已形成的观念想法进行,并用已经形成的价值标准予以评判。而这种特有的文化心理定势会直接导致移民对一些问题有失偏颇的认知,而这些偏差一经产生,将直接让他们产生对新的移民生活的不良反应。

2. 晕轮效应

所谓晕轮效应,通常是指人们在形成对有关事物的认知中,往往容易以其某一事物较为突出的方面而形成对该事物的整体的观念和看法，从而导致以偏概全现象的发生。这种情况在三峡移民的认知判断中时有反映。如三峡移民在对政府的一些关于移民的做法上，往往会因为在某个方面存在的不足，而形成对其整个移民工作上的完全不满意。又如，移民在与当地人交往中往往因为对方某一方面出现的不足，而致使部分移民对其采取完全否定的看法。由于对原生活环境的偏好，较多移民对新生活环境的审视不可避免带有挑剔的目光，以致对搬迁前后的环境有较多的片面比较，甚至以偏概全，过分夸大那些不尽如人意的感觉，而忽视以前生活环境中的不如意之处。这种以偏概全的晕轮效应容易使三峡移民极为片面地看待移民中的各种问题，并有可能导致极端化的行为反应，而对移民适应当地社会极为不利。

3. 刻板印象

一般刻板印象是指人对一类人或事物所形成的固定而笼统的看法。移民对迁前生活方式、居住环境所形成的刻板印象影响他们进行主观比较评价模式的选择。移民已经非常习惯了的原来的生活环境和生活方式，这在他们心里留下了深刻的烙印，面对迁后变化了的生活环境，移民不由自主地以原居住环境的刻板印象作为比较的标准和模式，因此，无论新生活环境与原生活环境有何差异，他们都容易感觉不如以前①。同时与一般普通的中国人一样，三峡移民也会形成各种不同地域的刻板印象，如移居到上海的三峡移民，会形成对于当地人精明、高傲的刻板印象，而致使其难以接近当地居民。又如移居湖北的三峡移民，也会产生"天上九头鸟，地上湖北佬"的刻板印象，因怕在湖北人面前吃亏上当而表现得过于防备。诚然，这种刻板印象致使移民对许多与移民有关的事件形成固定不变的静止的看法，这些看法致使移民在实际的生活中缺乏应有的灵活性与变通性，而无法适应变化了的移民生活。

---

① 刘震、雷洪：《三峡移民在祥夸适应性中的徽会心态》，载《人口研究》1999 年第 3 期。

4. 归因偏差

归因一般是指人们对包括自己在内的各种人的行为及其原因等的推断过程。所谓归因偏差是在归因过程中产生的认知偏差。从理论上来讲，归因偏差主要包括基本归因偏差和动机性归因偏差。前者是指人们在归因过程中，倾向于将他人的行为的原因归属于其稳定的内部因素，因此而低估外在情境因素的影响。后者是人们为了维护自我利益，而有意识地将一些不利于个人的事件原因归属其个人以外的因素，并将有利于个人利益的事件及其原因归属于个人自身。这两种归因偏差都有可能在移民对其相关的活动和事件中发生。如移民对于地方管理人员因为在某些工作上的缺失，将其原因完全归属于他们对移民缺乏关心，对移民工作态度消极等内在的因素上，那么在这些方面的确存在一些外在的原因，移民却毫无考虑。这就是一种明显的基本归因偏差。另外，移民往往将自己在移民后所遇到的一些麻烦或各种困难甚至遭受的一些挫折等完全将其原因归属于自身以外的因素，显然是一种动机性归因偏差。当移民对其移民活动及相关事务存在归因偏差时，他们便不能客观地看待事物出现的原因，这样就难以更好地正视移民中的一些问题，更无法有效解决这些问题，甚至直接影响到移民正确的行为反应。

5. 比较偏差

三峡移民在形成对各种与自己相关生活事件的认知中，经常偏好于采用各种向上的比较的方式，而致使其比较产生一定的认知偏差。三峡移民往往采用的比较方式有：其一，通过采用横向的向上比较，如某地的三峡移民倾向于将自己在移民中的各种利益补偿同那些比自己所处条件更为优越或补偿及其待遇更好的移民进行比较；其二是倾向于将自己移民前后进行比较，且更多地将移民前的某些优势与移民后的某些不利因素进行比较；其三是倾向于将自己移民后的状况与当地人的状况进行比较等。诚然，这些比较仍然反映出移民的认知偏差，因为其中许多比较并非是基于一种合理的标准进行的，因此，显然是缺乏其可比性的比较。不管是在哪种比较中，都易使移民感到不公甚至有明显的被剥夺感，并因此使得其心理严重失衡，进而造成移民产生一些非理性的行为反应。

当三峡移民产生这样或那样的认知偏差时，同时对自我控制能力容易产生错误的估计，其中较为明显的倾向，要么过高估计自我控制力，总认为他们能够施加超出实际的控制力，而形成对有关移民的超出自己实际能力的预期，结果不可避免地产生挫败感，并最终感到失望，要么从一开始就低估自我在应对移民过程中的控制力，觉得自己面对一个完全陌生的生活环境，似乎毫无把握掌控自我，在这两种情况下，所表现的个人控制的错误观念都会导致适应不良。

（二）移民社会情感问题

在社会情感方面，三峡移民容易产生一些有碍适应的社会情绪。其中较为常见的情绪问题有：

1. 迷茫与失落

在搬迁之前，每位移民对于移民后的生产生活等各个方面都形成了一定的预期，且许多迁出地政府在动员移民报名外迁时过分夸大了安置地优越的安置条件，部分移民对移民后的各方面产生了过高的期望心理。他们期望有更为宽敞明亮的住房，期望子女能够得到更好的教育，期望有更好的经济来源与收入，期望有更丰富的文化生活等。总之，绝大多数移民期望移民后在各方面都比老家有更多更大的积极变化。一旦他们开始新的移民生活，发现迁入地的生活并不是他们最初想象的那样，在实际生活的许多方面离他们最初的预期有较大的距离时，就会感到期望破灭了，有的人因此陷入迷茫恐慌的状态，产生诸如失落、郁闷等的情绪，并因此有可能使部分移民失去在新的迁入地生活下去的热情和信心。

2. 不满与愤怒

当移民最初的预期不能如愿，他们一般不会保持完全的沉默和安于已有的现状，而往往会采取一定的方式，向地方甚至上级政府部门提出自己的诉求，其中某些合理的诉求可能会得到及时有效的解决，而某些不合理或一时难以解决的诉求往往会被悬置而不能令其满意。在这种情况下，有的移民就会流露出不满的情绪。这种不满的情绪具体表现在许多方面，如不满自己移民后的住房条件，不满有关移民的补偿标准，不满有关地方管理者的工作作风与态度等。不满将驱使他们做出更大的举动，如果他们进一步的努力仍然没有达到目的，甚至遭到了不应有的对待，他们就会因此感到一种严重的挫败，伴随着这种挫败的不仅仅是一种无助，还会有明显的愤怒情绪。而在这种情绪的驱使下，往往有可能使部分移民表现出如聚众闹事等一些极端的行为。实在没有别的办法的情况下，他们中的某些人有可能产生回流的想法乃至行动等。

3. 厌新与恋旧

美国文化中心主义学者伊恩·罗伯逊认为"文化中心主义使人们相信和信任自己的传统，阻止外来文化的渗透，从而保证了群体的团结和统一"。但同时，"它又引起群体间的敌对和冲突"①。由此表明，三峡移民前后地域中心文化的差异，势必造成三峡移民对迁入主流文化的排异反应，即他们可能会对与自己原有地域文化不同的东西产生厌恶，而难以接受移民所在地的生活样式。与此同时，移民会产生对过去老家的怀旧反应，思念老家的生活，眷恋老家的亲朋好友。尤其是当他们最初的期许没有得到真正实现的情况下，由此产生的厌新恋旧心理将会更加强烈。在这些情绪情感的作用下，移民因产生一定的内心冲突，而无法安于现有的移民生活。

由此可见，移民所表现的这些社会心理情绪，不仅影响到移民对新的移民生活的适应性，同时，也会导致移民其他一些非正常的行为发生。

（三）移民社会行为问题

随着移民中出现的一些有碍社会适应的社会认知与社会情感方面的社会心理问题，随之而来的是使部分移民产生一些明显的有碍社会适应的社会行为问题，最常见的有：

1. 依赖行为

在社会行为方面，移民容易产生等、靠、要等典型的不利于适

---

① 宋全成、国爱文：《论世界银行的非自愿移民政策——以农民为主要对象的工程移民为例》，载《淄博学院学报》（社会科学版）2000年第3期。

应的依赖行为。在移民动迁时期、搬迁安置及其之后，移民始终存在依赖政府的心理及行为。在移民动迁时期，调查发现，由于是非自愿移民，所以相当部分的移民认为自己未来的生活与就业问题应该由国家完全包办，从而显示出移民对政府的依赖性。遭受了财产损失而迁移他乡，是属于被迫的、不情愿的搬迁，因此有相当部分移民认为以后的生活与就业问题应当完全由国家安排，从而产生了明显依赖反应。还有部分移民因搬迁后的生活、生产状况没有达到预期目标，心理需求没有得到满足，对今后的发展失去了信心，也产生了依赖思想。吴垠通过对跨省外迁三峡移民研究，发现少数移民由于抱着特殊公民心态，常常扛着"移民"的牌子要这要那，提出超出移民优惠政策以外的要求，个别移民自我维权意识强烈，但履行义务意识淡薄。比如，有些移民们认为他们是国家电力事业的奉献者，免费用几年电是应该的，因而移民中普遍存在不交电费的现象。又如，移民们认为他们应享受"三通一平"的便利，且国家给移民安置地下拨了生产安置费和基础设施费，所以移民的水田用水不应交费，因而全县约有 50% 的移民户表态拒交灌溉费①。移民的这种依赖行为，不仅使他们无法根本适应移民后的社会生活，反而会造成移民在生活中的各种困境，并有可能直接导致移民的次生贫困。

2. 消极对抗

在移民中典型的消极对抗行为是博弈行为。博弈论对人的基本假定是：人是理性的（或者说自私的），理性的人是指他在具体策略选择时的目的是使自己的利益最大化。三峡移民为了能尽快通过移民获得自我利益的最大化满足，他们会通过博弈的方式形成与政府的消极对抗反应。移民会抱着赌一赌、拼一拼的心态，和政府谈条件，而对政府工作的不配合、与政府工作人员的正面对抗又会使自己陷入更加不利的境地。所以移民往往会以回避政府工作人员的方式来拖延整个移民工作的进度，与政府展开长期的拉锯战，并且

---

① 吴垠：《关于三峡工程跨省外迁移民的社会适应性研究》，载《人民长江》2008 年第 7 期。

在言语中暗示如果不能得到满意的安置和赔偿，将会采取进一步的对抗性行动。与政府博弈的过程也是等待信息明朗的过程，按照以往的库区移民经验，越到最后补偿标准会越高，等待不会失去什么，但也许会得到更多的补偿。这种消极对抗行为，不仅会直接给当前的移民造成被动局面，耽误移民的正常进程，同时也给以后的工程移民的顺利开展留下后患，如果处理不当，还会从整体上扰乱整个移民工作。

3. 攻击行为

进化心理学认为，为了捍卫自己生存的资源，抵御他人的侵犯，维护或提升自己的社会地位等，人们会因此产生一定的攻击反应①。挫折—攻击理论认为，攻击行为是欲求不满时的最基本反应。当人欲求得不到满足时，首先对妨碍对象发出直接攻击，或者对其他对象发起攻击②。由于三峡移民是一种典型的水利工程造成的非自愿性移民，他们原有的生存资源近乎被完全剥夺，原有的社会地位完全丧失，当他们由于移民所造成的资源得不到应有的补偿，或没有满足其自身的愿望的情况下，这无疑会造成其一定的挫折感。在这种情况下，部分移民可能滋生攻击行为。如在调查中发现，有的地方的三峡移民会做出聚集滋事、聚众要挟，甚至会暴力抗法、打架斗殴等违法行为③，这些都属于一些典型的攻击行为反应。尽管这种情况在三峡移民中只占极少数，但社会影响很大，对移民乃至整个社会的安定将会造成严重不良影响。

由以上分析我们不难看出，由于移民所造成的社会心理发生了明显的改变，而这些改变一方面具有客观必然性，能够在一定程度上实现移民的愿望和满足其一定的物质和精神方面的需要；

---

①　D. M. 巴斯：《进化心理学》，熊哲宏等译，华东师范大学出版社2007 年版。

②　沙莲香：《社会心理学》，中国人民大学出版社 1987 年版。

③　吴垠：《关于三峡工程跨省外迁移民的社会适应性研究》，载《人民长江》2008 年第 7 期。

另一方面，在部分移民身上所产生的某些社会心理，无论是从移民所在的当地社会的稳定和发展，还是对移民自身更好地适应并融入当地社会来讲，都存在不同程度的负面作用。因此，要想使移民更好地适应当地社会，需要从社会心理方面解决这一问题，移民只有表现出良好的社会心理的适应性，才能够真正融入当地社会生活中。因而，我们应该关注与加强对移民所具有的社会心理适应性的研究与探讨，为三峡移民社会心理适应提供必要的指导与帮助。

第四节　三峡移民社会心理适应现状的调查分析

根据前文中的有关论述，我们所涉及的三峡移民社会适应性问卷中，同时有反映三峡移民在社会认知、社会情感及社会行为三个方面的若干项目，其中涉及三峡移民在对各种社会生活、生产以及人际之间的社会认知项目有 17 个，涉及社会情感方面的项目有 13 个，涉及社会行为方面的项目 30 个。

（一）三峡移民总体社会心理及行为适应性分析

1. 三峡移民总体社会心理与行为适应的分布

根据所调查的分数分布情况将三峡移民社会心理适应分为"良好"、"一般"、"较差"三种，其中的"良好"是指所测得的社会心理适应分数在平均数加一个单位的标准差以上分数的三峡移民，"较差"是指所测得的分数在平均数减去一个标准差以下分数的三峡移民，"一般"是指介于平均数上下一个单位标准差分数范围的移民。统计分析显示，所调查的三峡移民总体上社会心理适应分布状况为，适应良好的所占比率是 14.9%，而适应一般的占 67.8%，适应不良的占 15.8%。由此看出，所调查的大多数三峡移民总体社会心理适应状况是正常的，还有少部分移民存在一定的社会心理适应困难。见表 6-1：

表 6-1 三峡移民社会心理适应分布情况分析

	适应良好	适应一般	适应较差
参照标准	高于平均数一个标准差以上	介于平均数与两个标准差之间	低于平均数减一个标准差以下
人数	85	393	90
%	14.9	67.8	15.8

2. 三峡移民总体社会心理适应水平的比较

所调查的三峡移民总体社会心理适应之间存在不同程度的差异性，其中本地移民与外迁移民之间所测得分数存在显著性差异，$F(1, 566) = 5.77$，$P < 0.05$；前期移民与后期移民之间所测得的分数不存在显著性差异，$F(1, 566) = 0.01$，$P > 0.05$；男性移民与女性移民所测得的分数不存在显著性差异，$F(1, 566) = 0.36$，$P > 0.05$；农村移民与城镇移民在总体社会心理适应方面所测得的分数存在非常显著性差异，$F(1, 566) = 8.22$，$P < 0.01$；不同文化程度的移民在总体社会心理的适应所测得分数方面存在非常显著性差异，$F(2, 565) = 12.75$，$P < 0.01$，多重比较处理发现，大专及以上文化程度移民的总体社会心理适应性所测得分数要显著高于高中及以下文化程度的移民；不同年龄段移民的总体社会心理适应方面所测得分数存在非常显著性差异，$F(2, 565) = 19.05$，$P < 0.01$，多重比较处理发现，年龄在 16~29 岁段的移民总体社会心理的适应性所测得的分数要显著高于 30~55 岁及 55 岁以上移民。由此看出，在社会心理总体适应上，所调查的本地移民、城镇移民、大专及以上文化程度的移民以及青年移民的总体社会心理适应水平要分别明显好于外地移民、农村移民和高中及以下文化程度的移民以及中老年移民，而前期移民与后期移民之间和不同性别的移民之间不存在明显的差异。见表 6-2：

表 6-2 　　　　　三峡移民社会心理总体适应水平比较

		M	*SD*	*F*	*Sig*
移民所在地	本地移民	151.85	24.76	5.77	0.05
	外地移民	147.16	20.16		
移民时间	前期移民	149.04	24.88	0.01	0.5
	后期移民	149.26	21.19		
移民性别	男性移民	148.70	22.91	0.36	0.5
	女性移民	149.92	23.23		
移民类型	农村移民	145.56	25.47	8.22	0.01
	城镇移民	151.27	21.20		
移民文化程度	小学及以下移民	146.30	21.18	12.75	0.01
	初中至高中移民	148.25	19.79		
	大专及以上移民	159.10	29.28		
移民年龄段	16~29 岁移民	158.00	27.02	19.05	0.01
	30~55 岁移民	145.71	20.28		
	55 岁以上移民	144.05	18.66		

（二）三峡移民社会心理适应的分类分析

1. 三峡移民社会认知适应状况的比较分析

　　三峡移民的社会认知主要包括三峡移民自我在内的以及自己所在地（原来与现在）的人和人与人之间关系等社会生活现象的认知。所谓三峡移民社会认知的适应性，主要指三峡移民对新的生活的人际情境及关系等方面所表现的认同性反映。我们所调查的三峡移民在认知适应方面的基本情况是：本地移民与外迁移民之间所测得的分数存在非常显著性差异，$F(1, 566) = 9.56$，$P<0.01$；前期移民与后期移民在社会认知适应方面所测得分数不存在显著性差异，$F(1, 566) = 2.89$，$P>0.05$；男性移民与女性移民在社会认知适应方面所测得的分数也不存在显著性差异，$F(1, 566) = 1.07$，$P>0.05$；城镇移民与农村移民之间所测得的分数存在非常显著性

差异，$F(1, 566) = 16.92$，$P < 0.01$；不同文化程度的移民所测得
的分数存在非常显著性差异，$F(2, 565) = 8.98$，$P < 0.01$，多重比
较处理发现，大专及以上文化程度的移民的社会认知适应性测得分
数要显著高于初中与高中和小学及以下文化程度的移民；不同年龄
段的移民之间在社会认知适应方面所测得分数存在非常显著性差
异，$F(2, 565) = 13.18$，$P < 0.01$，多重比较处理发现，16~29
岁段移民的社会认知适应性所测得分数要显著高于30~55岁及55
岁以上年龄段的移民。由此看出，在社会认知的适应性上，所调查
的本地移民、城镇移民、大专及以上文化程度的移民和青年移民的
适应水平要明显分别好于外地移民、农村移民、大专以下文化程度
的移民和中老年移民，而前期移民与后期移民以及不同性别的移民
之间不存在明显的差异。见表6-3：

表6-3　　　　三峡移民的社会认知适应性比较分析

		M	SD	F	Sig
移民所在地	本地移民	43.57	7.24	9.56	0.01
	外地移民	41.61	7.63		
移民时间	前期移民	42.96	7.37	2.89	0.5
	后期移民	41.88	7.66		
移民性别	男性移民	42.19	7.42	1.07	0.1
	女性移民	42.87	7.69		
移民类型	农村移民	40.78	7.34	16.92	0.01
	城镇移民	43.43	7.55		
移民文化程度	小学及以下移民	42.34	6.95	8.98	0.01
	初中至高中移民	41.60	7.05		
	大专及以上移民	45.14	8.98		
移民年龄段	16~29岁移民	44.86	8.25	13.18	0.01
	30~55岁移民	41.51	7.12		
	55岁以上移民	40.98	6.18		

2. 三峡移民社会情感适应状况的比较分析

三峡移民的社会情感是指三峡移民对所生存的各种社会环境事件是否符合自己的需要所形成的一种态度体验。所谓三峡移民的社会情感的适应性，主要是指三峡移民对新的移民生活的情感的融入度。已有的研究认为，移民们对故乡的眷恋始终是影响移民适应的深层次情感因素，一般来说，移民可以在生活习惯、语言以及谋生方式等方面完全适应新环境，但在情感态度上却很难随遇而安①。

我们所调查的三峡移民情感适应方面的基本情况是：本地移民与外迁移民之间在社会情感方面所测得分数存在非常显著性差异，$F(1, 566) = 9.27$，$P<0.01$；前期移民与后期移民在情感适应方面所测得分数不存在显著性差异，$F(1, 566) = 0.45$，$P>0.05$；男性移民与女性移民在情感适应方面所测得的分数也不存在显著性差异，$F(1, 566) = 0.04$，$P>0.05$；城镇移民与农村移民在情感适应方面所测得的分数同样不存在显著性差异，$F(1, 566) = 0.00$，$P>0.05$；不同文化程度的移民在社会情感方面所测得分数存在非常显著性差异，$F(2, 565) = 4.97$，$P<0.01$。多重比较处理发现，大专及以上文化程度的移民所测得分数要明显高于高中及以下文化程度的移民；不同年龄段的移民在情感适应方面所测得分数存在非常显著性差异，$F(2, 565) = 11.69$，$P<0.01$，多重比较处理发现，16~29 岁段的移民所测得分数要明显高于 30~55 岁和 55 岁以上年龄段的移民。由此看出，所调查的本地移民、大专及以上文化程度的移民、青年移民在社会情感上的适应性水平要明显好于外地移民、高中及以下文化程度的移民以及中老年移民，而前期移民与后期移民、不同性别的移民之间在社会情感的适应方面不存在明显的差异。见表 6-4：

---

① 林秀俊、黄忠煌：《积极落实移民政策，坚持安置发展并举——三峡移民在福州市生存状态及适应性调查》，载《福州党校学报》2006 年第 2 期。

表 6-4 三峡移民社会情感适应性比较分析

		M	SD	F	Sig
移民所在地	本地移民	35.10	5.16	9.27	0.01
	外地移民	33.64	6.18		
移民时间	前期移民	34.65	5.68	0.45	0.5
	后期移民	34.32	5.64		
移民性别	男性移民	34.44	6.07	0.04	0.5
	女性移民	34.54	4.89		
移民类型	农村移民	34.46	5.77	0.00	0.5
	城镇移民	34.50	5.47		
移民文化程度	小学及以下移民	33.47	5.40	4.97	0.01
	初中至高中移民	34.53	5.69		
	大专及以上移民	35.74	5.68		
移民年龄段	16~29 岁移民	36.09	6.84	11.69	0.01
	30~55 岁移民	34.03	4.89		
	55 岁以上移民	32.77	4.97		

3. 三峡移民社会行为适应状况的比较分析

三峡移民的社会行为主要是指三峡移民在迁入地所从事的各种社会及生产活动及其具体行为表现。所谓三峡移民社会行为的适应性主要是指三峡移民在新的迁入地所表现的社会生活与生产实践活动及其具体行为表现的适宜性。

我们所调查的三峡移民社会行为适应性的基本情况是：本地移民与外迁移民之间所测得的社会行为适应分数存在非常显著性差异，$F_{(1, 566)} = 15.77$，$P < 0.01$；前期移民与后期移民在社会行为适应性方面所测得的分数之间不存在显著性差异，$F_{(1, 566)} = 0.21$，$P > 0.05$；男性移民与女性移民在社会行为的适应性上所测得的分数也不存在显著性差异，$F_{(1, 566)} = 0.13$，$P > 0.05$；城镇移民与农村移民之间在社会行为适应性上所测得分数则存在非常显著性差异，$F_{(1, 566)} = 7.75$，$P < 0.01$；不同文化程度的移民之间

在社会行为的适应性上所测得分数也存在显著性差异，$F(2，565)$ = 17.02，$P<0.01$，多重比较处理发现，大专及以上文化程度的移民的社会行为适应所测得的分数要显著高于高中及以下文化程度的移民；不同年龄段移民之间在社会行为的适应性上同样存在非常大的显著性差异，$F(2，565)=18.72$，$P<0.01$，多重比较处理发现，16~29 岁段的移民的社会行为适应性所测得的分数要明显高于 30~55 岁和 55 岁以上年龄段的移民。由此看出，在社会行为适应方面，所调查的三峡本地移民、城镇移民、大专文化程度以上的移民以及年龄在 16~29 岁的年轻移民所表现出的社会行为适应水平要显著好于外地移民、农村移民、高中及以下文化程度的移民以及年龄在 30 岁及以上的移民，而前期移民与后期移民以及不同性别的移民之间不存在明显的差异。见表 6-5：

表 6-5 　　　　　　　三峡移民社会行为适应性比较分析

		M	SD	F	Sig
移民所在地	本地移民	74.65	9.56	15.77	0.01
	外地移民	70.45	14.23		
移民时间	前期移民	72.50	14.01	0.21	0.5
	后期移民	72.00	11.20		
移民性别	男性移民	72.09	12.28	0.13	0.5
	女性移民	72.50	13.20		
移民类型	农村移民	70.33	11.08	7.75	0.01
	城镇移民	73.36	14.69		
移民文化程度	小学及以下移民	72.43	10.01	17.02	0.01
	初中至高中移民	70.16	11.73		
	大专及以上移民	78.22	16.16		
移民年龄段	16~29 岁移民	77.05	14.58	18.72	0.01
	30~55 岁移民	70.16	11.31		
	55 岁以上移民	70.29	10.06		

以上研究表明，所调查的绝大多数三峡移民的社会心理适应性是正常和基本正常的，只有少部分移民存在一定的社会心理适应问题。具体而言，在总体社会心理适应上，所调查的本地移民的社会心理适应水平明显好于外地移民，城镇移民的总体社会心理适应水平明显好于农村移民，文化程度高的移民的总体社会心理适应水平明显好于文化程度低的移民，年轻移民总体社会适应水平要明显好于中老年移民。同时在具体的社会认知、社会情感以及社会行为等不同社会心理侧面上，本地移民、城镇移民、大专及以上文化程度的移民以及年轻移民均好于外地移民、农村移民、大专及以下文化程度的移民以及中老年移民。

尽管绝大多数三峡移民的社会心理适应性是正常和基本正常的，只是在极少部分移民方面存在一定程度的社会心理适应问题，我们仍然需要对移民后所发生的各种社会心理及其变化予以高度重视，因为移民的社会心理不可能一成不变，而是随时因各种内外因素的作用发生改变，这种改变可能是双向的，既有可能是一种有利于移民更好地适应其移民所在地的社会生活的改变，也有可能是不利于移民在迁入地更好的生活的改变。我们应该对其积极的社会心理改变予以充分的肯定，并逐步引导，使之趋于常态化，同时，我们也应该随时就移民中出现的一些有碍其适应与发展的非正常的社会心理展开研究，分析原因，寻找对策，采取有效的措施加以消解，以保证三峡移民始终以一种积极的社会心理去适应新的移民生活。

第七章 三峡移民心理健康的研究

人的心理健康状况不仅影响到人现实生活的质量，也影响着人未来的发展。同时人的心理健康状况也与人的社会适应性关系密切，二者相互作用与影响。一方面，人的心理健康为人的社会适应性提供必要的个人内部资源与条件；另一方面，人的社会适应性又为人的心理健康提供必要的外部保障。从某种意义上讲，一个心理健康的人同时也是能表现出良好社会适应性的人，而一个具有良好社会适应性的人，同时也应是一个心理健康的人。二者之间不仅表现出密切的关联性，也反映出较强的一致性。三峡移民心理健康水平在一定程度与意义上也反映出三峡移民的社会适应性状况，因此，我们在此有必要从三峡移民心理健康这一侧面考察移民的社会适应性问题。

第一节 心理健康概述

（一）心理健康的含义

什么叫心理健康？迄今为止，业界还存在着不尽一致的解释。20 世纪 30 年代，美国白宫会议的报告明确指出：心理健康可以界说为个体以有效的、快乐的、社会所能接纳的行为，面对应接受的现实生活以谋求对自己、对周围世界最好的适应。美国白宫会议对心理健康的解释，直接将心理健康同人对外在周围世界的最好的适应联系在一起。第三届国际心理卫生大会指出：心理健康是指在身体、智能以及情感上与他人的心理健康不相矛盾的范围内，将个人心境发展成最佳状态。具体表现为：身体、智力、情绪十分协调；

适应环境，人际关系中彼此谦让；有幸福感；在工作和职业中能充分发挥自己的能力，过有效率的生活。第三届国际心理卫生大会以具体方式对心理健康做出了多方面的描述性解释，其中仍然包括有对外在环境的适应内容。我国心理学界认为，心理健康是指一种持续的积极的、发展的心理状态，在这种状态下，主体能对社会作出良好的适应，能充分发挥身心潜能，而不仅仅是没有心理疾病。台湾黄厚坚教授认为，心理健康的人应能和现实环境保持良好接触；对环境能作出正确的、客观的观察；并能作出健康、全面、有效的适应行为；对生活中各项问题能以切实的方法去加以处理，而不企图逃避。我国学者在对心理健康的解释中，仍然不乏强调对环境的良好适应或正确的观察与处理的内容。

尽管上述关于心理健康的表述各有不同，但其中反映的基本观点是一致的，那就是作为心理健康之人，能够很好适应其外在环境，同时也能够很好地发挥自身的潜能，且自我的主观方面感受良好，充满快乐，从而保持内外的协调一致。

由此，我们认为三峡移民心理健康是指其能够在新的环境条件下反映出良好的社会适应性，并能够在新的生活现实中充分发挥自己的各种能力，在其过程中保持个体内心世界及其表现和周围环境的协调一致，同时自我的主观感受良好，在新的迁入地充满快乐地生活。

（二）心理健康的标准

为了进一步理解心理健康的实质，学者们基于对心理健康的不同认识又提出了各种关于心理健康的标准。根据我们所研究的三峡移民心理健康这一主题，在此分别介绍有代表性的关于心理健康的标准。

1. 马斯洛和密特尔曼提出的心理健康标准

美国心理学家马斯洛和密特尔曼提出了心理健康的十条标准：（1）是否有充分的安全感；（2）是否对自己有较充分的了解，并能恰当地评价自己的能力；（3）自己的生活和理想是否切合实际；（4）能否与周围环境保持良好的接触；（5）能否保持自身人格的完整与和谐；（6）是否具备从经验中学习的能力；（7）能否保持适当和良好的人际关系；（8）能否适度地表达与控制自己的情绪；（9）能否在集体允许的前提下，有限度地发挥自己的个性；（10）能否在社会规范的范围内，适度地满足个人的基本需求。

2. 台湾心理学家黄厚坚所提出的心理健康的条件

黄厚坚教授认为，凡属心理健康的人，都应符合以下几个条件：（1）心理健康的人是有工作的，而且能把自己的智慧和能力，在其工作中发挥出来，以获取成就，并能从工作中得到满足之感，因此他通常是乐于工作的。（2）心理健康的人是有朋友的，他乐于与人交往，而且通常能与他人建立良好的关系；他在与人相处时，正面的态度（如尊敬、信任、喜悦等）常常多于反面态度（如仇恨、嫉妒、怀疑、畏惧等）。（3）心理健康的人对自己应有适当的了解，进而有悦纳自己的态度；他愿意努力发展其身心的潜能，对于无法补救的缺陷，必能安然接受，而不作无谓的怨尤。（4）心理健康的人应能和现实环境保持良好接触；对环境能作正确的、客观的观察；并能作健康、全面、有效的适应；对生活中各项问题能以切实的方法去加以处理，而不企图逃避。

3. 三峡移民心理健康的评断

基于以上关于心理健康的标准，我们认为衡量三峡移民是否心理健康，可以从如下几个方面加以判断：

（1）能与迁入地的周围环境保持充分的接触，对所生活的环境条件有很好的认识与了解，并在此环境中有良好的安全感。

（2）能逐步与当地及周围的其他人保持适当和良好的人际关系，并能够根据实际生活与生产的需要，较好地与人保持正常的交往与沟通。

（3）能够通过学习，逐步培养与形成当地所需的生活与生产技能，能够较好地适应当地社会。对在新的环境中所遇到的各种生活与生产方面的问题，能够采取积极有效的方式去处理，而不是采取消极的回避或逃避反应。

（4）对自己在新的环境条件下的情绪及个性等心理及其行为的变化有一个清晰而完整的认识，能够从积极的方面调节与控制自己的情绪及行为，使其始终保持适当状态。

（5）能够很好地识别与对待迁入地的各种文化风俗习惯，并客观地承认其与原有文化风俗习惯的差别，并通过不断的努力，逐步吸纳迁入地的文化习俗，最终完全融入当地社会，过上稳定、幸福、快乐的生活。

（三）心理健康与社会适应性

无论是对有关心理健康的解释，还是对国内外心理健康标准的介绍，都不难看到心理健康与社会适应性的重要关联性。目前有从心理健康的角度探讨个体社会适应性问题，而形成所谓的社会适应的心理健康模式观。持此观点的心理学家们从人格特质的角度描述社会适应性表现，认为心理健康就是适应。其中奥尔波特总结出"成熟人的模式"；罗杰斯从人本主义的全新视角描述了"机能完善的人"模式；马斯洛则提出了"自我实现者模式并把它概括为15个方面；此外，还有弗兰克提出的"超越自我的人"模式。综合以上观点，反映社会适应性的心理健康的主要结构和维度包括六因素模式，即为"自我接纳"、"与人的积极关系"、"自主性"、"环境控制"、"生活目标"以及"个人成长"。

同时，社会胜任力模式从社会心理学的视角来看待社会适应性，认为人的社会适应性的标志就是能够胜任社会工作。英国教育心理学家约翰·瑞文运用问卷调查的方法，对社会各种职业的相关能力进行分析和总结，概括出评价个体胜任社会工作的主要能力成分，并列举了37条较为具体的胜任的能力成分，如对于目标的价值感、自我监控、自主学习、寻找和利用反馈、自信心、自我控制、批判性思维、利用资源的意志、与人合作，等等。所反映的这些内容，都体现出个体应有的心理健康状况，因为只有心理健康的人才具备多种复杂的社会胜任力，更好地适应社会的需要。有人认为，个体的社会适应性是指个体根据外在环境的变化，对社会信息进行自主的反馈，并对自我和环境有效地加以调整和控制。而这种反馈与调控机制必须以其心理健康为基础。因此，有人主张个体的社会适应性应该从以下几个方面加以考察：心理机能的健康与开放是社会适应的前提，社会认知的客观与理性是社会适应的基础，自我结构的完善与和谐是社会适应的核心，有效行为的调节与控制是社会适应的关键①。而所有这些，恰恰集中反映和体现出了个体所具有的心理健康水平。因此，根据心理健康与社会适应性的高度关联性，我们认为从心理健康的视角探讨三峡移民的社会适应性也就顺理成章了。

第二节　三峡移民环境变化所产生的心理应激

（一）什么是心理应激

心理应激，简称应激，是一个较难确切定义的概念。被誉为现代应激研究的开创者汉斯·塞里曾指出："应激像相对论一样，是一个被人们知道太多而又理解太少的科学概念。"现有的关于应激的观点有三种，一种认为应激是一种物理性压力；一种认为应激是主观情绪紧张；还有一种认为应激是对躯体的唤醒。而现代大多数应激的定义都强调人和环境的关系，认为应激是个人资源是否足以应付环境的要求。因此，应激是由个体—环境适应关系决定的。当个体的资源足以对付困境时，他就不会感到应激。当个体发现他的资源足够应付困境，但必须付出很大的努力才能达到时，就会感到中等强度的应激。当个体觉察到自己的资源不能够满足环境要求时，就可能经历很大程度的应激②。由于工程移民所带来的整个社会生活的巨大变化，三峡移民已有的资源不足以应对这种改变，而不可避免地出现相应的应激反应。正如世界银行在水库移民研究报告中也曾提出："移民总是一个带有非常大破坏的痛苦过程，不管是经济上，还是精神上都遭受了巨大的损失。它摧毁生产体系，使

---

① 刘立新：《个体社会适应性评价问题的理论探讨》，载《现代教育论丛》2001年第4期。

② Shelley E. Taylor：《健康心理学》，朱熊兆等译，人民卫生出版社2006年版。

一些社区解体，把长期建立起的社会网络彻底破坏。由于它摧毁生产资料并使生产体系解体，因此就带来了长期贫困的危险。研究表明，非自愿移民可能造成心理压力和社会压力的增加，并增加发病率和死亡率。"①

应激通常是一种由应激事件、应激反应等构成的一种复杂的活动过程。应激事件，也称应激源，是引起人产生其应激反应的各种事件及现象。导致三峡移民产生应激反应的除了原有的非移民所致的各种事件外，还有移民所导致的各种社会生活事件，其中主要包括：在地理环境方面，如地理位置环境改变所造成的气候环境、气温条件、交通道路等事件；在人际环境方面，随着移民迁入新的地域，原来的人际关系网络基本解体，移民要面对的周围人群是完全陌生的新面孔；在生活方面，迁入地在日常生活和各种文化习俗等问题都有可能成为移民的应激源事件；在生产方面，移民所要面对的是新的生产和经营领域，而这些领域中所要具备的各种生产与经营技能等都有可能不同程度地成为导致三峡移民产生应激反应的应激源。

对于三峡移民来讲，上述事件是客观存在的，因此如果上述事件成为引起三峡移民应激反应的因素，我们可称之为客观性应激事件。同时，还有一些主观方面的应激源，如移民对能否适应新迁入地人际关系、风俗习惯、生产生活方式、居住条件等所形成的主观上的担忧，也有可能成为一些重要的应激源而导致其移民不同程度的应激反应。

对于移民来讲，上述应激事件有的是可控的，有的是不可控的；有的是正性的，有的则是负性的；有的是清晰的，有的则是模糊的；有的表现得强烈，有的则表现得较为弱小。研究表明，那些负性的、不可控制的、模棱两可的、过度强烈的，或者涉及生活核心部分的事件往往比正性的、可控制的、清晰的、可处理的、或者

---

① 伊恩·罗伯逊：《社会学》，黄香馥译，商务印书馆 1994 年版。

生活非核心部分的事件更容易引起应激①。因此，强烈的或模糊的且又是非可控的社会生活事件，将会造成三峡移民的应激反应，并有可能造成其身心健康出现损伤。

（二）三峡移民常见的应激反应

1. 应激的心理反应

心理反应主要是由应激所产生的一些典型的情绪反应。如果三峡移民产生明显的应激状态，他们有可能产生的情绪反应：一是焦虑。焦虑是应激反应中最常见的情绪体验，是人预期将要发生危险或出现不良后果时所表现出的紧张、担心与害怕等，如三峡移民离开故土与亲友所产生的分离焦虑。二是恐怖。恐怖是一种企图摆脱已经明确的有特定危险受到伤害或安全受到威胁时的一种情绪反应，如三峡移民面对迁入地的人生地不熟所产生的一些害怕反应。三是抑郁。抑郁是表现为悲哀、寂寞、孤独、丧失感和无望感等情绪反应，如三峡移民因远离家乡和亲人而身处他乡时有可能流露这样的情绪。四是愤怒。愤怒是由于目标受阻、需要不能满足或自尊心受到打击而爆发出的一种较为强烈的情绪反应，如在个别地方出现的三峡移民抗议或集体上访活动，都在一定程度上反映出移民的某些愿望没有实现所产生的愤懑情绪。

2. 应激的行为反应

伴随各种应激的情绪等心理反应，将同时有可能导致三峡移民外部行为发生改变，它同时也是三峡移民为缓冲应激对个体自身的影响，摆脱身心紧张状态而采取的应对行为。常见的应激行为反应有：一是逃避与回避。两者均是为了远离应激源的行为反应，两者的共同目的都是为了摆脱应激源。如在极少数三峡移民中表现的回流现象，就是一种典型的逃避行为反应。还有的移民回避当地开展的各种活动，就是一种回避反应。二是退化与依赖。退化一般是指当人受到挫折或遭遇应激时，放弃成人的应对方式，使用幼儿时期

① Shelley E. Taylor：《健康心理学》，朱熊兆等译，人民卫生出版社2006年版。

的方式应付环境或满足个人欲望。退化主要是为了获得别人的同情、支持和照顾，以减轻应激所造成的心理压力和痛苦。因此退化行为必然伴随着依赖，即事事处处依赖他人而不是靠自己的努力去做事情。如在少数部分三峡移民中所表现出的"等、靠、要"，就是一种典型的退化与依赖反应。三是敌对与攻击。敌对是内心有攻击的欲望，并有不友好、谩骂、憎恨或羞辱他人的外在表现，如在个别地方三峡移民对当地人出现的类似反应。攻击是在应激刺激下个体以攻击方式作出的反应，其攻击对象可以是人或物，可以针对别人也可针对自己。这种攻击反应也可能在极个别的移民身上发生。四是无助与自怜。无助是一种无能为力、无所适从的极为被动无依的状态。这种状况通常在经过反复应对不能奏效，对其发生的应激完全无法控制时发生。如果移民产生这种无助反应，将无法摆脱不利的情境，并由此导致抑郁的发生，从而对移民身心健康造成伤害性影响。五是物质滥用。物质滥用是一种处在应激或心理冲突情况下所表现出的一种非但不利于问题解决，反而会给自己造成新的身心伤害的反应。其较为常见的有酗酒、吸烟甚至服用一些毒品等物质。这种情况也可能会在极少数个别的三峡移民的应激状态中发生。

3. 应激的生理反应

应激的生理反应以神经解剖学为基础，最终可涉及各个系统和器官，甚至毛发。应激的生理反应及其对身心健康的影响的中介机制涉及神经系统、内分泌系统和免疫系统三个相互联系的系统。其中有心理-神经中介机制、心理-神经-内分泌中介机制和心理-神经-免疫中介机制三种机制在起作用。应激的心理-神经中介机制，会导致心理、躯体及内脏产生非特异性系统功能的增高，而影响到相应机能系统功能的正常发挥；应激的心理-神经-内分泌中介机制，会导致机体各种内分泌及其腺素的非正常分泌；应激的心理-神经-免疫中介机制，表现为短暂而不太强烈的应激不影响或略增强机体免疫功能，但强烈或长期的应激会导致其机体免疫功能的抑制和下降。因此，如果三峡移民处在强烈或长期的应激反应过程中，将有可能造成其机体系统生理功能的异常反应，继而影响其身心健康。

（三）三峡移民心理应激后果

由于移民发生了一系列社会生活的重大改变，因而三峡移民有可能产生不同程度的应激反应，并因此产生各种不良的后果。在生理方面，研究（Cohen，1993）发现长期遭受应激事件与较差的免疫功能密切相关。这个研究结果提示，当三峡移民应激长期存在时，其生理不会出现适应或者不会完全适应反应，而免疫系统可能更容易受到长期应激的伤害①。在心理方面，大多数移民能够对中等程度的和可预见的应激源产生心理适应。最初任何新奇的、威胁性的环境都会使移民产生应激，但随着时间的延长，这种反应也会渐渐消退（Franken Haeuser，1975）。因此，三峡移民一旦面对慢性应激性事件，既可以发展为长期的疲劳，也可以适应它；大多数人都能够对轻度或中度的应激产生适应；然而，要对强烈的应激进行适应却很困难。就是有过应激经历的人，即使是中等强度的应激源也不能适应。而且即使已产生心理适应，应激引起的生理反应仍可能持续存在②。许多研究表明，应激会对三峡移民的社会行为和认知能力产生不良影响。这是因为在面对应激时会产生资源耗竭和抵抗力崩溃的现象，不可预计和不可控制的事件尤其容易导致不良的后效应（D. C. Glass and Singer，1972），应激通过分散注意力、增加认知负荷、耗竭认知资源，加重知觉和认知负担（D. C. Glass and Singer，1972）。这种认知代价，在遭遇不可控制、不可预测的应激事件时尤其严重③。

另外，长期的应激影响会导致三峡移民形成应激性无助，即当环境的需求被认为超过个体的能力时，无助便发生了。这种习得性

① Shelley E. Taylor：《健康心理学》，朱熊兆等译，人民卫生出版社2006年版。

② Shelley E. Taylor：《健康心理学》，朱熊兆等译，人民卫生出版社2006年版。

③ Shelley E. Taylor：《健康心理学》，朱熊兆等译，人民卫生出版社2006年版。

无助是指经过多次的、反复的努力试图改变现状，但总是不能达到预期的结果，最终导致长期的、广泛的无助。而当三峡移民出现这种无助后，就可能不再采取行动去改变他的境况而努力适应其新的移民环境，也就是无助的个体可能不能学会新的有助于他们解决问题的策略，因此，当处在习得性无助中时，移民将产生抑郁等不良情绪①。

早在 20 世纪，塞里（1956）提出了一般适应综合征的概念，认为当个体面临应激时，他会调动自身的力量做出反应，而这种反应是一种非特异性反应，也就是说，不管应激源是什么，个体都会出现同样的生理反应模式。随着时间的推移，反复的或长期的应激将会损害到个体的各个系统。他认为，适应综合征包括三个阶段，第一阶段，警觉期：机体调动自身的力量来对抗威胁；第二阶段，抵抗期：机体努力去应对威胁，与威胁处在对峙状态；第三阶段，衰竭期：当个体不能战胜威胁，并且消耗了自己的生理资源时，衰竭就会发生。

由以上分析表明，从一般意义上讲，当有机体处在一定程度的应激及其反应中时，有可能造成心理与生理机能的改变，如果是持续的处在具有一定强度的应激之中时，将对其身心造成不同程度的危害。研究表明（Repetti，1993），客观的应激事件和应激的主观体验都能独立地预测心理痛苦和健康状况。实验证明，个体的认知评价对于应激引起的躯体和心理症状很重要，同时应激事件本身也与负性的心理和生理变化有关（S. Cohen，Tyrrell，Smith，1993）。

因此，从理论上讲，三峡移民由于移民带来的一系列社会生活事件的改变这一事实，有可能成为引起三峡移民应激反应的应激源，但它们是否真正成为引起三峡移民的应激反应事件，是否引起三峡移民的较为明显的应激反应，是否由此直接造成对三峡移民的身心损害，如果构成其损害，其程度如何等，还要受到多方面多种因素的影响作用。从三峡移民自身来讲，其人格、认知等心理和生

① Shelley E. Taylor：《健康心理学》，朱熊兆等译，人民卫生出版社 2006 年版。

理状态都会影响其应激状况及反应。研究表明，健康的人格和良好的生理状态，有助于避免或减轻人对各种应激所造成的不良影响，而积极合理的认知则是人有效调控应激及其反应的重要机制。另外，外在的一些因素对人的应激及其反应也有重要的影响，其中一定的和强有力的社会支持将大大减轻应激所造成的不良反应。因此，对于那些面对人生发生重大改变，而具有健康人格和良好的生理状态以及能够以积极的认知调控自我，并能够积极寻求一定的社会支持的三峡移民来讲，他们不会产生强烈的应激，或至少不会因应激造成对自我身心的明显伤害。而那些本身人格有问题或生理状况不良，并且不能够以积极合理的认知去调节因外在的变化而出现的应激反应的移民，同时，又是处在一种缺乏必要的外在社会支持的情况下，他们中的一些人将不可避免产生不同程度的应激反应，并且其中的某些移民有可能因此构成对自我身心的伤害。

那么，移民是否造成三峡移民的应激反应，并影响其健康状况呢？在此，我们对三峡移民的心理健康状况展开了调查。

第三节　三峡移民心理健康现状调查分析

我们主要采用现场问卷调查的方式，所采用的工具是由目前国内外通用的"SCL—90"评定量表[1]。该量表共有 90 个项目，其中每个项目采取 5 级选择答案，"1"表示无，即自觉并无该项所反映的症状；"2"表示轻度，即自觉有该项症状，但对受检者并无实际影响，或影响轻微；"3"表示中度，即自觉有该项症状，并对受检者有一定影响；"4"表示相当重，即自觉常有该项症状，并对受检者有相当程度的影响；"5"表示严重，即自觉该症状的频度和强度都十分重，且对受检者的影响严重。该量表是一种广泛运用于精神卫生领域测查人的心理健康状况的工具，通过该工具可以测出有关对象在思维、情感、行为、人际关系、生活习惯等多个方面的心理健康状况。具体涉及躯体化、强迫、人际关系敏感、抑

---

[1]　张明园主编：《精神科评定量表手册》，湖南科技出版社 1993 年版。

郁、焦虑、敌对、恐怖、偏执、精神病性等反映其心理健康的因子。我们的调查由经过专门培训的人员在规定的时间里，对有关调查对象进行测评，对初中及以上文化程度的被调查对象，当场发放问卷由他们自己填答并及时回收，对于初中以下文化程度的由调查人员逐一口述每个项目及答案，被调查对象做出口头选择后，再由调查人员帮助填写答案。对调查回收的 485 名对象的问卷进行筛选，最后有效问卷为 468 份，其有效问卷占整个问卷的 96.5%。然后利用 SPSS11.0 对这 468 名对象的有效问卷的数据进行了处理。

（一）三峡移民总体心理健康状况分析

1. 468 名三峡移民心理健康外部参照水平分析

通过与全国的常模标准比较发现，所调查的三峡移民在反映心理健康的总均分及各因子均分方面之间都存在不同程度的差异性。在反映总体心理健康水平的总均分方面，所调查的三峡移民与其全国常模之间存在非常显著性差异（$t = 8.364$，$P < 0.000$），表现为所调查的三峡移民心理健康水平低于全国常模标准。在反映心理健康各因子方面，所调查的三峡移民在各因子上与全国常模标准之间也存在统计学方面的差异性，具体情况是：在躯体化因子上存在非常显著性差异（$t = 11.073$，$P < 0.000$），表现为所调查的三峡移民在躯体化因子上所得均分显著高于全国常模；在强迫因子上存在非常显著性差异（$t = 5.998$，$P < 0.000$），表现为所调查的三峡移民在强迫因子上所得均分显著高于全国常模；在人际敏感因子上不存在显著性差异（$t = 0.940$，$P > 0.348$），表明所调查的三峡移民在人际敏感因子上与全国常模标准不存在统计学方面的差异性；在抑郁因子上存在非常显著性差异（$t = 7.480$，$P < 0.000$），表现为所调查的三峡移民在抑郁因子上的所得均分显著高于全国常模标准；在焦虑因子上存在非常显著性差异（$t = 7.806$，$P < 0.000$），表现为所调查的三峡移民在焦虑因子方面的所得均分显著高于全国常模标准；在敌对因子方面存在非常显著性差异（$t = 3.663$，$P < 0.000$），表现为所调查的三峡移民在敌对因子上的所得均分显著高于全国常模标准；在恐怖因子上存在非常显著性差异（$t =$

8.886，*P*<0.000），表现为所调查的三峡移民在恐怖因子方面所得均分显著高于全国常模标准；在偏执因子上存在非常显著性差异（t＝6.240，*P*<0.000），表现为所调查的三峡移民在偏执因子上所得均分显著高于全国常模标准；在精神病性因子上存在非常显著性差异（t＝9.087，*P*<0.000），表现为所调查的三峡移民在精神病性因子上的所得均分显著高于全国常模标准。由此看出所调查的三峡移民无论是所测得的总均分还是除人际敏感以外的其他因子均分都非常显著地超过全国常模标准。由此也就表明，其所调查的三峡移民总体心理健康水平低于全国常模标准。如表7-1所示：

表7-1　　　　　　**468名三峡移民心理健康水平分析**

	移民（n=468） M±SD	全国（n=1388） M±SD	*t*	*Sig*
躯体化	1.80±0.84	1.37±0.48	11.073	0.000
强迫	1.82±0.74	1.62±0.58	5.998	0.000
人际敏感	1.68±0.69	1.65±0.51	0.940	0.348
抑郁	1.76±0.76	1.50±0.59	7.480	0.000
焦虑	1.64±0.69	1.39±0.43	7.806	0.000
敌对	1.59±0.66	1.48±0.56	3.663	0.000
恐怖	1.47±0.60	1.23±0.41	8.886	0.000
偏执	1.64±0.73	1.43±0.57	6.240	0.000
精神病性	1.54±0.59	1.29±0.42	9.087	0.000
总均分	1.68±0.62	1.44±0.43	8.364	0.000

2.468名三峡移民总体心理健康水平的内部比较分析

由表7-2可以看到，所调查的三峡移民在总体心理健康水平所得分数方面存在不同程度的差异性，其中农村移民与城镇移民之间所得均分存在非常显著性差异，$F(1, 466)＝7.91$，$P<0.005$，表现为城镇移民所得均分要显著低于农村移民；外地移民与本地移民之间所得均分存在非常显著性差异，$F(1, 466)＝46.88$，$P<0.000$，表现为本地移民的所得均分要显著低于外地移民；前期移

民与后期移民之间所得均分不存在显著性差异，$F(1, 466) =$ 0.39，$P > 0.532$；男性移民和女性移民之间所得均分方面也不存在显著性差异，$F(1, 466) = 0.38$，$P > 0.533$；不同年龄段移民之间所得均分存在非常显著性差异，$F(2, 465) = 32.53$，$P < 0.000$，经过多重比较发现，16~29 岁的移民所得均分要显著低于 30~55 岁的移民，而 30~55 岁移民的所得均分又要显著低于 55 岁以上的移民；不同文化程度移民的所得均分存在非常显著性差异，$F(2, 465) = 38.01$，$P < 0.000$。多重比较发现，大专及以上文化程度移民所得均分要显著低于初中和高中文化程度的移民，而初中与高中文化程度移民的所得均分又要显著低于小学及以下文化程度的移民。由此表明，在总体心理健康水平方面，所调查的城镇移民、本地移民、年轻移民和文化程度较高的移民要明显好于农村移民、外地移民、中老年移民以及文化程度较低的移民。

表 7-2　　　　468 名三峡移民心理健康总体水平分析

移民情况		$M \pm SD$	F	Sig
来源	城镇	158.05±59.00	7.91	0.005
	农村	143.35±52.52		
搬迁地	本地	140.26±50.90	46.88	0.000
	外地	177.53±60.68		
搬迁时间	前期	150.22±54.62	0.39	0.532
	后期	153.55±59.32		
性别	男性	152.76±56.73	0.38	0.533
	女性	149.38±56.52		
年龄段	16~29 岁	123.39±43.86	32.53	0.000
	30~55 岁	160.58±56.26		
	55 岁以上	178.10±59.06		
文化程度	小学	170.40±54.36	38.01	0.000
	初、高中	157.80±56.01		
	大专及以上	110.78±39.19		

3. 468 名三峡移民心理健康问题因子检出率分析

参照有关标准，对只要在 SCL—90 测评中有一个因子的得分等于或大于 3 分的三峡移民，就被归属于可能是有中度以上心理健康问题的人。表 7-3 显示，所调查的三峡移民在反映心理健康诸因子方面具有中度以上问题的平均检出率为 5.3%，九因子依其检出率的多少分别依次是躯体化、强迫、抑郁、偏执、焦虑、人际敏感、敌对、精神病性、恐怖。由此表明，所调查三峡移民具有中度以上心理健康问题的平均检出率较低，反映出绝大多数移民在反映心理健康诸因子方面的状况是正常和基本正常的，只有极少部分的移民在某些因子方面存在较为突出的心理问题，其中比率稍高一些的因子是躯体化、强迫和抑郁，而只有极少数的移民在精神病性、恐怖方面存在明显的问题。

表 7-3   **468 名三峡移民心理健康问题的因子检出率**

因子	躯体化	强迫	人际敏感	抑郁	焦虑	敌对	恐怖	偏执	精神病性	平均
因子分≥3 的人数（%）	9.40	7.90	4.7	7.7	4.9	3.8	1.9	5.1	2.4	5.3
排序	1	2	6	3	5	7	9	4	8	

4. 468 名三峡工程移民心理健康问题检出率比较分析

表 7-4 显示，在所调查的三峡移民中可能有中度以上心理健康问题的占 11.53%。卡方检验表明，其中乡村移民有中度以上心理健康问题的检出率要显著高于城镇移民，$\chi^2_{(1)} = 9.79$，$P<0.01$；外地移民有中度以上心理健康问题的检出率要显著高于本地移民，$\chi^2_{(1)} = 10.75$，$P<0.01$；前期移民有中度以上心理问题的检出率和后期移民不存在显著性差异，$\chi^2_{(1)} = 0.15$，$P>0.05$；男性移民有中度以上心理健康问题的检出率和女性移民不存在显著性差异，$\chi^2_{(1)} = 0.15$，$P>0.05$；不同年龄段的三峡移民有中度以上心理健康

问题的检出率存在显著性差异，$X^2_{(2)} = 17.14$，$P<0.01$，其中 $30\sim55$ 岁年龄段的三峡移民的检出率要显著高于 55 岁以上移民的检出率，而 55 岁以上移民的检出率要显著高于 $16\sim29$ 岁年龄段移民的检出率；同时表明，所调查的不同文化程度的三峡移民有中度以上心理健康问题的检出率也存在显著性差异，$X^2_{(2)} = 13.94$，$P<0.01$，其中小学及以下文化程度的三峡移民的检出率要显著高于初中及高中文化程度的三峡移民的检出率，而初中及高中的三峡移民的检出率要显著高于大专及以上文化程度的三峡移民的检出率。由此表明，从其中度心理健康问题的检出率来看，所调查的城镇移民、本地移民、年轻移民以及大专以上文化程度的移民分别明显好于农村移民、外地移民、中老年移民以及文化程度低的移民。

表 7-4　　**468 名三峡移民 SCL—90 检出率统计结果**

	类别（人数）	因子分≥3 的人数（%）	X^2	Sig
总　体	468	54（11.53）		
移民类型	城镇移民（209）	13（6.22）	9.79	0.01
	乡村移民（259）	40（15.44）		
移民迁入地	本地移民（326）	26（7.97）	10.75	0.01
	外迁移民（142）	28（19.71）		
移民时间	前期移民（271）	34（12.54）	0.15	0.05
	后期移民（197）	26（13.26）		
移民性别	男性移民（292）	35（11.98）	0.15	0.05
	女性移民（176）	19（10.79）		
移民年龄段	16~29 岁移民（146）	8（5.47）	17.14	0.01
	30~55 岁移民（155）	32（20.64）		
	55 岁以上移民（167）	17（10.17）		
移民教育程度	小学及以下（120）	25（20.83）	13.94	0.01
	初中及高中（253）	29（11.46）		
	大专及以上（95）	4（4.21）		

（二）三峡移民心理健康诸因子差异的比较分析

1. 移民在躯体化因子方面的差异比较分析

该因子共 12 个项目，主要反映躯体不适感，包括心血管、肠胃道、呼吸和其他系统的不适，还有头痛、背痛、肌肉酸痛以及焦虑等其他躯体表现。

如表 7-5 所示，所调查的三峡移民在躯体化因子方面的得分存在不同程度的差异性。其中农村移民和城镇移民的均分之间存在非常显著性差异，$F(1, 466) = 24.86$，$P<0.000$，表现为城镇移民的躯体化症状所得均分要明显低于农村移民；外地移民与本地移民之间的均分存在非常显著性差异，$F(1, 466) = 29.80$，$P<0.000$，表现为本地移民躯体化症状所得均分要明显低于外地移民；前期移民与后期移民的所得均分之间存在显著性差异，$F(1, 466) = 4.70$，$P<0.031$，表现为前期移民的躯体化症状所得均分要明显低于后期移民；男性移民和女性移民之间的均分不存在显著性差异 $F(1, 466) = 0.38$，$P>0.536$；不同年龄段移民之间的均分存在非常显著性差异，$F(2, 465) = 40.73$，$P<0.000$，经过多重比较发现，16~29 岁的移民躯体化症状所得均分要显著低于 30~55 岁的移民，而 30~55 岁移民躯体化症状所得均分又要显著低于 55 岁以上的移民；不同文化程度的移民之间所得均分存在非常显著性差异，$F(2, 465) = 46.10$，$P<0.000$，多重比较发现，大专及以上文化程度移民的躯体化症状所得均分要显著低于初中和高中文化程度的移民，而初中与高中文化程度移民的躯体化症状所得均分又要显著低于小学及以下文化程度的移民。由此表明，所调查的城镇三峡移民、本地三峡移民、前期三峡移民、年轻三峡移民及文化程度高的三峡移民在躯体化所表现的症状要明显分别好于农村移民、外地移民、后期移民、中老年移民以及文化程度低的移民。

表 7-5 移民在躯体化因子方面的人口学分析

移民情况		M±SD	F	Sig
来源	城镇	1.59±0.70	24.86	0.000
	农村	1.97±0.91		
搬迁地	本地	1.66±0.76	29.80	0.000
	外地	2.12±0.93		
搬迁时间	前期	1.70±0.78	4.70	0.031
	后期	1.87±0.88		
性别	男性	1.82±0.83	0.38	0.536
	女性	1.77±0.86		
年龄段	16~29 岁	1.35±0.60	40.73	0.000
	30~55 岁	1.93±0.80		
	55 岁以上	2.28±0.98		
文化程度	小学	2.22±0.86	46.10	0.000
	初、高中	1.83±0.83		
	大专及以上	1.20±0.42		

2. 移民在强迫因子方面的差异分析

该因子有 10 个项目。强迫因子主要指明知没有必要，但又无法摆脱的无意义的思想、冲动和行为，还有一些比较一般的认知障碍的行为象征也在这一因子中反映。

如表 7-6 所示，所调查的三峡移民在强迫因子方面的得分存在不同程度的差异性。其中农村移民和城镇移民之间所得均分不存在显著性差异，$F(1, 466)= 1.60$，$P>0.206$；外地移民与本地移民之间所得均分存在非常显著性差异，$F(1, 466)= 35.33$，$P<0.000$，表现为本地移民在强迫症状所得均分要显著低于外地移民；前期移民与后期移民之间所得均分存在显著性差异，$F(1, 466)= 4.19$，$P<0.041$，表现为前期移民在强迫症状方面所得均分要显著低于后期移民；男性移民和女性移民之间所得均分不存在显著性差异，$F(1, 466)= 0.04$，$P>0.833$；不同年龄段移民之间所

得均分存在非常显著性差异，$F(2，465)=25.10$，$P<0.000$，经过
多重比较发现，$16\sim29$ 岁的移民强迫症状所得均分要显著低于 $30\sim$
55 岁的移民，而 $30\sim55$ 岁移民强迫症状所得均分又要显著低于 55
岁以上的移民；不同文化程度的移民之间所得均分存在非常显著性
差异，$F(2，465)=33.01$，$P<0.000$，多重比较发现，大专及以上
文化程度移民的强迫症状所得均分要显著低于初中和高中文化程度
的移民，而初中与高中文化程度移民的强迫症状所得均分又要显著
低于小学及以下文化程度的移民。由此表明，所调查的本地移民、
年轻移民及文化程度高的移民在强迫症状方面的表现要明显分别好
于外地移民、中老年移民以及文化程度低的移民。

表7-6 　　　　　　　**移民在强迫因子方面的人口学分析**

移民情况		$M\pm SD$	F	Sig
来源	城镇	1.78±0.71	1.60	0.206
	农村	1.86±0.76		
搬迁地	本地	1.70±0.70	35.33	0.000
	外地	2.13±0.75		
搬迁时间	前期	1.77±0.70	4.19	0.041
	后期	1.91±0.78		
性别	男性	1.83±0.74	0.04	0.833
	女性	1.82±0.73		
年龄段	$16\sim29$ 岁	1.49±0.66	25.10	0.000
	$30\sim55$ 岁	1.94±0.72		
	55 岁以上	2.12±0.72		
文化程度	小学	2.01±0.70	33.01	0.000
	初、高中	1.93±0.73		
	大专及以上	1.31±0.57		

3. 移民在人际敏感方面的差异分析

该因子共 9 个项目，主要指某些个人不自在与自卑感，特别是

与其他人相比较时更加突出。在人际交往中的自卑感、心神不安，明显不自在，以及人际交流中的自我意识，消极的期待也属这方面的典型症状。

如表 7-7 所示，所调查的三峡移民在人际敏感因子方面的得分存在不同程度的差异性。其中农村移民和城镇移民之间所得均分不存在显著性差异，$F(1，466) = 2.37$，$P>0.124$；外地移民与本地移民之间所得均分存在非常显著性差异，$F(1，466) = 41.10$，$P<0.000$，表现为本地移民的人际敏感症状所得均分要显著低于外地移民；前期移民与后期移民之间所得均分不存在显著性差异，$F(1，466) = 2.86$，$P>0.091$；男性移民和女性移民之间所得均分也不存在显著性差异，$F(1，466) = 0.18$，$P>0.665$；不同年龄段移民之间存在非常显著性差异，$F(2，465) = 19.68$，$P<0.000$，经过多重比较发现，16~29 岁的移民人际敏感症状所得均分要显著低于 30~55 岁的移民，而 30~55 岁移民人际敏感症状所得均分又要显著低于 55 岁以上的移民；不同文化程度的移民之间所得均分存在非常显著性差异，$F(2，465) = 24.85$，$P<0.000$，多重比较发现，大专及以上文化程度移民的人际敏感症状所得均分要显著低于初中和高中文化以及小学及以下文化程度的移民。由此表明，所调查的本地移民、年轻移民及文化程度高的移民在人际敏感症状方面要明显分别好于外地移民、中老年移民以及文化程度低的移民。

表 7-7 　　　　移民在人际敏感因子方面的人口学分析

移民情况		$M\pm SD$	F	Sig
来源	城镇	1.62±0.65	2.37	0.124
	农村	1.72±0.73		
搬迁地	本地	1.55±0.62	41.10	0.000
	外地	1.99±0.76		
搬迁时间	前期	1.64±0.67	2.86	0.091
	后期	1.75±0.72		

续表

移民情况		$M\pm SD$	F	Sig
性别	男性	1.69±0.69	0.18	0.665
	女性	1.66±0.69		
年龄段	16~29 岁	1.40±0.58	19.68	0.000
	30~55 岁	1.77±0.70		
	55 岁以上	1.94±0.73		
文化程度	小学	1.85±0.70	24.85	0.000
	初、高中	1.75±0.70		
	大专及以上	1.26±0.47		

4. 移民在抑郁因子方面的差异分析

该因子共 13 个项目，主要以反映苦闷的情感与心境为代表性症状，以生活兴趣的减退、动力缺乏、活力丧失等为特征，反映失望、悲观以及抑郁相联系的认知和躯体方面的感受，另外还包括死亡的思想和自杀观念等。

如表 7-8 所示，所调查的三峡移民在抑郁因子方面的得分存在不同程度的差异性。其中农村移民和城镇移民之间所得均分存在非常显著性差异，$F(1, 466) = 13.05$，$P<0.000$，表现为城镇移民抑郁症状所得均分要显著低于农村移民；外地移民与本地移民之间所得均分存在非常显著性差异，$F(1, 466) = 41.86$，$P<0.000$，表现为本地移民的抑郁症状所得均分要显著低于外地移民；前期移民与后期移民之间的所得均分不存在显著性差异，$F(1, 466) = 0.20$，$P>0.651$；男性移民和女性移民之间的所得均分也不存在显著性差异 $F(1, 466) = 0.67$，$P>0.411$；不同年龄段移民之间的所得均分存在非常显著性差异，$F(2, 465) = 31.02$，$P<0.000$，经过多重比较发现，16~29 岁的移民抑郁症状所得均分要显著低于 30~55 岁的移民，而 30~55 岁移民抑郁症状所得均分又要显著低于 55 岁以上的移民；不同文化程度的移民之间所得均分存在非常显著性差异，$F(2, 465) = 35.30$，$P<0.000$，多重比较发现，

大专及以上文化程度移民的抑郁症状所得均分要显著低于初中和高中文化程度的移民，而初中和高中文化程度的移民其抑郁症状所得均分又显著低于小学及以下文化程度的移民。由此表明，所调查的城镇移民、本地移民、年轻移民及文化程度高的移民在抑郁症状方面要明显分别好于农村移民、外地移民、中老年移民以及文化程度低的移民。

表 7-8　　　　　　　移民在抑郁因子方面的人口学分析

移民情况		$M \pm SD$	F	Sig
来源	城镇	1.62±0.68	13.05	0.000
	农村	1.88±0.81		
搬迁地	本地	1.62±0.68	41.86	0.000
	外地	2.11±0.83		
搬迁时间	前期	1.75±0.75	0.20	0.651
	后期	1.79±0.79		
性别	男性	1.78±0.76	0.67	0.411
	女性	1.72±0.77		
年龄段	16~29 岁	1.40±0.59	31.02	0.000
	30~55 岁	1.87±0.75		
	55 岁以上	2.14±0.83		
文化程度	小学	2.03±0.82	35.30	0.000
	初、高中	1.84±0.73		
	大专及以上	1.24±0.51		

5. 移民在焦虑因子方面的差异分析

该因子共 10 个项目，一般反映那些烦躁、坐立不安，神经过敏、紧张以及由此产生的躯体征象。

如表 7-9 所示，所调查的三峡移民在焦虑因子方面的得分存在不同程度的差异性。其中农村移民和城镇移民之间所得均分存在显著性差异，$F(1, 466) = 5.36$，$P < 0.021$，表现为城镇移民的焦虑

症状所得均分要显著低于农村移民；外地移民与本地移民之间所得均分存在非常显著性差异，$F(1, 466) = 45.91$，$P<0.000$，表现为本地移民的焦虑症状所得均分要显著低于外地移民；前期移民与后期移民之间所得均分不存在显著性差异，$F(1, 466) = 0.83$，$P>0.361$；男性移民和女性移民之间所得均分也不存在显著性差异，$F(1, 466) = 0.25$，$P>0.614$；不同年龄段移民之间所得均分存在非常显著性差异，$F(2, 465) = 21.30$，$P<0.000$，多重比较发现，16~29 岁的移民焦虑症状所得均分要显著低于 30~55 岁的移民，而 30~55 岁移民焦虑症状所得均分又要显著低于 55 岁以上的移民；不同文化程度的移民之间所得均分存在非常显著性差异，$F(2, 465) = 27.40$，$P<0.000$。多重比较发现，大专及以上文化程度移民的焦虑症状所得均分要显著低于初中和高中文化程度的移民，而初中和高中文化程度移民的焦虑症状所得均分又显著低于小学及以下文化程度的移民。由此表明，所调查的城镇移民、本地移民、年轻移民及文化程度高的移民在焦虑症状方面要明显分别好于农村移民、外地移民、中老年移民以及文化程度低的移民。

表 7-9 　　　　　　　　移民在焦虑因子方面的人口学分析

移民情况		$M\pm SD$	F	Sig
来源	城镇	1.56±0.64	5.36	0.021
	农村	1.71±0.73		
搬迁地	本地	1.50±0.59	45.91	0.000
	外地	1.96±0.80		
搬迁时间	前期	1.62±0.66	0.83	0.361
	后期	1.68±0.74		
性别	男性	1.65±0.71	0.25	0.614
	女性	1.62±0.66		
年龄段	16~29 岁	1.35±0.53	21.30	0.000
	30~55 岁	1.74±0.72		
	55 岁以上	1.90±0.71		

移民情况		$M \pm SD$	F	Sig
文化程度	小学	1.84±0.70	27.40	0.000
	初、高中	1.71±0.70		
	大专及以上	1.21±0.45		

6. 移民在敌对因子方面的差异分析

该因子共 6 个项目，主要从思想、感情和行为三个方面反映敌对，其中包括厌烦的感觉、摔物、争论直到不可控制的脾气爆发等。

如表 7-10 所示，所调查的三峡移民在敌对因子方面的得分存在不同程度的差异性。其中农村移民和城镇移民之间所得均分不存

表 7-10　　　　**移民在敌对因子方面的人口学分析**

移民情况		$M \pm SD$	F	Sig
来源	城镇	1.60±0.69	0.07	0.783
	农村	1.58±0.64		
搬迁地	本地	1.51±0.62	17.60	0.000
	外地	1.79±0.71		
搬迁时间	前期	1.52±0.59	8.37	0.004
	后期	1.70±0.74		
性别	男性	1.59±0.66	0.00	0.980
	女性	1.59±0.66		
年龄段	16~29 岁	1.36±0.57	13.41	0.000
	30~55 岁	1.70±0.68		
	55 岁以上	1.68±0.64		
文化程度	小学	1.62±0.59	16.28	0.000
	初、高中	1.70±0.70		
	大专及以上	1.26±0.53		

在显著性差异，$F(1, 466) = 0.07$，$P>0.783$；外地移民与本地移民之间所得均分存在非常显著性差异，$F(1, 466) = 17.60$，$P<0.000$，表现为本地移民的敌对症状均分要显著低于外地移民；前期移民与后期移民之间所得均分存在非常显著性差异，$F(1, 466) = 8.37$，$P<0.004$，表现为前期移民的敌对性症状所得均分要显著低于后期移民；男性移民和女性移民之间所得均分不存在显著性差异，$F(1, 466) = 0.00$，$P>0.980$；不同年龄段移民之间所得均分存在非常显著性差异，$F(2, 465) = 13.41$，$P<0.000$，经过多重比较发现，16～29岁的移民敌对症状所得均分要显著低于30～55岁和55岁以上的移民；不同文化程度的移民之间所得均分存在非常显著性差异，$F(2, 465) = 16.28$，$P<0.000$。多重比较发现，大专及以上文化程度移民的敌对症状所得均分要显著低于高中及以下文化程度的移民。由此表明，所调查的本地移民、前期移民、年轻移民及文化程度高的移民在敌对症状方面要明显分别好于外地移民、后期移民、中老年移民以及文化程度低的移民。

7. 移民在恐怖因子方面的差异分析

该因子共有7个项目，包括出门旅行、空旷场地、人群或公共场所和交通工具以及社交等方面的恐怖反应。

如表7-11所示，所调查的三峡移民在恐怖因子方面的得分存在不同程度的差异性。其中农村移民和城镇移民之间所得均分不存在显著性差异，$F(1, 466) = 3.08$，$P>0.080$；外地移民与本地移民之间所得均分存在非常显著性差异，$F(1, 466) = 46.27$，$P<0.000$，表现为本地移民的恐怖症状所得均分要显著低于外地移民；前期移民与后期移民之间所得均分不存在显著性差异，$F(1, 466) = 0.66$，$P>0.417$；男性移民和女性移民之间所得均分也不存在显著性差异，$F(1, 466) = 1.27$，$P>0.260$；不同年龄段移民之间所得均分存在非常显著性差异，$F(2, 465) = 14.02$，$P<0.000$，经过多重比较发现，16～29岁的移民恐怖症状所得均分要显著低于30～55岁和55岁以上的移民；不同文化程度的移民之间所得均分存在非常显著性差异，$F(2, 465) = 21.08$，$P<0.000$，多重比较发现，大专及以上文化程度移民的恐怖症状所得均分要显著低于高

中及以下文化程度的移民。由此表明，所调查的本地移民、年轻移民及文化程度高的移民在恐怖症状方面要明显分别好于外地移民、中老年移民以及文化程度低的移民。

表 7-11 移民在恐怖因子方面的人口学分析

移民情况		$M \pm SD$	F	Sig
来源	城镇	1.42±0.56	3.08	0.080
	农村	1.52±0.63		
搬迁地	本地	1.36±0.50	46.27	0.000
	外地	1.76±0.71		
搬迁时间	前期	1.46±0.58	0.66	0.417
	后期	1.51±0.63		
性别	男性	1.45±0.58	1.27	0.260
	女性	1.51±0.63		
年龄段	16~29 岁	1.28±0.48	14.02	0.000
	30~55 岁	1.53±0.62		
	55 岁以上	1.67±0.66		
文化程度	小学	1.60±0.63	21.08	0.000
	初、高中	1.55±0.62		
	大专及以上	1.14±0.34		

8. 移民在偏执因子方面的差异分析

该因子共 6 个项目，主要反映偏执性思维等反应，包括投射性思维、敌对、猜疑、关系观念、妄想、被动体验和夸大等。

如表 7-12 所示，所调查的三峡移民在偏执因子方面的得分存在不同程度的差异性。其中农村移民和城镇移民之间所得均分不存在显著性差异，$F(1, 466) = 2.43$，$P>0.119$；外地移民与本地移民之间存在非常显著性差异，$F(1, 466) = 44.32$，$P<0.000$，表现为本地移民的偏执症状所得均分要显著低于外地移民；前期移民与后期移民之间的所得均分不存在显著性差异，$F(1, 466) = 0.30$，

P>0.579；男性移民和女性移民之间所得均分也不存在显著性差异，$F(1, 466) = 2.71$，*P*>0.100；不同年龄段移民之间所得均分存在非常显著性差异，$F(2, 465) = 19.93$，*P*<0.000，经过多重比较发现，16~29 岁的移民偏执症状所得均分要显著低于 30~55 岁和 55 岁以上的移民；不同文化程度的移民之间所得均分存在非常显著性差异，$F(2, 465) = 20.82$，*P*<0.000，多重比较发现，大专及以上文化程度移民的偏执症状所得均分要显著低于高中及以下文化程度的移民。由此表明，所调查的本地移民、年轻移民及文化程度高的移民在偏执症状方面要明显分别好于外地移民、中老年移民以及文化程度低的移民。

表 7-12　　　　移民在偏执因子方面的人口学分析

移民情况		$M \pm SD$	F	Sig
来源	城镇	1.58±0.66	2.43	0.119
	农村	1.69±0.78		
搬迁地	本地	1.50±0.65	44.32	0.000
	外地	1.97±0.79		
搬迁时间	前期	1.63±0.72	0.30	0.579
	后期	1.66±0.75		
性别	男性	1.68±0.76	2.71	0.100
	女性	1.57±0.68		
年龄段	16~29 岁	1.34±0.51	19.93	0.000
	30~55 岁	1.74±0.77		
	55 岁以上	1.89±0.77		
文化程度	小学	1.81±0.72	20.82	0.000
	初、高中	1.71±0.75		
	大专及以上	1.23±0.52		

9. 移民在精神病性因子方面的差异分析

该因子共 10 个项目，主要反映各式各样的急性症状和行为，限定不严的精神病性过程的指征等。

如表 7-13 所示，所调查的三峡移民在精神病性因子方面的得分存在不同程度的差异性。其中农村移民和城镇移民之间所得均分存在非常显著性差异，$F(1, 466) = 7.20$，$P<0.008$，表现为城镇移民的精神病性症状所得均分要显著低于农村移民；外地移民与本地移民之间所得均分存在非常显著性差异，$F(1, 466) = 53.06$，$P<0.000$，表现为本地移民的精神病性所得均分要显著低于外地移民；前期移民与后期移民之间所得均分不存在显著性差异，$F(1, 466) = 0.06$，$P>0.797$；男性移民和女性移民之间所得均分也不存在显著性差异，$F(1, 466) = 0.65$，$P>0.417$；不同年龄段移民之间所得均分存在非常显著性差异，$F(2, 465) = 19.45$，$P<0.000$，多重比较发现，16~29 岁移民精神病性所得均分要显著低于 30~55 岁和 55 岁以上的移民；不同文化程度的移民之间所得均分存在非常显著性差异，$F(2, 465) = 24.57$，$P<0.000$，多重比较发现，大专及以上文化程度移民的精神病性所得均分要显著低于高中及以下文化程度的移民。由此表明，所调查的城镇移民、本地移民、年轻移民及文化程度高的移民在精神病性方面要明显分别好于农村移民、外地移民、中老年移民以及文化程度低的移民。

表 7-13　　　移民在精神病性因子方面的人口学分析

移民情况		$M \pm SD$	F	Sig
来源	城镇	1.46±0.54	7.20	0.008
	农村	1.61±0.64		
搬迁地	本地	1.42±0.49	53.06	0.000
	外地	1.84±0.71		
搬迁时间	前期	1.54±0.59	0.06	0.797
	后期	1.55±0.60		
性别	男性	1.56±0.61	0.65	0.417
	女性	1.51±0.58		

续表

移民情况		$M\pm SD$	F	Sig
年龄段	16~29 岁	1.31±0.47	19.45	0.000
	30~55 岁	1.61±0.60		
	55 岁以上	1.78±0.65		
文化程度	小学	1.70±0.63	24.57	0.000
	初、高中	1.59±0.60		
	大专及以上	1.19±0.37		

除了上述九个因子外，还有"其他"因子，而"其他"因子中主要反映睡眠和饮食情况。人的睡眠和饮食方面的情况不仅反映出人的身体健康状况，还在一定程度上反映出人的心理健康状态，同时也在较大程度上表明人在变化环境中的生活适应性。因此，除了上述因子外，"其他"因子方面所反映的情况，也能较好说明三峡移民心理健康及其适应性。所调查的三峡移民中存在一定饮食和睡眠方面的问题，其中在饮食上"胃口不好"的检出率（注：得分达 3 分及以上者）占 23.7%，"吃得太多"检出率为 11.3%，而在睡眠上检出"难以入睡"的占 33.3%，"醒得太早"的检出率29.0%，"睡得不深"的检出率 26.7%。由此表明，在所调查的三峡移民中有一定比率的人存在饮食和睡眠问题。

由上述研究表明，由于移民所发生的一系列社会生活事件的巨大改变，而致使其身心状况一下难以完全适应这种改变，结果造成不同程度的应激反应，且这种应激反应对少数移民的心理健康造成一定程度的影响。所调查的三峡移民在反映社会适应性的心理健康状况方面存在不同程度的差异性。从心理健康总体状况来看，所调查的三峡移民在反映总体心理健康状况的均分方面要显著高于全国常模标准，而在具体的因子上，所调查的三峡移民除了人际关系敏感与全国常模标准不呈统计学差异外，其他诸因子的平均得分都非常显著地高于全国常模标准。由此表明，由于移民所带来的生活的重大改变，可能影响到移民的心理健康。尽管如此，研究也充分表明，所调查的绝大多数三峡移民的心理健康状况是正常和基本正常的，而仅有极少数三峡移民存在中度以上的心理健康问题。从具体的各因子均分来看，其心理健康问题表现较为突出一些的是躯体化、强迫、抑郁三个因子方面。有关人口统计数据显示，在心理健康的总体水平上，所调查的本地移民要明显好于外地移民，城镇移民要明显好于农村移民，年轻移民要明显好于中老年移民，文化程度高的移民要明显好于文化程度低的移民。

通过对三峡移民心理健康现状的调查，表明绝大多数移民的心理健康状况是正常或基本正常的，而仅有极少数移民存在中等以上程度的心理健康问题，从其群体的分布来看，其中所调查的外地移民、农村移民、文化程度低的移民以及中老年移民所反映的心理健康问题相对突出一些。其中表现较为突出的一些心理问题是在部分移民方面所存在的躯体化、强迫、抑郁等。尽管只是涉及极少数移民存在一些明显的心理健康问题，但也应该引起我们的关注与重视，因为这些问题不仅会影响到当事人在移民所在地的正常生活和应有的社会适应性，同时也会构成对其家庭及其成员的消极影响，在一定程度上会干扰甚至妨碍家庭及其成员的正常生活和社会适应状况，进而对当地社会的安定与和谐带来不利。因此有关地方管理部门应该通过组织专业人员，对其采取必要的心理辅导和咨询等干预方式，帮助其通过自身的不断努力，改善与提高其心理健康水平，以确保其在新的迁入地具备良好的社会适应性。

第八章　三峡移民社会适应性的社会影响因素

众多研究表明，影响移民社会适应性的因素可以划分为外在的社会因素和移民自身的内部因素两大类。外部的社会因素和内部的移民自身因素相互作用，共同影响着移民的社会适应性，因而我们将从以下两章分别就影响三峡移民社会适应性的社会因素与个体心理因素展开探讨。影响三峡移民社会适应性的社会因素包括多种，我们在此主要从物质经济、社会文化以及生活环境三个方面展开分析。

第一节　物质经济因素

（一）房屋

移民世世代代生活在山区，不少人已经盖起简易楼房，但是三峡水利工程的建设迫使他们向外地迁移。迁入安置地后，尽管移民面临许多问题要解决，但住房则是首要解决的问题。某移民说：我们要先有房住才行。这位移民的话可以说代表所有三峡工程移民的心声。调查发现，移民普遍将盖房作为到达迁入地的首要需求①。这一现象的出现是必然的，这是因为：

首先，房屋保障了三峡工程移民基本的家庭生活需要。无论是家庭生产、家务劳动，还是夫妻生活、生养抚育子女等家庭生活，

---

① 宋悦华、雷洪：《三峡移民安居住宅对其社会适应性的意义》，载《华中理工大学学报》（社会科学版）2000年第14期。

都离不开住宅提供的特殊空间。对生活环境变化的移民而言，不变的、必不可少的是家庭生活，而只有拥有了住宅，移民才算安了"家"，才能进行各种正常的家庭生活。

其次，房屋可以满足移民的安全需要。人们在满足了基本的生理需要后，就会追求一种安全感。住宅以其特有的物质结构，在一定程度上满足了人们的安全需要。三峡工程移民从世代繁衍生息的故土迁入陌生的环境，对周围的陌生感不免带有对人身、财产担心的成分，只有当他们带来的家什搬进住宅后，他们才会觉得安全。

再次，房屋同时也满足了移民的社会心理需求。家庭是人们沟通情感、调节情绪，消除心理上的紧张感、疲劳感，乃至人际交往的重要场所，而住宅则是家庭的承载空间，当人们有了属于自己的住宅空间，才能在较大程度上满足这些社会心理需要。移民在搬迁过程及到达迁入地的一段时间内，都伴有心理的动荡、情绪的不稳定。要适应迁入地的生活，首先要安定下来，然后才能主动去适应新的生活。住宅意味着"家"，只有盖了房，住进去以后移民们才在生活上、心理上得到安定。

最后，房屋是移民传统观念实现的物质载体。在中国传统观念中，历来是安土重迁，强调安稳。除非为了生计，人们一般不愿意远走他乡。由于三峡工程性移民带有被动特征，移民更是从生活上、心理上迫切需要物质意义上的家——房屋，帮助他们消除心理上漂泊的感觉。同时，在中国人传统的观念中，盖房和娶媳妇是人生的两件大事。盖房对于多数中国人一生可能仅有一次，住宅不仅是生活安定的象征，同时还是社会地位、身份的象征。因此，房屋被三峡工程移民格外看重。从故居地迁到陌生地方，盖房被三峡移民看作迁后第一件大事也就是理所当然的了。由此我们也不难理解移民住房是影响三峡移民社会适应性的最为基本的社会物质因素。

房屋对三峡移民社会适应性影响主要反映在房屋解决的方式及其结构、面积与质量等方面。三峡移民房屋的解决与安排一般有获得补偿款自己解决住房问题和由政府统一新建两大类，而在自己解决住房的方式中又包括自己购买当地居民的二手房和自己新建两种。

在购买当地居民旧房过程中，移民往往会发现，与当地人比，旧房条件要差很多，因此主观上产生了一些不满意，但是就实际的居住状况而言，多数的移民觉得与搬迁之前相差无几甚至更好。而购买旧房显然比建新房的花费要少得多，这对于移民节约资金，将有限的搬迁费用用于更为急需的生产和生活，无疑是大有裨益的。但在旧房安置中出现的纠纷问题也会影响移民的社会适应性。尽管不少迁入政府部门制定了许多旧房筛选标准，但在具体落实和严格执行的过程中出现的一些问题影响了移民的社会适应性。例如江苏大丰市①制定了下列标准：没有相应承包耕地转让的不选，要求出售旧房必须将原来承包的耕地转让给移民耕种；价格太高的旧房不选，质量太差的旧房不选，图卖房赚钱的不选。理论上讲，这几条都是非常不错的，但在实际住房安置过程中，少数村组没有严格按要求进行旧房筛选，出现了人情房、关系房，损害了移民的利益；在对接过程中，有些地方没有严格将标售房屋置换的土地与人口进行对照，加之一部分移民过去在山区土地较少，对土地数量没有提出过高要求，只注重购房，致使部分移民的土地达不到当地人均水平；由于法律知识的缺乏，在签订购房协议时，对原户主连同房屋一起作价或赠送给移民的日用品、家具及林果树木等未详细注明，导致移民与原户主间的纠纷和争议。这些旧房纠纷看似小事，但对初来异地、对新环境保持警惕的移民来讲，其日常生活会受到不可低估的负面影响，部分移民对新生活的信心受到打击而影响其社会适应性。

另外，住房的环境（水电）、装潢、人均面积，甚至宅基地的平整程度、离集镇的远近都可能成为移民攀比的对象。这些因素都会在不同程度上影响移民的社会适应性。只有当这些与房屋有关的问题真正解决了，移民的社会适应性才有最基本的住房物质保障。

---

① 马德峰：《影响三峡外迁农村移民社区适应性的客观因素——来自江苏省大丰市首批三峡移民的调查》，载《管理世界》2002 年第 10 期。

（二）土地

中国是一个传统的农业大国，土地是几千年来中华民族赖以生存之本，因此土地问题是影响三峡工程移民，特别是农村移民适应性的又一重要社会物质因素。

首先，土地是三峡工程移民最重要的生产资料，三峡工程移民中的绝大多数人以前就是农民，而农民收入多数来自土地。土地作为农业生产过程中的劳动资料和劳动对象具有双重意义，也是移民进行物质生产、获得主要收益所必备的前提条件。三峡工程移民搬迁到新的安置点以后，部分安置点采取了农户对新土地的租用或借用形式，这就意味着移民对这些土地的使用是暂时的，不拥有长期使用权。在既定的借用或租用期限内，如果移民得不到额外的足够耕种的土地，就会引起新老农户之间土地归还和继续使用的矛盾纠纷，而结果很可能是租户把土地归还原主。如果移民得不到足够、长期、稳定的耕种土地，而社会保障体系又没有完全建立，则将无法保证异地搬迁农民在新土地上稳定的生活。

其次，在三峡地区，种地是最普通的谋生办法，只有"靠种地谋生的人才明白泥土的可贵。城里人可以用土气来蔑视乡下人，但是在乡下，'土'是他们的命根。在数量上占着最高地位的神，无疑的是'土地'"（费孝通，1947）。迁到自然环境与迁出地完全不同的地方以后，各方面的条件都发生了剧烈变化，三峡工程移民对新环境的陌生，原有的住在江边的地理优势的丧失，缺乏相应的资金和信息来从事家庭副业、社会服务业，都导致移民的经营活动急剧下降。多数三峡工程移民把目光紧紧盯住土地，毕竟这是他们维持生存和发展的最后关键资源所在。在移民看来，土地是他们生存的基本保障，发展多种经营，亦工亦农，可进可退，因此，土地是影响三峡工程移民适应性的重要影响因素。曾经在一些安置点出现过部分外迁型移民分到的土地主要是新开发的荒坡、荒地，不仅土质差，农田水利设施也不够完善，这导致移民意见较大。此外由于耕地、柑田等在数量上绝对减少，移民人口的增加等因素导致的人地矛盾更加突出也让部分移民主观感觉生活变得比过去更差。

在土地方面，三峡工程移民反应比较强烈，除了诸如土质不如当地人的肥沃、灌溉条件比当地人的差这些不容易量化的问题之外，移民的人均土地面积比当地人的少是最直接、也最容易量化的问题。以江苏大丰市的草庙镇和大桥镇的调查①为例，在这两个乡镇上，按照农村劳动力成数，草庙镇移民应有土地319.70亩，即使将对接时安排的土地和后调整增加的土地全部加上，还差52.05亩；而大桥镇土地缺口数量更大，接近280亩，也就是还有近一半的土地没有着落。就人均而言，草庙镇现有人均亩数为2.17亩，超过了人均1.56亩的当地平均水平；而大桥镇人均现有土地1.19亩，低于平均水平，土地不足问题较为严重，这在很大程度上影响了移民的生活从而影响其社会适应性。上述仅仅是给出了移民土地总体不足的一些数据，具体到移民户缺少土地的情况则是，在草庙镇土地缺少2~4亩的移民户最多，占总体的43.75%，其次是缺少0~2亩的移民户，占总体的1/4。在大桥镇土地缺少8亩以上的移民户最多，比例超过30%；其次是2~4亩的移民户，占总体的22.73%。因此，相比较而言，草庙镇情况稍微好些。但是在土地高度紧张的情况下，即使只拨出50多亩土地也不是一件容易的事。土地数量不足成为许多移民主要遗留问题，而直接影响到移民的社会适应性。

造成移民土地数量不足的原因主要有以下三方面。一是客观上移民搬迁之前，土地二轮承包已经结束，大部分土地已被农民承包，并以合同的形式正式确定下来；乡镇、村组预留的土地不多，不可能拿出很多的土地分给外迁移民。二是主观上当地乡镇领导干部对移民的土地需求估计不足，认为种田的经济效益低下，移民又不适应当地的农田生产方式，对土地的兴趣和需求不大，因而对接时所安排的土地不足。第三，移民安置过程中，出现了一些"黑人口"（主要由于超生原因而没有户口的人群），这些"黑人口"不在搬迁指标之内，他们的到来加重了安置地的负担，增加了对土

①　马德峰：《影响三峡外迁农村移民社区适应性的客观因素——来自江苏省大丰市首批三峡移民的调查》，载《管理世界》2002年第10期。

地等资源的需求。另外，还有部分年少移民成人后结婚生子而地方无法满足其人口增量的土地要求等。

总之，由于移民后所在地土地相对不足，尤其是可提供给移民的较好的土地资源十分有限等原因，直接影响到部分移民的生产与生活，并由此影响其社会适应性。

（三）　生产和生活工具

由于移民后的生产与生活方式发生了较大变化，而移民前所持有的生产与生活工具完全不能够适应变化后的移民生产与生活，因此其生产与生活工具成为影响移民社会适应性的又一重要物质因素。

首先，从生产工具来讲，它是人们在生产过程中用来直接对劳动对象进行加工的物件，亦称劳动工具，在劳动者和劳动对象之间起着传导劳动的作用。移民在迁移过程中，经历了资源和环境的巨大变化，这种变化直接导致移民原有的生产工具不能适用于迁入地生产活动，而在一定程度会上给其发展经济和适应当地的生活带来困难而影响他们的社会适应性。

研究发现，三峡工程移民到达安置点以后，在生产方面发生了变化。其一，突出反映在生产经营品种的变化所引起的生产方式及生产工具的改变方面。移民原居住地由于地形条件的限制，种植结构一般相对简单，主要是种植农作物为主，如小麦、玉米、红薯等，搬迁到安置区后由于区域变化导致种植结构发生相当大的变化，由原来的较为单一的农作物种植变为较为复杂的立体种植模式。由于移民后生产经营方式的多元化，直接导致移民生产方式及生产工具的改变，由此造成移民经营生产技术和生产经验的缺乏，致使移民无法适应其生产，移民原有的生产能力，无法适应其移民后多数移民点所需生产技术，而且移民很难在短时期内熟练掌握这些生产技术。例如某移民安置点曾经出现了当旱情发生时，当地居民未受损而大多数移民损失较大的情况，严重影响了移民在当地的社会适应性。其二，经营模式的变化也让不少移民觉得不适应。三峡工程移民外迁基本属于山区搬到平原地段，在原有经营模式中，由于居住、交通、通信等条件的限制，他们基本上是单门独户的经营模式，俗称单干，具有一定的灵活性，但竞争性很差。但平原地区更多的是机械化耕作，集约化经营，基地化生产，对于这些新的经营模式，一些头脑灵活的移民适应很快，迅速勤劳致富，而部分移民则非常不适应，一直处于贫困状态。此外，部分移民自身所拥有各种手工加工技能、文化智力开发技能、商业贸易技能等生产技能则在新的环境中由于缺乏信息和市场，这些能力变得无用武之地，也影响了移民的安稳致富。

其次，从生活工具来讲，它是维持人们日常生活正常进行的重要物质手段。与生活用具紧密联系的则包括生活方式和生活习惯的适应。移民在安排好住宅以后，能否快速学会使用迁入地的生活用具、形成新的生活方式也是影响其社会适应性的重要因素。由于多数移民的外迁是从山区迁到平原地区，出现生活用具和生活方式的不适应。同时，多数移民在迁出地的燃料来源为就地取材，以杂木为做饭或取暖的燃料，少有用煤或者燃气为燃料。迁入安居地以后，尽管燃气灶清洁便利，但对一部分年纪大的老人而言，不仅不方便，而且这对他们而言是一笔不小的支出，导致他们生活适应出现困难。

例如有的研究发现，部分三峡工程移民在到达迁入地后出现"收入农村型，消费城市化"而导致的移民适应不良现象。该个案中三峡移民搬迁采用了集中并列式的"移民楼"的居住形式，在社会组织方面，实现了由小农式的乡村社区向现代城镇和村镇社区的转变。社区形态的转变，不可避免地导致了生活方式的改变。从现实来看，移民入住后，生活方式城市化了，饮水、烧煤、用电都要花钱，仅仅依靠现有的收入难以维持生计①。

（四）经济收入水平

一定的经济收入是人们生活乃至发展的最强有力的物质支撑

---

① 叶嘉国、雷洪：《三峡移民对经济发展的适应性——对三峡库区移民的调查》，载《中国人口科学》2000年第6期。

手段，而移民的经济收入水平将直接影响其移民的社会适应。虽然与迁出地相比，迁入地一般属于经济比较发达的地区，但对移民来说，由于劳动方式的改变，生产技能的欠缺，不熟悉的环境，社会关系的缺乏，均有可能在一定时期内致使部分移民家庭的经济收入有程度不同的下降，这无疑成为阻碍移民适应迁入地生活的关键因素。一般而言，移民在迁入安置点以后，会面临一个暂时性的收入不稳定或收入减少的阶段。这种情况具体反映在如下方面：

一是部分移民迁移后开始务工经商，但由于自身人口素质低下，难以适应非农化和城镇化的要求，他们从事二、三产业风险大，难免会因经营不善的问题造成亏损；二是部分移民经营方式单一，种植业结构单一化，致使其收入减少。例如部分务农者由种植水果转向种植粮食作物，因为劳动技能、经验缺乏，受自然灾害影响的风险大大增加；三是部分移民由于农业经营方式中比较收益和规模经济的问题而使收入减少；四是部分移民副业资源减少和丧失，其副业收入近于空白而致使收入减少；五是部分地方出现移民收入农村型，消费城市化现象。现实来看，这种转变是不平衡的，出现了收入农村型、消费城市化的现象。

由此我们可以看出，因为种种原因使三峡移民在一段时期内出现收入不稳或实际收入有所下降，同时其生活成本提高、生活负担加重等情况，均会在一定时期内影响其移民的社会适应性，且研究发现，相比之下，移民收入的不稳定性比收入的减少对其经济发展适应性的负面影响更大一些①。因此如何采取切实有效的措施，避免因为搬迁导致的移民收入的不稳或下降，帮助三峡移民增加收入，提高他们适应新环境的能力，努力达到当地居民的平均生活水平，确实应该引起地方政府的关注。

---

① 叶嘉国、雷洪：《三峡移民对经济发展的适应性——对三峡库区移民的调查》，载《中国人口科学》2000年第6期。

第二节　社会文化因素

（一）社会习俗

社会习俗亦称"社会风俗习惯"，是由人们自发形成，并为社会大多数人经常重复的一种行为方式。社会习俗对人们行为的控制是非强制性的，是潜移默化的，是特定社会的产物，是特定的社会文化区域内，人们会共同遵守一套类似的行为模式或规范。所谓"百里不同风，千里不同俗"，正反映出风俗文化因地而异的特点。社会习俗包括人类的婚丧嫁娶的交往模式、服饰着装、饮食习惯、人际交往模式等日常生活多个方面。

调查发现，不少移民在关系的建立过程中也比较主动积极：遇到当地居民家里有红白喜事，大多数移民会入乡随俗，主动去"上情"（送礼）；还有一些移民通过"认干亲"的方式，与当地居民建立一种拟亲属关系，试图以此建立和扩展与当地社会的联系。但是不可否认，在早期搬迁的移民与当地居民的关系中，当地居民拥有更多的地位优势，移民作为弱势群体，更多的时候是被动的，是接受帮助的对象。尽管在我们调查的地区本地居民对移民大多比较热情，主动向移民传授一些生产技术，提供日常生活援助，为移民渡过搬迁初期的困难提供了极大的帮助。但是也有少数当地居民"欺生"，歧视移民，在一些言行上对移民造成很大刺激，其负面影响也不可低估。因此，对三峡工程移民，特别是外迁的移民而言，到达迁入地以后，能否被当地的社会文化习俗接纳、他们是否愿意主动融入当地的社会交往网络都会影响其社会适应性①。

研究表明，以分散方式外迁的移民中认为两地风俗差异很大或有一些差异的比例要高于集中外迁的移民，通过对迁移方式、风俗习惯差异的感受之间的方差分析，迁移方式的差异能解释风俗差异

---

① 郝玉章、风笑天：《三峡外迁移民的社会适应性及其影响因素研究——对江苏 227 户移民的调查》，载《市场与人口分析》2005 年第 11 期。

感受 19.6% 的误差。集中迁移的移民邻里大多是以前同一社区的居民，这样为继续保持原有的风俗习惯提供了一个社会环境，从而可使原有社区文化环境免于彻底消失，为移民渐渐融入新的社会文化环境提供了一个缓冲的空间。分散外迁的移民则必须直接去面对一个陌生的、全新的文化环境，对差异的感受自然较前者强烈。同时，对安置区风俗习惯现实的适应状况也证实，集中外迁的移民对新社区风俗习惯的适应程度要高于分散外迁的移民，可见迁移方式是影响适应性程度的一个重要相关因素，集中外迁有助于提高移民风俗习惯方面的适应性，而其他如年龄、文化程度、婚姻状况等因素与风俗习惯适应性的关联则非常弱①。

关于饮食习惯等方面对移民适应性的研究②则表明，虽然大多数移民认为迁出地和迁入地饮食习惯的差异较大，但由于吃饭问题基本上在自己家里解决，原来是什么口味，现在仍然可以继续得到满足，变化不大，因此觉得比较习惯。只不过偶尔在外面（餐馆或是当地人家里）就餐会有些不习惯。但在有些迁入地，饮食习惯的差异导致的适应性问题也比较明显，例如重庆移民迁移到江苏如东③的移民反映迁入地的菜以甜、淡口味为主，海鲜太腥而不能闻其味，出现"水土不服"现象，部分移民声称无法找到做麻辣川菜的原材料，冬季无法熏肉等问题。在与当地居民交往的过程中觉得如东米太粘、水太咸而影响双方的交往。而迁移到北方农村的一些移民，特别是年纪较大的移民则反映不习惯吃面食，还是更希望能吃到大米。

风俗习惯的适应性也具有类似的特点：如果只是在家里，则仍然沿用原习俗，而与当地人交往时，就会有些不适应。具体体现在

---

① 游爱军、苏莹荣：《三峡移民社区整合与社会适应性研究》，载《统计与决策》2000 年第 12 期。

② 郝玉章、风笑天：《三峡外迁移民的社会适应性及其影响因素研究——对江苏 227 户移民的调查》，载《市场与人口分析》2005 年第 11 卷第 6 期。

③ 吴垠：《关于三峡工程跨省外迁移民的社会适应性研究》，载《人民长江》2008 年第 39 期。

着装和民风等方面。例如某年轻的女移民①反映，广东人特别保守，对移民有偏见，有一次她穿了一件吊带裙上街，当地人以为她是从事"三陪"服务的。三峡地区历来个性朴实，民风彪悍，妇女则大胆泼辣，而在珠江三角洲的农村，民风朴实无华，不讲究穿着打扮，因此这种双方的误解也会在一定程度上影响移民的社会适应性。

需要指出的是，移民在习俗方面往往会有所坚持，同时也会有所改变。例如《新闻周刊》的记者在广东某移民村发现，有巫山迁来的移民许多习俗还依照老家的规矩在做。尤其是建房、结婚、嫁女儿这些大事，都会特意"挑日子"，村民会打电话回巫山老家，请专门的风水先生择吉日。每年的农历七月半"鬼节"，村民都会像在老家一样，早早地买回纸钱，在门前沙地上，用树枝画几个圈，摆上写着老人名字的纸钱，旁边还倒上一杯酒，面朝北方——老家的方向，作揖，有的还会跪地磕头，口里默念过世老人的名字："爷爷，孙儿给你烧钱了，来领哈。""经济不宽裕，给你烧的就这么多了，希望老人们谅解。"端午、中秋、春节，开饭前，会有这样一个简短的仪式：摆好碗筷，嘴中轻声默念，对过世的三代亲人说："今天过节，来这里吃饭。"这在整个移民村是相同的习俗。不过，还有一些移民认为惠州离巫山路途遥远，在惠州烧纸钱过世的老人们收不到，每年清明，还会专门打电话回家，叫亲人代自己扫墓，上香烧纸。

说到丧葬习俗，不仅是对过世的人关注，而那些上了年纪的移民也在关注，为自己死后葬在哪里犯愁。《新闻周刊》的记者对惠州的三峡移民调查在一定程度上反映了这一状况。

"故土难离，落叶归根，对巫山移民来说，死也要死在巫山老家。"三峡移民张家成说，惠州是下一辈的根，父母的尸骨在重庆，我们的根还是在巫山的山坡上。但骨灰送回老家也不是长久之计。三峡移民王诗端说，有钱的人，出得起运费，能送回去，那出

---

① 程瑜：《广东三峡移民适应性的人类学研究》，载《中南民族大学学报》（人文社会科学版）2003年第23期。

不起运费的呢? 2008 年 9 月 15 日, 良井移民村 63 岁的杨锡禄病死在医院, 火化后骨灰一直停放在殡仪馆, 主要原因是没有安葬的地方。

从上述描述来看, 三峡移民对于丧葬的关注也是影响他们社会适应性的重要因素之一, 只不过在移民搬迁的初期, 关注的人会比较少。

(二) 语言交流

语言是一种重要的文化现象, 是人类最重要的交际工具, 是人们进行沟通交流的表达符号。人们借助语言保存和传递人类文明的成果, 语言同时也是民族或群体的重要文化特征之一。移民在一个陌生的地方开始新的生活, 显然离不开与当地居民的正常沟通与交流。若语言不通, 无疑会给正常的人际交流带来极大的不便。作为影响三峡移民社会适应性的社会文化因素之一, 语言的差异在远距离外迁中也表现得比较明显。相比较而言, 后靠移民和省内迁移的移民, 则不存在或较少存在语言方面的障碍①。

社会交往频率也是移民社会文化适应的又一指标。一般说来, 移民与当地居民交往越多, 他们的社会适应性就越强; 而与其他移民交往越密切, 其社会适应性就越弱。调查结果与现场了解表明: 移民通过与当地居民你来我往的交流, 移民的适应性就会逐步完善; 相反, 移民之间的相互交往虽然可以互相帮助, 也可以获得移民朋友的认可, 但不利于与当地居民的融洽, 容易形成封闭的小群体。移民中产生这种封闭心态的根源在于移民面对的是原有文化 (迁出地的文化) 和当地文化 (迁入地的文化) 之间的冲突。移民与当地居民的交往实际上是一种文化交流, 移民可以从交往中学习了解当地文化, 进而理解当地文化, 自觉地调节原有文化与当地文化的冲突。在对调查对象按年龄进行分组观察中发现, 移民子女的社会适应性远高出其父辈, 主要原因是由于移民子女的就学与就业

---

① 郝玉章、风笑天: 《三峡外迁移民的社会适应性及其影响因素研究——对江苏 227 户移民的调查》, 载《市场与人口分析》 2005 年第 11 期。

与当地人一视同仁，他们也就更容易在学习和工作中融入当地社会生活。但交流的重要方式与手段是言语，由于地方方言的差异，致使外迁移民在语言交流方面出现问题。对大多数农村外迁移民而言，语言可能是一个比较难以适应的方面，尤其是刚刚迁到安置点的外迁移民，多少会遇到因为语言不通导致的麻烦，例如《中国新闻周刊》的记者在调查中发现了这样一件事情：

从巫山迁移到广东惠州的移民刚到广东的时候，他们只会说巫山的家乡话，而村里、镇里开会，都说客家话，听不懂，"开会打瞌睡，当哑巴一样"。散会后，还要村的干部上前用普通话解释。而在移民早期，更因语言障碍，陈江移民村还差点走丢一个老人。村民向家亮跟儿媳一起移民惠州那年已 74 岁，驼背，不会说普通话。到惠州后，老人闲不住，整天出门捡垃圾，一天早上出门后，几天没回家。村民们足足找了 3 天，四处散发寻人启事，没有找到。后来，向家亮蓬头垢面回了家，原来他在捡垃圾时走到一个大工厂的后面迷了路，不知移民村地址，当地人又听不懂他说的话。

尽管有调查发现，对于大多数移民而言，语言带来的交流障碍都是短期的，不适应也是暂时的，数月或半年后，基本上都能听懂当地话，也能用带有三峡地区口音的普通话与当地人进行交流了，但这种麻烦事如果解决不好的话，往往会在某些时候影响移民的社会适应性而成为移民不稳定和回流的潜在原因。

三峡移民郭丹说，头些年，她去镇里的市场买菜，肉菜贩子用粤语报价，她假装能听懂，以免被骗。她每次都刻意不说话，不管贩子说多少钱，一律递上 10 元，等找钱。她以为这样就能假装本地人。但当地人告诉记者，移民非常好辨认，他们买菜买肉总是买很多，拿回家储存着慢慢吃，但本地人每次只买一点，吃完下次再买。

时间久了，一些口齿伶俐的移民很快就学会简单的粤语。但像杨孝军这些年纪大一些的移民，对新语言不敏感，开口说粤语自己都觉得难为情。在镇上，他只要一开口，就能被人认出是移民。直到今天，由于本地人和移民之间的隔阂，双方一直很少交往。①

另外，一项研究表明，69.6%的人在与当地人交流的时候有一定的困难②，而另有调查结果显示，有48.5%的移民存在语言交流障碍。尽管同一文化内的迁移所造成的语言障碍，并不是来自两种不同的语言，只是同一种语言的不同方言的区别③，但中文的特点是尽管文字是同一的，不同的地方口音和读法却存在巨大的差异。

同时，他们要真正掌握当地语言非常困难，对于30岁以上的人来说，家乡的方言口音可能要陪伴他们终身，成为人们"识别"当地人、外来人的一个依据。研究发现，语言的适应能力明显受到年龄的影响。一般说来，移民群体中的儿童一般能在2~3月内基本掌握当地的语言，而老年人在生活3年之后，与当地人在语言沟通上还存在相当大的困难。

第三节　生活环境因素

迁入地的具体社会生活环境在很大程度上影响到三峡工程移民的社会适应性，不同迁入地的治安状况、人际关系、社会支持网络等生活环境因素从不同的侧面对三峡工程移民的社会适应性产生着不同的影响。

（一）社区状况

安全是人们生存的一项基本需求，因此移民对迁入地治安状况的关注也是自然的。一般情况下，移民到一个全新的地方，陌生的生活环境会致使他们产生某种程度的不安全感，因此，他们希望自己所生存的环境风清气正、井然有序。一般而言，如果迁入地区经

---

① 资料来源：《经济观察报》，http://club.china.com/data/thread/1011/2730/17/43/2_1.html.

② 郝玉章、风笑天：《三峡外迁移民的社会适应性及其影响因素研究——对江苏227户移民的调查》，载《市场与人口分析》2005年第11期。

③ 林秀俊、黄忠煌：《积极落实移民政策坚持安置发展并举——三峡移民在福州市生存状态及适应性调查》，载《福州党校学报》2006年第2期。

济发达，农民的素质相对较高，大多数移民都认为其治安状况良好，这无疑有助于移民对当地社区的认同，增强移民适应新环境的信心。通常情况下，移民比较关注迁入地的大的刑事案件发生率，他们通过这种认知来评估迁入地的治安状况。如果当地刑事案件较少发生，将大大提升移民的安全感。因此，解决好移民所在地的社会治安状况，将有益于移民增强其社会适应性。

　　社区的存在同时还依赖于其复杂的社区关系，它包括个人与个人、群体与群体以及个人与群体之间的各种社会关系。社区关系的形成将社区中的每一个体编织于复杂的社会关系网络中，使他们产生一种归属感和安全感。尽管社区关系最终是通过个体与个体之间的互动发生关系的，但社区关系具有某种非个人的特质，个人与个人、群体与群体的互动最终都是某种群体关系的反映。在移民迁入安置区的初期，移民与本地居民这两个群体具有较强的异质性，因而需要通过不断的交往，使彼此了解对方的群体特征，并消除陌生感，更为重要的是，在更深层次互动的基础上建立某种休戚与共的群际关系，才能减少群体之间的隔膜和冲突。人际关系可以看作社区关系的横截面，它是各类社会关系的显性关系，在社区的形成过程中，先有人与人之间的互动，然后才逐渐形成群体和社区。因此，人际关系是社区网络关系的基础，移民与所在地居民的人际关系状况将直接影响到移民的社会适应性，一般情况下，移民如果能够与当地居民建立一种融洽的人际关系，将会大大增强移民的社会适应性。因而，加强与不断改善移民与地方居民之间的人际关系显得非常必要。

　　同时，移民的社区认同将有利于促进移民的社会适应性。社区认同是反映移民对安置区心理适应的另一个重要的方面。如果移民搬迁到安置区后，在很长时间里依旧很怀念原来的地方，并且很思念原来的熟人，那说明移民在一定程度上还没有完全适应安置区的社会生活，他们的精神需求在安置区没有得到满足。理想的状态是移民感觉到"乐不思蜀"，逐渐喜欢新的居住地，不仅从物质上生活得到改善，而且精神需要也重新得到了弥补，并且逐渐优于迁移前。移民对新社区的精神认同程度反映了移民与安置区的社会融合程度，是安置区社会稳定的前提①。移民的社区认同主要包括下列指标：怀念原来地方、思念原来熟人、被当地居民接受程度。

（二）社会支持网络

在社会网络理论看来，社会支持网络是一定范围的个人之间相对稳定的社会关系，不同的社会个体依存的社会网络存在差异。社会支持网络理论认为，个体的存在需要与他人合作以及仰赖他人的协助，个体在遭遇可预期或不可预期的生活事件后，需要资源应对问题。应对资源既包括个人内在资源也包括外在的网络资源，而社会支持网络恰好是属于外在资源的一类，具体可以分为正式支持和非正式支持。也可以根据移民与支持网络互动时间的多寡、对彼此的情绪强度、亲密程度（相互交心）和相互援助的强度分成强联结和弱联结两大类。而以内涵分则可以分成工具性支持和表达性支持，还可以从主客观分成实际支持和主观感受。

对三峡移民而言，他们能通过与他人的链接构建社会整合感，在遭遇新环境的压力条件下，社会支持网络可以有效缓冲压力给他们带来的负面影响，有助于三峡移民人际关系的重建，提高其社会适应能力。社会支持网络中的人既可以提供压力应对的方式方法，也可直接参与压力的应对过程。无论是工具性的支持还是表达性的支持都具备提高移民社会适应性的能力。已有的多数研究表明，移民原有的家庭关系和社会网络完善与否、社区环境氛围友好程度、迁入地的帮扶制度执行力度都影响着移民的社会适应性。《新闻周刊》的记者在调查中也发现三峡移民感受到了地方政府、街坊邻居的支持而增强了其社会适应性。

在良井镇，42 岁的三峡移民王南秀两个女儿在当地中学读书。2008 年 9 月 15 日，王南秀患病多年的丈夫死在医院，家里穷到无钱下葬。祸不单行，2009 年 3 月，王南秀检查出子宫癌，做手术需要 8 万元。

---

① 程鹏立、李红远：《水利水电工程移民安置社会评价研究》，载《中国农村水利水电》2009 年第 4 期。

热心的三峡移民王诗端写了募捐倡议书，得到了居委会支持和各方响应，良井镇农办捐款 5000 元，民政办捐款 5000 元，良井慈善会给了 1 万元，惠阳移民办给了 2000 元，两个女儿的学校也发起捐款，最后，筹集善款 3.8 万——里面来自镇上街坊邻居民间捐助超过 5000 元。获悉患者的移民身份后，医院也给予最低收费，第一期医药费降到 4 万元。现在，王南秀已回家休养，等待第二期治疗。

因此，移民的社会支持网络是否完善，对于他们能否落地生根至关重要。我们认为：

首先，家庭或朋友关系是移民适应性最初的社会支持网络。由于移民搬迁往往导致移民原来的社区解体、移民长期形成的社会关系网络解体。而社会资本的建立又是一个长期的过程，移民搬迁可能导致移民个人的社会资本大量丧失。移民到安置区后需要很长一段时间重建其新的社会关系网络①。在这一社会支持网络的空窗期，家人的支持与互助、体谅和认同就变得非常重要，在实际的研究中我们也不断发现原有的老乡关系会变得更加密切而互相提供很多的支持，因此，同时迁移到一个地方的移民会起到类似家人或亲戚网络的支持作用。

其次，迁入地帮扶制度的执行程度与三峡外迁农村移民社区适应性关系密切。三峡外迁移民属于社会弱势群体。三峡外迁移民迁入新居住地后，必须重建新的家园，很多移民将移民补贴和自身原有的积蓄用在住房消费上，导致生产资金缺乏，生产和生活安置中的自理能力下降，有的甚至背上债务负担。加上生产方式的不适应以及从事副业的资源条件丧失，移民收入不仅来源少，而且极不稳定，但消费支出却大为增加②。

通过帮扶制度建立移民的社会支持网络可以从邻里帮扶和村组

① 程鹏立、李红远：《水利水电工程移民安置社会评价研究》，载《中国农村水利水电》2009 年第 4 期。

② 马德峰：《影响三峡外迁农村移民社区适应性的客观因素——来自江苏省大丰市首批三峡移民的调查》，载《管理世界》2002 年第 10 期。

帮扶两方面入手。邻里帮扶是迁入地帮扶制度的重要组成部分。邻里是地缘相邻并构成互动关系的初级群体。它能在小范围区域内提供合理的相互保护和相互帮助，使邻里间有安全感和信任感，在生活中互通有无，共同解决生活难题，同时能提供一套价值观与规范体系，以此教化邻里的居民和儿童。

研究证明，个人网络中大多数亲密的和有活力的关系是朋友或邻居，而不是亲属。朋友和邻居占最有活力和最亲密的网络成员的一半，它提供了所有种类的社会支持，比如情感支持、物质支持、信息支持及陪伴。各移民之间互相帮助，通过非正式的借贷、交换食物、衣着和耐用品，互相帮助耕作、建房、照看小孩等而有助于应付贫困。各户之间的网络中流动着大量的现金、物资和劳务，有可能替代政府给予的补贴。同时邻里帮扶消除了移民初来异地的紧张不安感，解决了移民在生产生活上遇到的困难，增强了移民适应新环境的信心。

迁入地帮扶制度的另外一种表现形式为村组帮扶，这种半官方的帮扶制度能迅速帮移民建立起可信任的社会支持网络。因为严格意义上讲，村组帮扶应为"村官帮扶"。因为帮扶人的身份多为村主任、村支书、村妇女主任、村民组长。例如在某移民点，每个移民户落实两名帮扶人，一名是村或组干部，另一名是种植或养殖大户，双方需要签订帮扶协议书，讲明帮扶的责任、目标要求。"村官帮扶"除了有助于移民生产劳动技术的学习，还有助于移民获取与自身密切相关的政策等信息资源，增强克服困难的信心。移民搬迁工作中把帮扶制度进一步落实、细化、拓宽，从而能有效地带动移民走出困境，发家致富，尽快适应和融入当地生活。

再次，通过社会支持网络的帮助，有利于解决移民日常生活中的问题和危机，并维持日常生活的正常运行。良好的社会支持网络有益于减缓移民的生活压力，有益于其身心健康和个人幸福。如果社会支持网络缺乏，则会导致移民个人的身心疾病，使个人日常生活的维持出现困难，同时在社会层面上，社会支持网络作为社会保障体系的有益补充有助于减轻人们对社会的不满，缓冲个人与社会的冲突，从而有利于社会的稳定。西班牙社会学家华金·阿朗戈对跨国移民的社会支持网络分析表明，移民支持网络给移民提供了各种形式的支援，如通风报信、助人钱财、代谋差事、提供住宿等，这就降低了移民的成本和风险。可以相信，社会支持网络对三峡外迁移民社区适应性具有很大作用。

一项研究①表明：经济收入的差异、当地居民的态度、政府关心状况、迁入地治安状况、住房条件的差异与三峡外迁移民的社会适应性有正相关，"与当地人交流的困难程度"则与社会适应呈负相关，即搬迁以后移民的经济收入越高、当地居民对移民的态度越热情、语言适应越好，与当地人沟通越容易、政府对移民越关心、迁入地治安状况越好、搬迁后住房条件越好，则外迁移民的社会适应性越强。从六个相关因素的比较来看，经济收入的差异影响最为显著。

地方政府对移民的关心支持应该是一种不可或缺的且又是非常重要的社会支持形式，由于三峡移民属于政府行为，加上过度宣传，不少移民对政府产生了强烈的依赖心理，一遇到问题，就希望政府能出面帮助解决，如果没有解决或解决达不到预期，就会认为是政府不关心他们，从而对政府产生抵触情绪，并因此影响到移民适应新生活的积极性。因此，对于移民来讲，无论是移民前还是移民后的相当长的一段时间内，政府都是移民的主心骨，移民的生存与发展的诸多方面需要的满足，都需要得到政府的一定的支持保障。在一项调查中的三峡移民②有60%的人认为政府对他们不够关心。移民到达安置点以后，如果迁入地政府工作不够细致、关心程度不够，很容易使移民感到失去地方政府的支持，这样不仅直接影响其社会适应性，甚至将有可能造成移民的群体性事件。

无论是哪方面的原因，地方政府都应借此机会对自己的行为进行反思，不应以移民的高期望为借口来推脱自己的责任。在搬迁早

---

① 郝玉章、风笑天：《三峡外迁移民的社会适应性及其影响因素研究——对江苏227户移民的调查》，载《市场与人口分析》2005年第11期。

② 郝玉章、风笑天：《三峡外迁移民的社会适应性及其影响因素研究——对江苏227户移民的调查》，载《市场与人口分析》2005年第11期。

期，政府的关心对移民的生存和发展尤其重要，如切实落实移民政策，牵头组织一些有针对性的职业培训，给安排移民的企业和单位提供适当的优惠措施，等等。但随着时间的推移，移民应该逐渐摆脱依赖，更多地依靠自己的力量，主动去克服困难，适应环境。

第九章 三峡移民社会适应性的心理影响因素

心理因素是影响个体社会适应性的重要因素之一，对于被动移民的三峡工程移民而言，心理因素对其社会适应性的影响主要体现在相对剥夺感、特殊公民心理、依赖心理、平均主义观念、抱团心理以及由此导致的认知偏差、情感困惑等方面。在此，我们将对这些影响三峡移民社会适应性的心理因素展开专门的探讨。

第一节 相对剥夺感

"相对剥夺"（Relative Deprivation）最早由美国学者 S. A. 斯托弗（S. A. Stouffer）提出，其后经 R. K. 默顿（R. K. Merton）的发展，成为了一种关于群体行为的理论。它是指当人们将自己的处境与某种标准或某种参照物相比较而发现自己处于劣势时所产生的受剥夺感，这种感觉会产生消极情绪，消极情绪可以表现为愤怒、怨恨或不满。简而言之，相对剥夺是一种感觉，这种感觉是一种个体认为自己有权享有，但并不拥有的反映。一般而言，相对剥夺感主要是由于个人或者群体期望合理的拥有，但发现自己不具有，而与其类似的他人/群体却拥有某种资源的状况下，产生的一种心理失衡反映，这种心理失衡反映将有可能导致其不满、怨尤甚至愤怒等，从而引发人的非理性的行为，给社会及他人造成一定的危害。三峡移民在移民过程中难以避免会产生不同程度的相对剥夺感，且这种相对剥夺感是影响他们社会适应性的非常重要的心理因素，如果不能及时消解移民的相对剥夺感，由此引发的愤怒、怨恨和不满往往直接影响到三峡移民的社会适应性，甚至有可能诱发移民不稳定事件而影响到所在地正常的社会秩序。因此，对其相对剥夺感形成的原因及其表现等问题展开研究，帮助其克服与消除其相对剥夺感所造成的不良影响具有一定的实际意义。

（一）移民产生相对剥夺感的原因

默顿认为，当个人将自己的处境与其参照群体中的人相比较并发现自己处于劣势时，就会产生相对剥夺感。由于三峡移民在搬迁前后生产、生活条件发生了巨大变化，同时三峡移民的高期望与实际情况存在一定的落差，加上移民安置过程中存在政策变化而导致的不公平现象，上述因素都可能导致移民产生强烈的相对剥夺感。

1. 移民搬迁前后生产、生活条件的巨大反差

三峡工程的移民政策经历了从就地后靠安排为主到外迁为主的变化。对于就地后靠的移民来说，由于三峡工程淹没区不少地方是沿江平坝河谷地带，淹没的多是高产良田和农业经济较为发达的地带，多数农民已过上较为富裕的生活，而后靠安置移民于贫瘠的山地，生产生活条件差，移民丧失原有的既得利益。各种不适应让移民产生心理挫败感，甚至和当地的居民比较起来显得更加贫穷而产生强烈的相对剥夺感。

在后一阶段产生的外迁移民，在安置地的选择上，一般是选择经济社会发展较好的地区，应该说，这一安排的初衷是好的，因为有利于得到移民的认可，移民工作更容易完成。但当移民到达安置点后，由于迁出地与迁入地经济发展水平的巨大差异而导致他们出现相对剥夺感。

2. 移民的高期望值与现实情况存在落差

三峡移民属于非自愿移民，他们认为自己对国家有贡献，所以国家理应给他们较好的安置条件，加上前期搬迁工作的需要，迁出地部分工作人员为了完成任务，往往会过分渲染三峡工程带来的机遇和对移民的好处，片面夸大迁入地的优惠政策和实际的生存环境，对改善移民生活承诺过多，把移民的胃口吊得很高，导致移民对搬迁寄予厚望，使部分移民产生不切实际的幻想，企盼得到更多的实惠和好处。但等他们到达安置点后才发现实际情况和宣传、想象的情况差异很大，此种情况下移民容易产生失落感，形成相对剥夺感。

3. 移民对搬迁的艰巨性考虑不足

移民搬迁对移民而言是从没有过的经历，而三峡工程移民的被动性让他们对搬迁的艰巨性缺乏考虑。因此当移民到达安置点以后，一旦出现困难，他们往往缺乏起码的思想准备，而产生不满情绪导致强烈的相对剥夺感。例如有移民反映迁出地的干部说迁入地什么都安排好了，不需要带任何东西，所以把家具都贱卖了，到了移民点才发现家里除了按政策提供的基本家具外，什么都没有①。上述现象属于典型的心理准备不足引发个体的情绪不满。心理学认为，人们有计划、有目的或可预见的行为过程之前，大多有一个心理准备的过程，即形成认知、动机、态度、计划的过程，人们已有的经验是形成心理准备状况的重要基础②。由于大多数移民对迁移及社会适应没有任何经验，加之个体素质、能力、资源欠缺及其他一些原因，使他们对搬迁及社会适应的心理准备明显不足，到达迁入地后，若面临不可避免的现象和困难时，缺乏必要的心理承受能力，造成主观能动性方面的种种自我矛盾，因此产生强烈的相对剥夺感。

4. 搬迁过程中的不公平现象

由于搬迁过程中不可避免地存在利益分配不公平，更由于存在少数人甚至部分移民工作人员利用非法手段谋取利益等现象，使其他移民产生不公平感继而引发相对剥夺感。调查表明，当移民的利益受到损害的时候，63.96%的移民选择向"当地反映"，17.2%的移民选择"上访"，选择"极端行为"的移民占到了7.47%。不少移民对利益受到损害不能克制，虽然这部分人占移民总数的比例不高，但绝对量却不小。需要注意的是，哪怕是少数人的相对剥夺感

---

① 程瑜：《广东三峡移民适应性的人类学研究》，载《中南民族大学学报》（人文社会科学版）2003年第23期。

② 郑丹丹、雷洪：《三峡移民社会适应中的主观能动性》，载《华中科技大学学报》（社会科学版）2002年第16期。

在移民群体中出现普遍化和一致化以后，集群行为往往成为发泄挫折感和敌意的最有效途径，此种状态下，不管是直接还是间接的事件，都可能成为移民不稳定事件的导火线①。他们对政府的不信任感觉和觉得自己受了欺骗会强化其相对剥夺感，导致他们在很多事情上对政府行为不配合，甚至有可能引发移民的群体事件。

（二）移民产生相对剥夺感的种类及其表现

一般而言，人们产生强烈的相对剥夺感并不是与某一绝对的或永恒的标准相比，而是与某一变量相比，因此这种剥夺感觉是相对的，这个变量既可以是其他人和其他群体，也可以是自己的过去。据此分析，三峡移民产生的相对剥夺感可以分为横向剥夺感和纵向剥夺感两类：

1. 纵向相对剥夺感及其表现

移民的纵向相对剥夺感来源于移民将自己的现状与自己的过去生活进行比较，特别是到达迁入地之后，如果移民的生活水平出现了下降，不论这种下降是暂时的还是永久的，都会对移民造成相对剥夺感。除此之外，三峡移民属于被动移民，因此部分移民会出现畸形的纵向相对剥夺感，某些移民会将一些损失夸大，哪怕根本没有损失。例如有些移民认为迁出前自己的一棵树没算补偿费；迁入地村委会和干部肯定是偏袒当地居民，对移民"欺生"但又不能说出具体的事件等，这种纵向相对剥夺如果不能及时消除，会滋生和加剧他们的失落感。

2. 横向相对剥夺感及其表现

心理学研究表明，即使个体本身的生产、生活处境已有较大的改善，但如果这种改善的程度低于其他参照群体的改善程度，个体依然会产生相对剥夺感。移民的横向相对剥夺感则是来源于通过横向参照比较而形成的一种相对剥夺感，这种相对剥夺感在三峡移民中更加普遍和强烈。因为横向比较的对象比纵向比较系更多，常见

---

① 崔广平：《三峡移民不稳定事件探究》，载《四川三峡学院学报》1999 年第 5 期。

的比较对象既有迁入地的居民，也有同一工程不同批次搬迁的移民；还有部分移民甚至对同一批次搬迁的移民之间的差异夸张到不能忍受的程度，也有个别移民还将其他水电工程的移民安置补偿纳入比较对象。其次，由于移民搬迁过程中不可避免存在利益分配不公平，更由于存在少数人甚至部分移民工作人员利用非法手段谋取利益等现象，使部分移民产生不公平感而引发横向剥夺感。最后，横向相对剥夺感同样也会滋生畸形的剥夺感。

(三) 相对剥夺感对三峡移民适应性的影响

移民的相对剥夺感可能是由移民身份认知带来的一个后果变量。在三峡工程移民工作中，部分的移民认为自己"陷入了相对剥夺地位"，相对剥夺感对三峡移民社会适应性的影响主要体现在以下几个方面：

1. 相对剥夺感影响三峡移民的心理健康和主观幸福感

相对剥夺感作为一种群体心理，是一个群体相对于另外一个群体而产生的一种主观感受，长时间的相对剥夺感会导致人们心理上的不平衡和严重的失落感。因此，相对剥夺感可能导致三峡移民的人格异化、主体价值观迷失以及非道德化行为的出现，使其生活幸福感普遍降低，从而影响他们的社会适应性。

2. 相对剥夺感导致三峡移民形成依赖行为

三峡移民在资源获取和支配、收入差距和社会地位的不同会导致不同的满意度，较低的满意度是产生相对剥夺感的重要变量。由于三峡移民在资源获取和支配、收入差距及地位方面处于弱势地位，在移民群体中容易滋生一种无助感，这种无助感如果变成弥漫性的群体氛围，就会在三峡移民中出现群体性的依赖行为，他们更愿意通过非制度化的途径获得某种平衡来降低这种相对剥夺感。最后这种群体性的依赖行为有可能成为安置地巨大的社会负担。

3. 强烈的相对剥夺感可能引发三峡移民的群体性事件

相对剥夺感会影响个人或群体的态度和行为，并可造成多种后果，其中包括压抑、自卑，引起集体的暴力行动，甚至革命。同时，社会由不同的群体构成，而群体又由个体组成。当个体存在强烈的相对剥夺感，有可能引发不同群体之间的平衡。对三峡工程移民而言，这种差异既有移民与迁入地居民的差异，也有移民和移民之间的差异。在考虑移民与迁入地居民之间经济发展水平差异的时候，尤其要考虑好这种平衡。如果移民经济水平、生活条件低于迁入地居民，会导致移民产生相对剥夺感；但是反过来，如果移民的生活水平高于当地居民，有可能引发当地居民产生相对剥夺感。无论哪个群体产生相对剥夺感，都不利于移民融入当地生活，对于迁入地的长治久安都是一个不利因素。

作为一种负面的心理性体验，相对剥夺感往往决定着个人以后的行为，如果这种负面的心理感觉无法得以有效消除而逐渐积累，则很容易外化为违法行为，甚至发展为群体性事件。因此，政府要提升三峡移民的主观满意度，逐步降低直至消除其相对剥夺感。

第二节　特殊公民思想

社会心理学认为，社会角色是人们的某种社会地位身份相一致的一套权利、义务、规范与行为模式。它是人们对具有特定身份的人的行为期望，是构成社会群体组织的基础。从纯理论的角度看，三峡移民不存在角色转换的问题，因为从职业、身份、地位来看，他们都属于居民或农民，在安置前后，其社会角色并没有显著的变化。但是，在实际生活中，由于种种原因，不管是从社会对他们的认知上还是从其自我认知上，都赋予了他们一个特定的身份，以至于多数三峡移民怀有一种"移民情结"。特殊公民思想则是这种移民情结的一个典型体现。

（一）移民产生特殊公民思想的原因

1. 前期的宣传工作给移民造成过重的移民情结

特殊公民思想从本质上看是一种社会角色的认同，这种社会角色的认同很大程度上来源于前期的宣传工作。

一般说来，"移民情结"的形成有其强烈的社会色彩。"移民情结"的形成，一是来源于社会对他们的认知，二是来源于他们自己对自我角色的定位。根据社会学家库利的"镜中我"理论，一个人的自我角色认知是通过他人对自己的行为反应形成的，社会就像一面镜子，社会如何看"我"、"我"在社会中的"形象"往往是个体自我认知的重要依据。所以，移民对自己的认知以及"移民情结"的形成也与社会对他们的态度有关。前期的宣传报道赋予了三峡移民一个特殊身份，把三峡移民的行为上升到"舍小家，为大家"。此种特殊身份导致他们具有道德上的心理优势而形成过重的移民情结。

2. 后期的移民安置过程中政府包揽一切

调查发现，由于三峡移民迁移后在交通、用水、用电、住房、分配土地和解决就学方面，政府起了决定性作用。所以，很多移民误认为政府可以包揽他们的全部需要，发展经济也是政府应当做的事情，并不是自己需要优先考虑或必须考虑的，因而降低了自己发展经济的主观能动性。特别需要指出的是，政府在给予移民的帮助中，生活性的帮助多，生产性的帮助不足，以致许多移民在无意识中将发展经济、发展生产的问题推给了政府。

3. 迁入地政府和居民对移民特殊公民身份的认可

在搬迁安置的过程中，各级政府为了"搬得出"和"稳得住"，往往出台一系列有利于移民搬迁安置的特殊政策。这种做法合情合理，本无可厚非。但是，正是这种"特殊"使得部分三峡移民认为他们的身份特殊，既然"移民"身份得到政府的认可，那么移民在自我认知的时候就会自觉不自觉地拿来做定位的依据。迁入地的其他人（非移民）看到移民享有这样的特殊，也认为移民与自己的身份不一样，这种认知传导到移民那里，使得移民加深了对自我特殊公民身份的认知和定位。

同时，在一些移民安置区的居民对移民的歧视与排挤也会在一定程度上强化移民的特殊公民身份。在许多外迁移民安置区，移民往往由于种种原因遭到歧视，当地居民往往不与移民交往，不与移民通婚，甚至就学、交通、饮水都排挤移民。正是这种歧视的社会现实加强了移民对其自身身份的认知，在某种程度上，可以说正是这种歧视逼迫移民不放弃这种特殊公民的角色认知，因为作为移民，他们还有可能得到国家的特殊照顾和保护，失去了这种身份就将失去利益和安全。总之，正是政府和社会这面"镜子"使移民看到了错位的"自我"，他们把自己定位到了"移民"这个特殊的社会角色上，在社会生活中又依靠这种特殊公民身份来获得利益和保护。

（二）移民产生特殊公民思想的表现

1. 部分移民自我维权意识强烈，但履行义务意识淡薄

调查发现，少数移民由于抱着特殊公民心态，常常扛着"移民"的牌子要这要那，提出超出移民优惠政策以外的要求；个别移民自我维权意识强烈，但履行义务意识淡薄。

2. 部分移民违法经营乃至违法犯罪

有部分移民仗着自己是移民在当地违法经营，甚至违法犯罪，但他们并不认为自己的行为有什么不妥，反而认为他们是被国家迁移之后逼迫而为。他们通常说的一句话就是"我是移民，我要生活"。一旦移民把自己的角色定位定在"移民"之上，而不能及时完成角色转换，其行为就会超出社会规范的许可，整个移民社会就容易失控。所以，转换移民的角色定位，消除他们的"移民情结"十分必要。

（三）特殊公民思想对移民社会适应性的影响

1. 特殊公民思想影响移民难以融入迁入地的生活

部分移民迟迟不肯放弃三峡移民这一社会角色，难以融入当地生活。根据经济观察报的一个个案调查，发现安置到广东三水的一些三峡移民经历了 10 年以上的异地生活，依然难以融入当地的生活，这些移民最后只好将自己的希望寄托在自己的第二代上：

从巫山到三水移民十年

8 月 15 日，佛山三水新岗村。村民把积累了好几年的村财 1 万多元全部用完。本村大厨光膀子上阵，做出 20 圆桌的

217

肉、鱼、虾、鸡、甚至还有一道甲鱼汤。他们在纪念移民的十年。2001 年 8 月 15 日，为了配合三峡大坝的建设，他们——一共 1202 人，从重庆巫山迁居佛山三水，在这里的 10 个移民点安顿下来。一晃十年，三峡移民们的重辣口味发生了最明显的变化，他们已经不习惯在菜里放太多辣椒，有些小孩甚至不敢吃辣。所以，在当天的宴席上，有重庆的麻辣口味，也有清淡的粤式炒菜。

但要融入当地生活，不像改变口味那么简单。三水区移民办主任陈汉忠告诉记者，到目前为止，三峡移民只是"基本融入"了当地社会，距离真正的融入还相差太远。移民邹厚斌也告诉记者，这一代移民的使命是"牺牲"，为下一代人的发展做铺垫。事实上，不少移民和邹厚斌的观点类似，对本代人融入当地社会并不抱很大的希望。邹厚斌告诉记者，移民之所以无法融入当地社会，很重要的因素是自身心态有问题，"没有真正面对现实。移民要和当地人真正平等，是不可能的"。"别指望太多的政府扶持。"邹厚斌认为，移民必须通过这一代人的努力，让后代跳出移民村，"我们要给下一代建立社会平台，让他们有一个社会网。"①

2. 特殊公民思想导致部分移民回流后在迁出地引发社会问题

三峡移民这一社会角色是暂时而非永久的，当移民变得不再关注自己的这一社会角色、不再有特殊公民思想时，也就是他们真正融入当地、落地生根的时候。从这一角度而言，在移民的后期，媒体舆论或是研究者、地方政府适当降低对其关注度也能从一定程度上能弱化其特殊公民思想。如果移民特殊公民思想不能尽快消除的话，会给移民造成两头无根的生活，严重的会导致部分移民回流，在迁出地和迁入地都有可能引发社会问题：

---

① 资料来源：http：//club. china. com/data/thread/1011/2730/17/43/2_1. html.

218

十年之后，政府依然视移民为"敏感问题"

经济观察报记者获悉，由于各地移民都将陆续迎来十周年，因此上级部门向各级政府及移民办下发通知，要求注意移民动态。针对此次三水移民十周年，当地政府人士向记者表示，政府对聚餐的态度是"不主张，不反对"。但在乐平镇，一名移民村村主任告诉记者，该镇4个移民村向镇民政部门申请组织聚餐，均遭到反对。在其他村得以举行的聚餐上，当地镇司法所、派出所都派人参加。相关人士告诉记者，其实他们是在监督，以防移民喝多了"出事"，又酿成"敏感事件"。

杨孝军是三水1202名移民中的一员，也是新岗村村主任。过去几年，他带领村里移民持续与政府博弈。纪念宴席上，他拿着啤酒逐桌敬酒，动情地说："以后的日子一定要幸福。"但如何才能幸福，以及怎样让村民尽早撕去移民标签，他心里没底。融入是个漫长过程，过去的十年才刚开始，杨孝军以及所有移民，还要再经过数个漫长的十年才能真正成为当地人。

杨孝军高高瘦瘦、精力充沛。十年前，他26岁，大专毕业后在重庆巫山县一家国营火电厂工作。当初杨孝军可以不迁移这么远，而选择就地投靠。决定远移的原因很简单——希望到外面的世界闯荡，而广东应该有更多的创富机会。最后他说服了妻子。但没过多久，他就发现自己当初太冲动，妻子也后悔听信他的鼓动。一些移民在头两年反悔，伴随而来的是回迁的高潮。杨孝军和多数人一样，想回迁，但回不去。杨孝军在移民后只回过一趟巫山。在老家，房子已经被淹没，亲友们也大多移民别处，原来在那儿的社会关系都已被"连根拔起"。在三水他是无根的，回巫山也同样无根。但在移民村，他好歹还有人均20平方米的安置房。

杨孝军也觉得，少数人把移民的形象搞砸了。一些移民稍有不满，就集体找政府闹事，给人留下蛮不讲理的印象。有些移民过惯了巫山的懒散生活，进厂打工后还总是迟到早退，后来，一些工厂一听说是移民就不要。

　　杨孝军也非常重视儿子的教育，他把孩子送到三水最好的初中，一年学费就要 1.5 万元，另外还要支付一学期 3880 元服装费、住宿费；每月 300 元到 450 元的伙食费。再减去各种家庭开支，家庭收入一年剩不到 1 万。但这些花费，杨孝军认为值得。"如果有一天，我们的孩子和本地人说着同样的话，有同样的习惯，人们不再觉得他是移民，大家都是三水人，这才是真的融合了。"一名移民说。村里的老头称移民村是"特别行政区"，除了进厂打工外，移民几乎只在村内活动，说重庆方言，吃重庆菜，和外界沟通不多，通婚更罕见。①

　　以上虽是个案，但却有一定的代表性，由此在一定程度上表明，由于各种原因所造成的移民特殊公民身份，直接影响其移民的社会适应性，只有当移民最终完成其"去移民化"，彻底剥离其移民身份，才能最终融入当地的社会生活中去。

第三节　特殊依赖心理

（一）移民产生特殊依赖心理的原因

1. 政府的宣传导致部分移民依赖心理严重

　　在搬迁动员工作中，组织方在强调移民要信任政府的同时，对发扬自力更生的精神建设家园的必要性倡导得不够。导致部分三峡移民依赖性思想较重，有的甚至存在严重的等、靠、要的心理。有相当一部分移民认为，既然他们对国家建设作出了重大牺牲，国家就应该管他们的衣食住行。在一些地方，移民遇到什么困难都来找移民办公室解决②，认为政府应该一管到底。此外，移民自身在思想上的过分依赖，也导致了他们在行为上的消极等待、懈怠的倾

---

①　资料来源：http：//club. china. com/data/thread/1011/2730/17/43/2_1. html.

②　陆煜：《利益协调与角色转换——水库移民的社会学思考之一》，中国水利学会 2005 学术年会，2005 年。

向。由于政府的宣传和角色主体缺乏主观能动性的双重作用，使移民不能自觉地认清现实条件，不能以主动、积极的姿态去面对和克服困难，形成严重的依赖思想。

调查①发现，不少三峡移民处于明显的依赖、懈怠状态。例如一些三峡移民反映说："动员搬迁时干部叫我们相信政府，现在我们遇到了这么多的困难，当然要靠政府来解决。我们没有别的办法，就只有依靠政府。不依靠政府，靠谁哩？我们是老百姓，能有什么办法呢？"部分移民认为自己田地的肥力不够，但他们只想到要政府多发补偿金去买肥料，而不愿意自己动手囤积造肥，调查中看到，相当多的移民家里都堆有稻草之类的农作物秸秆，房前屋后也有大量的树叶之类的垃圾，这些东西都是制造土肥料的好原料，而移民却以土肥料不如化肥好用为由不愿意囤积。

2. 少数地方政府的安置条件落实不足

因为种种原因，一些安置点地方政府在移民的土地落实、房屋建设方面工作落实不到位，给三峡移民留下了特殊依赖思想的口实，让三峡移民认为政府应该为自己的贫困负责。例如经济观察报记者调查中发现了这样一个个案：

　　　　三峡移民张科权坐在自己的杂货店前，叼着香烟等生意，牙齿被熏得黄黑。杂货店楼上，他经营了一个小网吧。张科权告诉记者，他2005年左右想筹资养羊，但无论如何争取，都弄不到贷款。

　　　　事实上，移民村房屋的产权不完整，不能用来抵押贷款，没有一家银行敢在移民违约后没收移民的房子。政府更担心，移民如果把房子都赔了，也会带来敏感的社会问题。三水移民办关注到了这个问题，多次向广东省移民办上交报告反映，并提出解决方案。但报告递交上去，从未有过回音②。

---

① 资料来源：http：//club. china. com/data/thread/1011/2730/17/43/2_1. html.

② 资料来源：http：//club. china. com/data/thread/1011/2730/17/43/2_1. html.

3. 移民的知识和技能贫乏

三峡移民自身的素质、知识、经验、能力缺乏导致部分三峡移民产生了"等靠要"的依赖思想。在一项针对三峡移民的调查①中，调查对象中一半以上只有小学及以下文化程度，初中以上者不到 10%。他们原本是农民，除了种植柑柚，没有其他技能。例如：一些移民承认：我们没有文化，没有什么技术上的特长，我们能够怎么办呢？有的移民说"我们连药瓶子上的说明书都看不懂，还怎么讲什么科学种田啊……"。又如，很多移民牢骚满腹、对现状不满，希望国家能够提供贷款帮助他们脱贫，但是一旦询问他们的具体打算，他们却大多不知所措。有的移民说要先安置好老人、孩子，自己出去打工。可问及他们准备到哪里去打工，依靠什么去打工，有什么特长，打工是否像想象中的那样能挣钱，当问及打工挣不到钱又贷了款，怎么办？他们则回答说不知如何是好。也有的移民说自己种地不行，搞养殖业可以发家致富，但问及准备养殖什么东西，知道养殖需要什么技术，有没有这种技术，没有的话学习起来是否会有困难，是否了解这种产业的目前市场行情，靠什么打开市场销售渠道，他们则说这还没有详细考虑。较多移民说自己整天没事干，没有经济收入来源，想增加家庭收入，但对靠什么、怎么样才能增加经济收入却并不知道。

（二）移民依赖心理的形成过程分析

移民依赖思想的形成来源于工程因素、制度因素、社会和文化因素，这些因素的混合作用导致三峡移民形成期望与迷茫的心态，在与各级地方政府反复博弈的过程中获得很多好处而不断强化其依赖心理，各种攀比也会加强其依赖心理。当移民出现失落和恋土的心理以后，他们的非自愿性移民角色不断被提及，也对其依赖心理产生了推波助澜的作用。

在移民动迁时期、搬迁安置及其之后，移民始终存在依赖政府的心理情结。在移民动迁时期，调查发现，由于是非自愿移民，所

---

① 资料来源：http：//club. china. com/data/thread/1011/2730/17/43/2_1. html.

以相当部分的移民都认为自己未来的生活与就业问题应该由国家完全包办，从而显示出移民对政府的依赖性。遭受了财产损失而迁移他乡，是属于被迫的、不情愿的搬迁，因此有相当部分移民认为以后的生活与就业问题应当完全由国家安排，从而产生了"等靠要"的思想。还有部分移民因搬迁后的生活、生产状况没有达到预期目标，心理需求没有得到满足，对今后的发展失去了信心，也产生了"等靠要"的依赖思想。而"等靠要"思想实际上是移民再社会化不足的一种反映。实际上，移民的"等靠要"这种依赖思想的产生是一个多因素复杂的过程，其形成路径见图9-1。

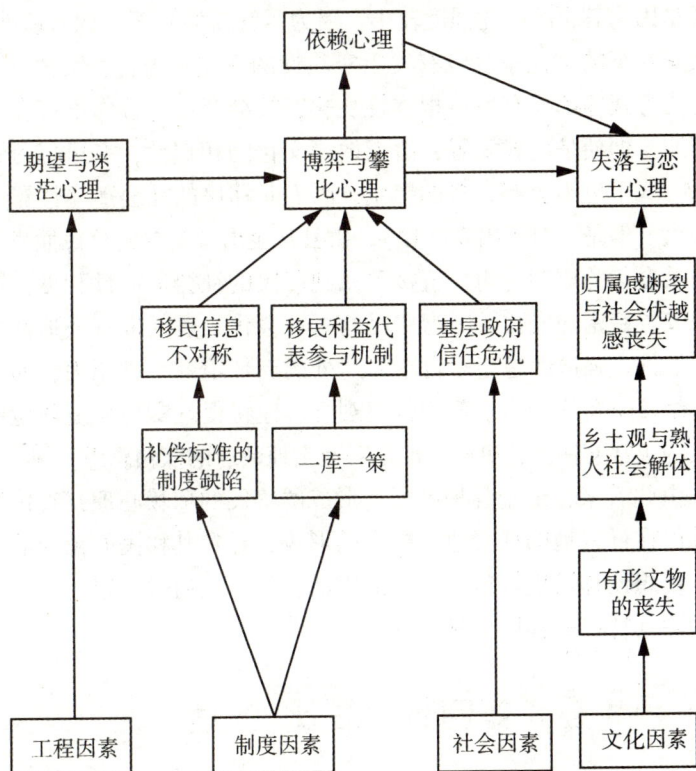

图 9-1　移民社会心理嬗变的影响模式①

————————

① 巩毅梅：《非自愿移民社会心理的嬗变及其影响因素研究》，四川大学博士论文，2007 年。

（三）依赖心理对移民社会适应性的影响

移民的依赖思想容易导致移民的再社会化不足而影响其社会适应性。再社会化是一种特殊的社会化过程，指个体从原有的生活方式向另一种新的生活方式转变，适应新的社会环境及实现文化内化的过程。在这个过程中，个体必须改变甚至放弃原有的价值标准，确立新的价值标准和行为规范，以便融入新的社会当中，而让三峡移民实现再社会化是克服其"等靠要"依赖思想的重要手段。

一般说来，就近后靠安置或整建制搬迁的移民依赖思想要弱些，主要是因为其再社会化强度较小，因为尽管新的社区结构有所改变，但大家共享的文化系统没有发生实质性的变化，语言、宗教、习俗和行为方式等都没有发生根本性变化，社会交往与合作不存在介质性障碍。即便是出村安置，由于地缘文化的相似性，在风俗习惯和行为方式上也不会有太多的差别，因而对移民的社会适应性影响不会很大。但是，对于出乡（镇）、出县甚至出省安置的移民而言，移民再社会化的成功与否，直接关系到移民的社会适应性程度，影响移民安置稳定的成败。因为移民的再社会化一般既带有强迫性又具有自愿性。强迫性是指来自个体所处的新环境的一种压力，如果移民拒绝接受新的行为规范和价值观念，他将很难实现与新环境群体成员的正常交往，就更容易产生对迁出地政府的依赖思想。

由此看来，由于各种原因所形成的移民的依赖心理，直接妨碍了移民在迁入地的社会适应能力的形成，导致其移民的社会适应困难，要想使移民更好地适应新的生活，就应该通过一定的方式，逐步消除其特殊的移民依赖心理。

第四节 攀 比 心 理

（一）移民产生攀比心理的原因

1. 社会历史原因

平均主义思想是对人类社会产生重要影响的一种意识形态，这一思想在中国，特别是农民群体中非常有影响力，反映在移民搬迁过程中，就形成了系列的攀比心理，从而影响三峡工程移民的社会适应性。

2. 移民搬迁安置方式、安置地点的差异

由于三峡工程移民搬迁是持续很长时间的一项工作，因此在动迁、搬迁和安置阶段，不同地域的主管部门或同一地域的不同主管单位在进行移民搬迁工作时，采用了不同的工作方式。这就给移民留下了横向攀比的空间和可能，这种攀比甚至到了定居点还存在而影响其社会适应性。

3. 人类追求相对公平的本性使然

从社会心理学的角度而言，人类的交互行为都是建立在公平交换的基础之上，尤其是亚当斯的公平理论很好地说明了人类不断追求相对公平的本性。三峡移民都认为自己在工程建设中作出了巨大的牺牲，都是为了公共利益，所以他们认为自己应该获得相对公平的社会回报和制度补偿。

（二）移民攀比心理的表现

三峡移民的攀比思想和相对剥夺感的形成一样，表现为纵向攀比和横向攀比两个维度。

1. 纵向维度的攀比

在纵向维度的攀比上，他们首先比较的是同其相似的非自愿移民的补偿标准以及他们搬迁的满意度评价，并据此作为与其他非自愿移民攀比的心理底线。而等到移民安置完成之后，纵向攀比的心理[1]又再度出现。这时就表现为对自身移民前后的对比，并在此基础上从历史纵向的角度分析或攀比自身在移民过程中是否获得了相对公平的社会回报与制度补偿。

2. 横向维度的攀比

攀比心理的横向比较集中体现在以下两个层面。一是身边移民

---

[1] 陆煜：《利益协调与角色转换——水库移民的社会学思考之一》，中国水利学会 2005 学术年会，2005 年。

的安置方式以及补偿水平。譬如邻居们安置地的选择，补偿金额的差异情况等与经济因素相关的细节，移民一般会进行某种程度的归因。尽管这种归因可能并不符合现实状况，但是他们还是会乐此不疲的将这种攀比心理指导下的横向比较进行下去。二是政府移民搬迁的工作。移民到达安置点之后，新房屋的位置和朝向、农田的位置、土地的肥沃和贫瘠承度、交通的便利与否都可能成为他们比较的重点，而原先在同一个村，搬迁到不同的地区的移民之间的巨大差异更会让搬迁到相对较差地区的三峡移民产生巨大的失落感。

（三）攀比心理对移民社会适应性的影响

一般来说，移民存在攀比思想是一种正常的现象，三峡移民的攀比心理从其可能成为移民的时刻就开始了慢慢的滋长，等到达安置点以后的一段时间内达到高峰，然后缓慢消退。但是如果因为某种原因，导致部分移民的攀比心态持续更长时间乃至终生不褪，必将不利于其在安置点积极开展生产经营活动，从而影响其社会适应性。攀比思想对移民社会适应性的影响主要体现在引发其情绪的波动、抱怨和不公平感和失落感，具体表现在以下两方面：

一是部分三峡移民片面的、绝对的公平观引发其情绪波动。部分三峡移民看不惯差异，如对房宅基地的位置、自留地等不可避免的差异不能接受，并由此产生不公平感、失落感。

二是部分三峡移民的多重参照体系及有利自身利益最大化的原则引发其抱怨情绪。例如，某些移民比较房宅基地时，后靠者与非移民比，认为别人的位置比自己好；外迁者则与当地原居民比，认为别人的位置好；比较房子质量时，与移民中投资多、建造得好的比，认为别人用钱更多，房子比自己建得更好；比较自留地时，外迁者与原当地居民比，认为别人的自留地位置在房前屋后更方便；后靠者与非移民比，认为别人自留地的土质好，不费力蔬菜也能长得好；比较生活用水时，外迁者与迁出前比，认为以前用的是泉水，无污染、味道好；比较劳作方式时，外迁者与迁出前比，认为以前种柑橘劳动强度小，劳动时间少等不一而足。以上种种，都使许多移民的不公平感、抱怨情绪加剧。总之，种种攀比心理及行为，直接影响到部分移民正常的社会适应性。

第五节 "抱团"心理

（一）抱团心理产生的原因

1. 移民对自己弱势群体身份的认同

从社会心理学的角度分析，三峡移民认同了自己弱势群体的身份导致"抱团"思想的产生。在三峡搬迁过程中，虽然国家给移民以一定的补偿，但他们还是面临着诸多的损失，因此在三峡移民中容易滋生一种吃亏心态。例如由于经济条件的差异，各移民安置省市给予移民优惠扶助不尽相同，来到该县的移民往往会以外省市（一般是经济发达地区的安置点）的补助标准为参照，认为自己迁到该县吃亏。三峡移民在吃亏心态的作用下，往往缺乏对当地政府的信任感，在发生矛盾时只信得过自己的老乡，更愿意选择"抱团"来对抗当地人和当地政府。

2. 亚文化冲突的影响

从文化传统的角度考虑，三峡地区历来有着团结对外、强悍不屈的民风，所谓"关了巫山峡，袍哥是一家"，抱团的两川人，讲的就是群体内部的义气。"辣劲冲天"的重庆移民容易与当地政府及居民发生摩擦。根据冲突理论，不平等的社会系统导致某一社会群体的利益受损，形成群体相对剥夺感，进而形成社会冲突。在这种冲突中会强化"我群意识"，形成"小群体"，而这种"我群意识"又将进一步激化冲突，强化他们的"抱团"思想。

3. 移民的认知闭合需求差异

认知闭合是人类对获得的外界信息进行筛选和处理的主要方式之一，其需求的偏向性决定了信息选择的范围和程度①。三峡移民基于认知闭合的需求而产生了与安置点主流文化的互动过程，如果

① 资料来源：http：//club. china. com/data/thread/1011/2730/17/43/2_1. html.

三峡移民对迁出地文化的认知闭合需求程度越高，其倾向于传统文化的程度就越高，倾向于被安置点主流文化所同化的程度就越低，也就更容易出现"抱团"现象；而三峡移民对迁入地主流社会的认知闭合需求程度越高，其更倾向于接受迁入地的新文化而和传统文化保持距离，移民就更不容易出现"抱团"现象。

4. 三峡移民社会地位边缘化

边缘化主要指的是移民的社会地位的变化①。三峡移民因为搬迁失去了一些经济来源，例如土地的数量和质量可能不如从前，导致三峡移民的生活水平下降。如果安置区的原居民的生活条件较高，移民就会产生相对贫困感，再加上因对安置区习俗和文化的不适应而产生的孤独感，结果导致移民社会和心理的边缘化。为了克服这种边缘化和孤独感，三峡移民自然选择了"抱团"。

5. 安置方式引发移民的不安全感

例如在三峡移民迁入某县后，当地政府采取了分散安置、插花安置的方式，几百户移民分散安置在全县的不同乡镇，而每个村组往往只安排一至两户移民。这样安置的目的之一就在于防止移民中聚众现象的发生。然而，实际效果却不尽如人意。三峡移民初到陌生地，分散的安置在某种程度上更加剧了其不安全感，加之他们具有共同的语言、文化，因此移民内部很容易形成"小群体"，进而出现"抱团"现象。一旦其成员有所不满，则会迅速召集当地甚至外县（市）的移民聚集滋事，聚众要挟。其特点是"自成帮派，一家有事，八方支援"，对抗力极强。事实上，三峡移民形成的这种"小群体"已成为当地的一个社会问题，有时甚至会出现暴力抗法、打架斗殴等违法行为。

（二）抱团现象对移民社会适应性的影响

抱团行为是人们面临陌生环境时的一种本能反应，再加上"抱团"行为能给三峡移民带来心理上的安全感和实际利益，因此

---

① 巩毅梅：《非自愿移民社会心理的嬗变及其影响因素研究》，四川大学博士论文，2007年。

在三峡移民群体中出现"抱团"思想有其合理性。抱团行为在移民安置的初期积极作用高于消极影响，但是在移民安置的后期其消极影响逐渐超过其积极作用而影响其社会适应性。

1. 积极作用

三峡移民到达安置点以后，在一个全新的陌生环境里，他们遇到困难时，最先想到的当然是向老乡和以前的朋友寻求帮助和支持，同样，在老乡和朋友需要自己的帮助和支持的时候，一般都会热心帮助。因此，一般而言，在迁移初期，这种"小群体"现象较为严重，抱团现象对于增强移民的安全感，更好地适应当地的生活具有积极作用。同时移民抱团向当地政府施压的时候，政府也更容易关注到移民利益的诉求，解决移民面临的实际困难。因此移民的抱团思想在安置初期对满足移民的心理需求、提示迁入地政府积极有效解决移民生产、生活困难具有积极的意义。

2. 消极影响

尽管抱团思想在安置初期具有一定的积极作用，但是其消极影响我们也不能忽视。尤其在迁入初期，一些移民不相信当地司法机关能公正处理三峡移民与本地人之间的纠纷，总以为当地司法机关把三峡移民当外人，总是无端猜疑司法机关人员与对方当地人有关系。于是他们形成"小群体"，与当地政府或居民形成对峙，而这一过程更强化了其"我群"感，导致其不论大事、小事，稍有不满就倾向于聚众闹事。

但随着时间的推移，移民们也逐步意识到这种"小群体"在给自己带来暂时的利益保护的同时，也造成了自己与当地政府和居民之间的隔阂，束缚了自身的长远发展，不利于融入当地社会。因此不少三峡移民开始主动与迁入地周围的邻居处好关系。

同时，由于近几年来对移民法制教育的不断深入，广大三峡移民的法制意识普遍增强，过于戒备、防护甚至怀疑的心态也得到了积极改变，在遇有矛盾、发生纠纷时，大多已自觉由"论拳"向"论理"转变。某研究访谈中，三峡移民们反映在遇到困难时，会向镇、村干部及周围的邻居寻求帮助，而不再是一味地找老乡帮忙，也有被访者曾流露出因没有合适的合作伙伴而无法做大生意的遗憾。

第六节　情 感 困 惑

一个人的文化认同、自我认同及价值取向都离不开其所生产生活的环境。对于三峡移民而言，他们要被迫从自己生活了多年的地方离开，意识到自己根深蒂固的文化将发生断裂，以前的风俗习惯、人文传统都会或多或少的改变，同时他们也担心自己在新环境中的适应问题，他们会由此产生不安全感、漂泊感等各种情感、情绪困扰，并因此影响他们在安置点的社会适应性。

（一）移民情感困惑的形成与演变

1. 移民动迁初期——情感困惑的产生

在移民动迁时期，移民在得知因修三峡工程而非自愿搬迁时，他们知道最终是会从自己再熟悉不过的自然环境、人文环境和熟悉的生产生活方式中搬走，心里就开始有了故乡的情结。移民的"生活惯了"所包含的心理学意义就在于他们对传统社会的留恋。一般而言，文化主导性心理并非只是在移民安置后的融合期才存在。只是在动迁阶段，这种恋土心理和情感上的困惑往往被经济主导性心理所掩盖，或者是被搬迁初期密集的正面宣传阵势所压倒而无法彰显而已。

> "三峡雨哟，三峡情哟，故乡的水哟故乡的云……"每次远迁，一种对故土难舍难分、深切依恋的情感就会涌上移民的心头。他们，一步三回头地与亲人、故土依依惜别。
>
> 事实上，追随每一次移民外迁，移民们都是挥泪别故土，那种离别的乡愁情不自禁地涌上心头，让人终生难忘。2000年8月30日，《三峡都市报》真实地记录了奉节县外迁移民离别时的场景：
>
> 忘不了家乡的甜水井，忘不了家乡的脐橙树，忘不了多年以来朝夕相伴的父老乡亲。8月28日，奉节县外迁移民动身，近300名世代居住在三峡两岸的农民挥泪告别故乡，外迁福建

省邵武市。尽管外迁移民对这一天盼望已久，但空气中依然散发着挥之不去的离愁；尽管移民们心里充满着对未来生活的憧憬，但对故土的依恋又给每个人的脸上平添了几分凝重。送行的乡亲将亲人送到江边，默默地目送客船远去。临别，70多岁的老奶奶还是没能忍住泪水，与孙女马其辉相拥而泣……

都说离别是一杯苦酒，故乡的一草一木总是让人难以割舍，走时带上一棵树、一袋旱烟、一袋洋芋、一把黄土就成了许多移民的心愿。2002年8月18日，《三峡都市报》记录着忠县外迁移民这样的场景：

8月14日上午10时许，众多移民陆续登上即将起程的移民专船，人流中一位提着两棵树苗的中年妇女引起了记者的注意。记者立马上前和她打招呼，并随这位妇女走进了船舱。她告诉记者，她叫秦秀英，是干井镇的外迁移民，所带的这两棵树苗，是她精心培育的花椒树苗。"祖祖辈辈生活在江边，吃惯了家乡的麻辣味，我怕到那边（湖南省）去了不习惯，所以我带了些特产过去，两棵花椒树苗准备拿到新居栽种。"秦秀英说完，打开了她的背包，里面还有一包红艳艳的"七星椒"……

2. 到达安置点的初期——情感困惑的表面化

移民到达安置点以后，经过初期的新鲜和热烈的关注以后，所有的问题必须自己去面对。在解决各种生活生产问题的过程中，遇到各类迁移前未能料到的困难，不断让部分移民开始后悔，这种情绪一旦开始形成，就会不断地发酵，特别是对于那些集中安置的移民村，在相互的交往中，故乡的好处不断被提及，随着时间的进一步推移，移民适应性的差异让他们的融入程度有了差异，而这又导致移民之间的关系不像最初那样紧密和互相关照，其内部人际关系出现微妙的变化。一些适应性很好的移民抓住了机遇，在当地发家致富，而另外一些移民因为种种原因，未能发家致富，甚至反而陷入贫困，使得他们的异质化更加明显。对于那些适应不良的移民，他们的情感困惑会更加表面化和强烈。

3. 落地生根（回流）时期——情感困惑的内源化

在动迁的后期，三峡移民要么是适应良好而落地生根，要么出现适应不良而在安置地苦苦挣扎甚至出现移民回流，无论是哪种情况，移民都会陷入对过往生活的长期思念。此时的恋土跟刚开始的恋土是两回事，三峡移民以前都没有身临其境地做过移民，很多感受以前是感受不到的，特别是他们对熟人社会和乡土归属感解体、人文传统的丧失、传统信仰及风俗差异，如祖坟、风水、本土习俗、家族制度等。他们在刚开始低估了这些无形或有形东西对自己心理安全的价值。而现在他们真正在异乡安置下来了，和原来一比较，才慢慢发现有些东西是非常重要的，从而产生了异化感、孤立感、无助感、弱势感。特别是发生了让三峡移民失落的事件时，更是让他们怀念以前的一切，如发生人际关系障碍，生活条件不如以前，生产不够家用，被当地人当外人看，被歧视等，以下是三峡移民丁方银的困惑：

> "当我们在那年12月份时候来崇明看地方的时候，心里面已经隐隐觉得可能会有些不适应了。"丁方银说。原因很简单，因为那时候很冷。也正是因为这个原因，丁方银的父母没有跟随他和大哥丁方远一并移民到崇明岛，而是选择和另外两个儿子一起留在了云阳。但在开始时，一切显得顺利。丁方银也经历了和堂哥丁方成类似的建家过程。他也是在移民之后和比他小10岁的一位同乡女孩结婚，并且在刚刚到来没多久时，就在自己家中摆起五桌的酒席，宴请他的本地邻居。

> 六年之后，所有的新鲜感都化作了陌生感产生的敌意。而自己的不走运也让这位30出头的年轻人变得愤世嫉俗。在经历过几份短暂的工作之后——其中包括在上海吴淞码头的两个月工作——他只能无所事事待在家中，抽两块钱一包的大前门解忧。仅仅在一个月之前，他和自己年轻的妻子办理完了离婚手续。用他愤世嫉俗的话语来描述，这是因为，年轻的妻子在外面打工，接触的人多了，"学得脑子坏掉了"。而这只是一

位打工女孩思想变得开放的另一种说法。

　　他开始回忆云阳家乡的山路和江水，回忆那些在水上讨生活的日子，他是一个很好的船夫，并且在浅水区还能兼任纤夫，阳光把只穿一条短裤的身子烧得漆黑，"像鬼一样"。崇明岛修到每个家门口的水泥路和他日渐白皙的皮肤不能平息他的抱怨。他困惑着这样的生活何时能够看到转机。他拼命抱怨着自己的贫困和无望，但是令人遗憾的是从未有人认真去倾听。①

（二）移民情感困惑的表现

　　三峡移民情感上的困惑往往受到中国的传统乡土观的影响。费孝通先生在《乡土社会生育制度》中曾论述，从基层上看，中国社会是乡土性的，安土重迁是中国几千年来的传统。虽然当今社会日新月异，但这种因文化积淀而留下的根深蒂固的思想仍不易改变。这种由于被迫移民导致的传统断裂，而因此带来的"不在场"的社会存在脱离感导致移民的恋土与失落心理构成了三峡移民情感上的困惑的主要方面。

　　这种情感上的困惑既有社会责任上的荣誉感和自豪感，又有现实生活中的失落感。大多数移民都能认识到三峡工程的重要意义，60岁的移民韩某某说："国家搞建设，我们要拥护，这是造福子孙后代的。"② 移民因三峡工程而有特殊的荣誉感和自豪感，然而，在迁后面对现实许多困难或不尽如人意之时，他们又有强烈的失落感，感到若不是三峡工程他们也不会面临这么多的困难和麻烦，有些人甚至愤愤不平。许多移民一方面对自己是移民津津乐道，为被人们关注、调查而自豪，另一方面又牢骚满腹，抱

---

① 资料来源 http://news.qq.com/a/20090909/002324_1.htm.

② 郑丹丹、雷洪：《三峡移民社会适应中的主观能动性》，载《华中科技大学学报》（社会科学版）2002年第16期。

怨处境太糟糕。在这样的矛盾心境下，大多数移民又出现另一种主观上的矛盾。

（三）情感困惑对三峡移民社会适应性的影响

三峡移民不像那些自愿移民到世界各地的华侨对迁移地有着自愿性的认同，产生恋土心理时还能在地球仪或是心理上指出或想到自己存在着的家乡，而水利工程的修建基本上让他们原先的居住地在地面上消失，他们无法寻找找一个实在的点作为寄托，所以水利工程非自愿移民开始都会下意识地有拒绝心态，拒绝改变原有的想法、观念和态度等。这些都是人对现有熟悉环境的怀念。人人都有一种追求安全的需要，可知的、熟悉的世界让人感到安全可靠，而对不可知的世界只能是期望、怀疑和迷茫，所以根据马斯洛的需求理论，我们可以断定，人们更愿意待在熟悉的文化环境里，这样他们会有乡土归属感、安全感。正是因为上述原因，三峡移民对移入地的认同困难远远超过对经济、生产方式的适应。

一般说来，三峡工程移民可以在生活习惯、语言以及谋生方式等方面完全适应新环境，但在情感态度上却很难"随遇而安"。特别突出的一个现实问题是，他们仍然会不停地回头看、回头找，他们无法"忘怀"那片养育他们的故土，不仅是那片土地，更是生活在那片土地上的故人。那里有他们的亲人，有他们的朋友；那里有他们童年的欢乐，少年的梦想，青年的初恋；那里是他们情感的故园，是他们心灵上的根。对于故乡无法割舍的关注和思念，常使他们产生一种莫名的惆怅和难以言状的失落，使他们很难在情感上完全"同化"于新环境之中，无法在新环境中感受到应有的心灵安居。对故乡的怀念羁绊着他们的适应步伐，妨碍着他们对移入地社会的认同。

三峡工程移民们对峡江地区故乡的眷恋始终是影响他们社会适应性的深层次情感因素，移民搬迁前的不少调查都显示，故土难离是移民不愿搬迁顾虑的主要原因，这也充分说明了文化传统等隐形因素在不断地影响着三峡移民心态。不过，尽管移民中还存在着相当的思乡情结（尤其是老人），但由于与老家距离遥远，他们与老家亲戚之间的往来不多，一般都很少回老家。

第七节 对未来发展的信心

对未来发展信心不足也是影响移民社会适应性的要素之一。不少移民到达安置点以后不愿意从事当地人做的一些工作，这是因为三峡工程移民的强制性迁移提高了移民对于收入的预期值，影响他们对未来发展信心的判断。移民在调查中谈到对未来发展信心时，大多嫌当地工资不高。尽管安置点一般为移民的生活适应提供了有利的外在条件，但移民社会适应的关键在于经济因素，即他们能否够通过自己的劳动获得稳定的生活来源，是否拥有稳定的生存手段，能否逐步致富。笔者通过调查发现，有 30.7% 的移民认为现在要比在老家好；也有部分移民认为今不如昔。认为"今不如昔"的移民多是落户在山区且本身又没什么技能，没处打工只靠种地以及年老与多病者，这些移民希望政府像对当地贫困户一样给予他们以救济。调查中没有发现学龄儿童失学在家，但多子女家庭对今后的教育费用堪忧。一般来说，移民的生活状况与其本身的观念转化密切相关。调查中发现，凡家庭主劳力闲散在家的，其家景一般就差，且对政府高度依赖，对自己今后也无打算，而主劳力在外干活的家庭就更容易安居乐业且对今后有所希望①。

三峡移民对未来发展的信心还会受到其原来生活环境的偏好而影响其信心②。其一，三峡移民对迁前生活方式、居住环境所形成的刻板印象影响他们进行主观比较评价模式的选择，影响其未来发

---

① 林秀俊、黄忠煌：《积极落实移民政策坚持安置发展并举——三峡移民在福州市生存状态及适应性调查》，载《福州党校学报》2006 年第 2 期。

② 刘震、雷洪：《三峡移民在社会适应性中的社会心态》，载《人口研究》1999 年第 2 期。

展信心的判断。三峡移民已经非常习惯于原来的生活环境和生活方式，而面对迁后变化了的生活环境，会不由自主地以原居住环境的刻板印象作为比较的标准，因此，无论新生活环境与原生活环境有何差异，他们都容易感觉不如以前；其二，由于对原生活环境的偏好，较多移民对新生活环境的审视不可避免带有挑剔的目光，以致对搬迁前后的环境有较多的片面比较，甚至以偏概全，过分夸大那些不尽如人意的感觉，而忽视以前生活环境中的不如意之处，对未来发展缺乏信心。移民对原居住环境的刻板印象和某些由于习惯而产生的偏好是影响移民对迁后生活环境进行评价的主观原因，我们认为这是更为重要的原因。此外，三峡移民对自己为三峡建设作出贡献的自豪感所衍生的负面效应，他们认为自己作为三峡移民这一为国家作出贡献的光荣角色，在感情上难以接受伴随而来的各种困难。一旦出现困境，他们很容易产生对未来发展信心不足的情况。当移民对未来发展信心不足时，他们是难以以积极的反应适应其当前的移民生活的。

第十章　三峡移民社会适应性
障碍的处理策略

世界银行关于水库移民研究报告曾指出："移民总是一个带有非常大破坏的痛苦过程，不管是经济上，还是精神上都遭受了巨大的损失。它摧毁生产体系，使一些社区解体，把长期建立起的社会网络彻底破坏。由于它摧毁生产资料并使生产体系解体，因此就带来了长期贫困的危险。研究表明，非自愿移民可能造成心理压力和社会压力的增加，并增加发病率和死亡率。"① 如前的调查研究发现，虽然多数三峡移民在自然、人际、生活、生产以及社会心理等社会适应性方面均是正常的，但部分移民也存在一定的社会适应性问题，且其中有少部分移民存在较为明显的适应障碍。尽管这些人只是极少数，但他们表现出来的适应障碍，不仅影响到他们本人在新的迁入地的正常生活与身心健康状况，同时对其家庭乃至整个移民中的其他人都会产生不同程度的影响，有的甚至会影响到当地社会的安定团结。因此，关注并加强对这部分人的社会适应性障碍的处理，应该是后期三峡移民工作的重要内容之一。在此，我们有必要展开专门的探讨。

第一节　社会适应性障碍概述

（一）什么是适应性障碍

一般适应性障碍，是指因长期存在应激源或困难处境，加上其

---

① 伊恩·罗伯逊：《社会学》，黄香馥译，商务印书馆 1994 年版。

人格缺陷而产生的烦恼、抑郁等情感障碍和生理功能障碍以及适应不良行为，而使社会功能受损的一种慢性心因性障碍。适应障碍通常是在明显的生活改变或环境变化时产生的轻度的烦恼状态和情绪失调，常有一定程度的行为变化，其病程往往较长，但并不出现精神病性症状。适应障碍是心理社会应激因素与个体素质共同作用的结果。当一个人的处境发生明显变化或遇有某些应激性生活事件而凭自身的素质又难于应付时，所产生的不适应状态如烦恼、情绪失调或其他行为改变，并影响其社会功能，这种不适应的状态在病理心理学上称为适应性障碍。因此，一般适应性障碍的发生需要有两个条件：一是有应激源，诸如更换新工作、考入大学、出国、移居他乡、离退休等。应激源可以是一个，也可以是多个，如事业上的失败和亲人伤亡接踵而来。应激源可以是突然发生的，如自然灾害，也可以是缓慢进展的，如夫妻关系长期紧张等。二是个体素质基础，在相同应激源的作用下，并不是所有的人都表现为适应性障碍。比如那些性格孤僻、脆弱，对刺激的耐受力弱、控制力差的人比性格开朗、坚强者更易于发生适应不良，这就显示出与其性格等个体素质基础有关。当然，应激源越强烈，适应性障碍发生的几率也就越高，像被扣作人质、遭受非人道待遇等，此时情绪或行为方面的障碍多难以避免。另外，对应激源体验较深者，也是发生适应性障碍的危险因素之一。

我们认为，在少数三峡移民方面所反映的社会适应性障碍，主要是由于移民所带来的重大生活的改变，这些移民自身已有的个体素质难以承受其变化了的生活环境，致使其在情绪及其行为方面产生了不良反应，直接导致其社会功能的受损而无法适应正常的移民生活的一种心理现象。

（二）一般适应性障碍的临床表现

适应障碍人员在应激性事件发生后 1~3 个月之内的临床症状变化较大，主要表现为以情绪和行为异常为主，常见焦虑不安、烦恼、抑郁心境、无能力感，胆小害怕、注意力难以集中、惶惑不知所措和易激惹等，还可伴有心慌和震颤等躯体症状，同时可出现适应不良的行为而影响到日常活动，障碍者可感到有惹人注目的适应不良行为或暴力冲动行为出现的倾向，但事实上很少发生，有时会发生酒或药物滥用。其他较为严重的症状，有兴趣索然无动力、快感缺失和食欲缺乏等，有报道指出临床表现与年龄之间有某些联系：老年人可伴有躯体症状，成年人多见抑郁或焦虑症状，青少年以品行障碍（即攻击或敌视社会行为）为常见症状；儿童可表现为退化现象等，其临床相可有占优势的症状群，也可以有混合症状群出现。根据其临床相，少数三峡移民适应障碍的临床表现分别有：

（1）焦虑心境的适应障碍：以神经过敏、心烦心悸、紧张不安、激越等为主要症状。主要表现为紧张不安、担心害怕、神经过敏、颤抖可伴有心悸、窒息或喘大气后感觉舒服一点，坐立不安、出汗等。这种适应障碍在移民之初极少部分移民中可能会有所表现。

（2）抑郁心境的适应抑障碍：为成年人较常见的适应障碍，主要表现为心境不良，对生活丧失兴趣，自责、沮丧、绝望感、哭泣、眼泪汪汪，常伴有睡眠障碍、食欲减退、体重减轻等生理反应。此种适应障碍可能突出反映在移民后少部分本身年老体弱或生活能力明显不足的移民方面。

（3）品行异常的适应障碍：多见于青少年，主要表现为对他人权利的侵犯或违反社会准则和规章的暴力行为，品行异常的表现有不履行法律责任，违反社会公德。如：逃学、矿工、打架、斗殴、毁坏公物、对人粗暴无礼、乱开汽车、偷窃、离家出走、饮酒过量等。此种适应障碍可能集中反映在那些品行有明显问题的青少年移民或极个别品行不好的成年移民身上。

（4）情绪和品行混合的适应障碍：临床上既有情绪异常也有品行障碍的表现。在极少数个别移民方面有可能会产生此种适应障碍。

（5）混合型情绪表现的适应障碍：表现为抑郁和焦虑心境及其他情绪异常的混合综合症状。从症状的严重程度来看比重度抑郁和焦虑症为轻。该障碍可能是移民中表现较为常见的适应障碍。

（6）未分型的适应障碍：这是不典型的适应障碍，如表现为社会退缩，不伴有焦虑或抑郁心境。

另外还可以从典型的临床反应对其社会适应性障碍进行分型：

（1）躯体性主诉的适应障碍：主要表现为有躯体主诉，如疲乏、头痛、背痛、食欲缺乏、慢性腹泻或其他躯体不适等。患者既不找医生诊断也不顺从治疗，体格检查无相应阳性体征，其他检查均正常。这是一种较为典型的以躯体症状为主的适应障碍。在移民之初或移民过段时间里，可能会在少部分移民之中有所表现。

（2）工作抑制的适应障碍：主要表现为突然难以胜任日常工作和学习，工作效率下降，学习成绩不佳，工作与学习能力减弱，严重时不能进行日常工作，甚至不能学习或阅读资料，也称为能力减弱型。这种适应性障碍主要反映在移民后那些缺乏学习能力而无法适应其变化后工作任务的移民身上。

（3）退缩型的适应障碍：表现为孤独离群、不参加社会活动、不注意个人卫生、生活无规律；一般无焦虑抑郁情绪，也无恐怖症状。此种适应性障碍在某些性格孤僻、行为懒散的移民身上将有所体现。

（三）适应性障碍对人的影响

适应性障碍直接妨碍人正常的社会适应，其中相应而生的焦虑、抑郁等一些负性情绪将直接影响到人正常的知觉、记忆、思维及问题解决等方面的认知状况，造成人对外在事物反映水平的下降和判断方面的失误，以致出现较为明显的认知功能的损失。同时，适应性障碍还会造成人在人际交往与人际关系以及其他生活能力等社会性功能的严重受损，而使人无法正常适应社会生活。

适应性障碍影响人的身心健康。由于适应性障碍所造成人的认知、情绪及社会行为功能方面的严重受损，使人无法形成对现实世界的正确认知和积极体验以及适宜的行为反应，并有可能在变化的或重要社会事件出现时产生难以掌控的高度应激反应，结果导致身心的严重失衡甚至各种非特异性的生理反应，而直接危及人的身心健康状况。

由此看来，少数三峡移民的适应性障碍不仅直接影响其移民后的正常生活、生产及其他各种社会活动，同时也可能影响其身心健康。因而要想三峡移民能够很好地适应移民后的生产与生活，维护其移民正常的身心健康水平，必须注重这些移民社会适应性障碍的研究，为其克服社会适应性障碍提供必要的帮助。

第二节　三峡移民适应性障碍分析

（一）三峡移民适应性障碍的特点

1. 特异性

三峡移民社会适应性障碍的特异性是指与其他一般适应性障碍相比有其自身的特殊性。首先，三峡移民适应性障碍是由于移民过程中产生的一种障碍，而这种移民又不是在自主基础上的自愿性的移民，而是具有一定强制性的非自愿性移民。同时针对具体的移民情况来看，三峡移民又不是局部性的小范围小规模的移民，而是一种范围广而涉及面大的移民。这种特殊性就在一定程度上反映出三峡移民所表现的适应性障碍要比自愿性移民更明显，因为建立在个人意愿上的移民，无论是移民前还是移民后都能够做到积极主动的自我调整，其自适应状况会更好一些，而非自愿性移民是一种外在强制性的移民，具有很大的被动性，因此无论是移民前还是移民后，他们的自适应状况总要欠缺一些，何况三峡移民是一种政府行为，移民由此产生的依赖性就更强，移民中的被动性也就显而易见，因而其主动的自适应往往显得不够，在此种情况下，就有可能造成其社会适应性障碍。另外，许多三峡移民是跨地域的较大范围内的移民，由于地域文化的差异明显，这样就增大了移民在适应方面的困难，因此在这种情况下三峡移民要比那些地域跨度不大的小范围内移民更容易产生社会适应性障碍。

2. 差异性

三峡移民是一种大规模的移民，所涉及的对象复杂多样，因此其在社会适应方面所表现的状况也会有所差别。从我们前面的调查研究中不难发现，不同地域、不同文化以及不同年龄段的三峡移民在自然、人际、生活、生产等方面的社会适应性是有差异的，这种差异也会具体表现在移民的社会适应性障碍方面。从地域性看，其社会适应性障碍可能因移民的远近距离不同而有所不同，一般来讲，地域跨度大的三峡外迁移民比地域跨度小的三峡本地移民的社会适应水平要差，其产生社会适应性障碍的可能性也要远远大于地域跨度不大的本地移民。三峡移民的社会适应性障碍的差异性还反映在文化程度方面，一般来讲，那些文化程度高的移民会表现出较强的学习能力，因此，面对移民后的新环境，他们中的许多人能更好地适应，其社会适应性障碍的程度较轻，而那些文化程度低的移民，由于其基础差，学习能力较弱，对移民后的生产生活的适应性相对较差，其某些社会适应性障碍可能要显得更为突出。另外，不同年龄段的移民其社会适应性障碍上也存在差异性。一般来讲，那些年轻的移民由于思想要活跃一些，反应也较灵活一些，因此他们更容易接受一些新的事物，能更好地适应变化了的移民生活，其患社会适应性障碍的可能性相对要小一些，即使在某些方面表现出某种程度的社会适应性障碍，其症状一般较轻，而那些年老的三峡移民，由于其生理与心理机能都处在自然退化中，因此，其对环境改变后的正常反应及适应水平就要低一些，因而他们更有可能反映出较为明显的社会适应性障碍。

3. 可变性

在部分三峡移民中所表现的适应障碍并不是与生俱来、固定不变的，而是可变的。其中，可以因时间的推移逐步得到改变。当然这种改变并不完全因时间延续而自发形成，而是通过移民自身的积极努力和勤奋学习所发生改变。如果移民缺乏其主观上思变的动机，不愿通过自己的努力而改变移民后所产生的适应障碍问题，那么这种障碍也就会一直存在下去。只有当移民下决心改变其自身的社会适应问题，并通过切实的行动，努力地克服移民所产生的各种适应障碍，移民的社会适应不良问题最终才能够得到逐步的解决。与此同时，有关移民所在地的政府主管部门，应该通过创造一定的外部条件和采取必要的社会支持，帮助那些具有适应不良反应的移民建立克服其社会适应性障碍问题的信心，鼓舞其战胜各种社会适应性障碍的斗志，奖励其积极的改变行为，从而使其通过自身努力克服其社会适应性障碍问题。

（二）三峡移民常见适应性障碍类型分析

三峡移民常见的社会适应性障碍具体反映在移民人际、生活、生产及其社会心理等方面。

1. 人际适应障碍

三峡移民的人际适应障碍，主要是由于移民原有的人际关系网络在移民过程中完全解体而他们面临新的复杂的人际交往过程中所产生诸如人际认知、人际情感及人际行为方面的明显不良反应。如在认知上无法认同新的人缘关系，在情感上形成与当地人的明显生疏感，甚至产生交往恐怖，以及在行为方面有意识地回避与当地居民的正常接触等反应，致使移民无法建立与当地人正常的人际交往联系，由此产生的各种生理及心理方面的不良问题。

2. 生活适应障碍

三峡移民的生活适应障碍，主要是指移民在新的迁入地的衣食住行、生活习惯及习俗方面所产生的障碍。主要表现为移民对迁入地的许多有别于原来的生活方式以及习惯方面缺乏必要的认同性和积极的情感体验以及正常的接受反应，并因此而无法在移民所在地正常生活，同时伴有各种由此产生的适应不良所引发的心理及行为问题。

3. 生产适应障碍

三峡移民的生产适应障碍，主要是因为移民后其生产方式及其关系发生巨大的变化，移民因为不具备从事新的生产方式所具有的各种生产经验与技能，无法适应新的生产劳动方式，而难以承担和顺利从事各种生产劳动，并因此导致其心理的严重困扰、焦虑或无助等不良反应。

4. 社会心理适应障碍

三峡移民社会心理适应障碍，主要是指由于移民所引起的社会心理发生改变而致使移民在整个社会认知、社会情感以及社会行为方面所产生的一系列影响其正常移民生活的社会心理问题。如移民消极的社会认知，致使移民产生各种有碍其适应的偏差及错误的观念，移民不良的情绪如焦虑、抑郁等致使移民各种社会适应功能严重受损，移民的消极行为如逃避和攻击致使移民无法进入正常的移民生活状态等。

（三）三峡移民适应性障碍形成的机制分析

从一般意义上讲，社会适应性障碍作为一种较为复杂的社会病理心理现象，就其产生的机制可能是复杂的。按照传统的行为主义学习理论观点，社会适应性障碍主要是不利的外在环境影响及作用的结果。这种观念是片面的。的确，人的心理无论是正常还是异常，都可能在一定程度上受到环境因素的影响与作用，但外在的环境因素只是影响人的心理及行为的外部条件，其充其量只是人的心理及其行为产生的诱因。因此，将人的适应障碍这种心理与行为问题简单归结于是由不良环境因素所引起的，显然是非常片面的。另外，认知理论则认为，人的各种社会行为及其反应主要是受人的认知观念的影响与作用。人之所以出现各种社会适应不良反应，是由于其相应的认知观念出现了问题。人的认知观念的确是影响人心理及行为的非常重要的主体变量，而人错误的认知观念往往是人产生心理与行为问题的一种重要的内部因素。我们必须进一步拷问，面对同样一种社会生活事件，为什么有人会以积极合理的认知观念做出反应，而有人则容易产生不合理的甚至完全错误的认知？因此，仅从认知层面认识人的社会适应性障碍问题，将其社会适应性障碍完全归结于其不合理或错误的认知作用的结果，恐怕也显得片面。有关特质理论认为，个体的人格素质是影响其心理及行为的根本因素，人之所以表现出社会适应性障碍等心理与行为问题，主要是因为个体自身素质问题。人所具有的人格特性等个体素质是影响人心理及行为表现的最根本的内在因素。一般而言，具有人格方面的弱点或缺陷者，更容易产生各种认知偏差问题，并往往会出现心理及行为上的偏离，因此，社会适应性障碍往往可能与其这样与那样的人格缺陷有关。但如果我们要进一步追问，又是什么使人表现出一定的适应障碍形成的个人素质缺陷呢？看起来，我们只是从单一的方面寻求人适应障碍的原因，总会导致其一定的漏洞。因此，我们需要从相互联系中去探讨三峡移民社会适应性障碍的成因。

移民社会适应性障碍在一定意义上是由于一定的社会压力所导致。交互理论认为，压力既不是个人特点的产物，也不是环境的产物。在面临一种情景时，个体与环境相互影响。研究证明，压力的产生是某一种环境与某一种人所作的对环境有可能产生的威胁的评价的结果。人们对所发生的事件对自己生活的影响的评价方式以及应对问题的方式影响着是否产生心理压力以及压力的强度。人们对所发生的事对自己的影响的评价通常有伤害、威胁、挑战三种。伤害是指已经发生的损失，威胁是指还未发生的损失，但预料会在未来出现，挑战指的是一种高要求的情景①。根据交互理论，压力的产生取决于两次评价，第一次评价，个体考察面临情景对自己的重要性，第二次评价个体所要考察的是自己所具有的应对资源。而当个体对其情景及个人应对情景的资源进行的评价不同，所产生的应对策略也会有所不同。当个体将所面临的情况评价为可以由自己的行为控制时，问题为中心的应对策略占主导，而当个体认为自己无法控制或改变其所要面临的情景时，情绪为中心的应对将占主导。

基于以上分析，我们认为，部分三峡移民社会适应性障碍是其内外因素及其相互作用的结果。首先，移民外在生活环境的巨大改变是部分移民产生社会适应性障碍的主要外部原因。从一般外在客观因素来看，格思里等（1980）认为那些只在地理上重新定位以致感到孤独并且同新社区疏远的人比那些没有经历一种孤独感而采取类似行动的人表现的压力障碍更高②。由于移民致使其在生活、生产等环境及风俗习惯、作息方式、社会交往等几乎全部的社会生活内容都发生不同程度的变化。而这些变化不可避免地会导致

① 石林：《工作压力理论及其在研究中的重要性》，载《心理科学》2002年第4期。

② ［美］罗伯特·迈耶等：《变态心理学》，丁煌等译，辽宁人民出版社1988年版。

其移民的社会适应问题的发生。因为当人们在生理上和心理上不能够适应移民所带来的变化时，便有可能产生诸如紧张、焦虑甚至恐惧等不良情绪反应，当他们利用已有的资源而无力适应其变化的环境，同时也会显得无助，甚至产生明显的抑郁反应，而当其长期被不良的情绪所笼罩时，他们的社会功能也会逐渐减退与削弱，因此，就有可能发生明显的社会适应性障碍。

当然，外在生活环境的改变只是移民产生社会适应性障碍的一种外部诱因条件，只是有可能导致移民产生社会适应性障碍。但移民最终是否产生社会适应性障碍，很大程度上取决于移民面对环境改变所做出的是怎样的反应。而这种反应又总是基于移民的种种个人因素的作用。最为直接的个人因素是移民的认知及应对方式。如果移民对改变的环境持一种积极而有效的认知及应对方式，那么，就有可能帮助其避免或至少减轻其社会适应性障碍；如果移民对改变的环境持消极甚至错误的认知及应对方式，则势必造成其社会适应性障碍问题。进一步来讲，移民面对环境的改变，究竟采取怎样的认知及应对方式，在很大程度上取决于移民自身的人格等个人素质。研究发现，具有 A 型性格的个体，在其认知方式方面存在一些典型的反应是其对大部分事情缺乏耐心，表现出过强的竞争动机，认为应该不惜代价地出人头地，总抱怨别人和事物与他作对，总把错误归于自己以为的人或事，表现出较为强烈物质欲望等。由此可以看出，具有 A 型性格的移民往往容易造成在新的环境中的挫败反应，并难以与周围人处理好关系，因此，其出现社会适应性障碍的可能性较大。而科巴沙研究发现，那些面对高度压力而并没有显示出适应障碍的人具有以下特点：一是对自己生活感到富有意义，二是相信在某种程度上能控制自己生活中的事件（一个内部控制点），三是对环境具有朝气蓬勃的态度，四强烈地信奉长期的个人目标①。因此，具有这样特性的移民一般较少产生社会适应性障碍问题。

---

① ［美］罗伯特·迈耶等：《变态心理学》，丁煌等译，辽宁人民出版社 1988 年版。

第三节　三峡移民社会适应性障碍的处理

（一）三峡移民社会适应性障碍的处理过程

1. 资料收集阶段

此阶段就是处理者掌握有关当事移民有关问题信息阶段，主要通过包括与对方的接触和交谈或其他有关渠道，围绕当事移民在时间、空间方面所反映的认知、情感及行为等方面占有其各种资料，因为当事移民所反映的适应障碍问题总是在特定的时空中，并且集中表现在认知、情感、行为等方面，因而处理者通过从不同的时空了解其当事移民在认知、情感及行为方面的信息，以初步明确当事移民有什么社会适应问题。在资料收集阶段，处理者除了通过其他渠道掌握有关当事移民的信息资料外，主要通过与当事移民的接触会谈，直接了解和掌握有关信息。而要想通过与当事移民的直接接触掌握有关信息，首先需要与当事移民处理好关系，赢得当事移民的信任，这样才有可能使当事移民主动配合。其次在与当事移民的交谈中应该多倾听其谈话，而在倾听过程中不要轻易打断对方的谈话，只有当对方谈话内容与其问题无关时，才进行一定的引导性提问，所提及的问题应该以中性为主，特别在最初的谈话中，应该尽可能避免一些过于隐秘的问题，除非当事移民亲自提及。在采用直接访谈方法的同时，也可以利用一定的测量方式，对当事移民的问题进行测试。当然在采用测验方式时，应该选用标准化的测量工具，且应该是针对其问题的测量工具，同时应该选择合适的测验时间和情境进行测验。另外，对测验结果的解释应该谨慎，而不致使当事移民产生消极的反应。通过交谈、测验等方式，应该初步明确当事移民的主要适应障碍是什么及其主要反应有哪些？其问题对当事移民所造成的影响如何等？并对其问题的主要成因有一个基本的掌握。

2. 诊断分析阶段

此阶段处理者对有关的资料进行系统思考，通过由表及里、去伪存真地深入分析，从而掌握当事移民适应障碍的症结所在。此阶段处理者应该整理与理顺如下问题：一是弄清当事移民问题的性质和状况，以具体明确分清当事移民所反映的是怎样的社会适应问题；二是从内外因素及其相互作用中弄清当事移民问题产生的具体原因，既要了解引起当事移民社会适应不良的具体外部原因，也要弄清其个人内部原因，同时还应从其内外交互作用方面考察移民形成社会适应不良的原因。只有从多个侧面及其相互作用中弄清其当事移民适应不良的原因，才便于处理者采取有针对性的帮扶措施。在诊断分析中，处理者应该尽可能做到客观公正、实事求是，应该尽可能避免自己最初与当事移民接触时产生的印象对自己分析问题的影响，防止先入为主的偏差发生。通过诊断分析，具体明确其当事移民的社会适应性障碍及其主要症结所在，其根源何在，以为下一步的实施处理奠定基础。

3. 实施处理阶段

此阶段就是处理者根据诊断分析出的问题及其成因，采取有针对性的干预措施，帮助当事移民克服具体适应障碍问题。处理者应该具体做好如下方面的工作：一是根据当事移民所存在的适应不良问题及其成因与当事移民一起制定并提出其改进的方案。所提出的处理方案，应该具有针对性，即着眼于当事移民所存在的主要问题，同时也要充分考虑其方案实施的可行性，即不仅处理者本身具有驾驭其方案的能力，同时还需要考虑其当事移民的可接受性特点。只有同时考虑双方所具有的可行性特点，其方案才便于实施，并可能取得应有的成效。二是按照所制定的方案实施对当事移民的帮扶工作。在整个帮扶中处理者应该与当事移民始终保持良好的人际关系。只有处理者和当事移民保持一种良好的人际关系，才能够保证方案的顺利实施，并取得良好的帮扶效果。三是处理者应针对其不同的社会适应性障碍提供不同的帮扶方式，以更好地增强其帮扶行为的适宜性与有效性。

4. 检查巩固阶段

通过实施劝导帮助，处理者应该进一步进行实施后的检查。处理者首先应该对其劝导是否有效进行前后对比性评估。其评估方式可以参照其前后测验结果进行。如果发现劝导后当事移民较之劝导前发生较大的积极认知及行为的改变，说明其劝导是有效的，在这种情况下处理者应该与当事移民进行一次系统的谈话，就整个处理过程及其效果进行总结，肯定与强化当事移民所发生的积极改变。如果经过处理前后的比较，发现处理后当事移民并未发生明显的积极改变，处理者此时应该反思其处理的过程及其方式，找出其中存在的问题，并努力改进或调整其处理方式，力求使处理收到应有的成效。

（二）三峡移民社会适应性障碍处理原则

1. 尊重原则

人都有一种尊重的需要，而这种尊重既表现在自尊方面，同时也反映在他尊方面。三峡移民也有其尊重的需要，因此，在对移民社会适应性障碍的处理中需要处理者遵循尊重原则。尊重原则所要体现的是处理者在行使对具有适应障碍移民问题的处理时，应该对当事移民予以必要的尊重，不仅要尊重有关法律赋予移民的地位与权力，同时也要尊重移民的人格和个人正当的诉求及选择。只有在整个处理过程中对具有适应障碍的移民予以应有的尊重，才能赢得对方的信任与配合，才能保证其对来访移民适应问题的妥善而有效的处理，并最终帮助移民通过自己的努力，克服其移民中所产生的各种适应障碍。如果处理者不能做到这一点，就无法赢得来访移民的信任，更无法取得对方的积极配合，而如果移民对其处理者缺乏基本的信任感，不能够真正配合处理者的工作，在这种情况下，处理者是根本难以帮助其克服各种适应障碍的。

2. 理解性原则

所谓理解原则主要是指在对移民所表现的社会适应性障碍的处理过程中，处理人员对当事人在移民中出现的各种适应问题有一种正确的观念和态度，应该认识到由于移民所带来的重大生活的改变，在部分移民中所表现出这样与那样的不适应反应是正常的，同时也应该客观地认识到移民因适应问题所表现出的一些这样那样的不良行为。只有处理者以一种理解的态度与方式对待移民的各种适应不良问题，才能够理智而审慎地处理当事移民的各种适应问题，并通过积极而有效的方式去处理问题。如果处理者不能够很好地做到对当事移民及其所产生的适应问题的理解，就难以在情感上形成对当事移民的积极反应，无法形成其情感的共鸣。在这种状况下，处理者仅凭所掌握的处理技术去解决移民所存在的适应问题，恐怕难以收到应有的成效。因为对移民适应问题的处理，不只是技术上的问题，在很大程度上是基于情感的作用而所产生的明显影响的结果。

3. 信任原则

所谓信任原则就是指在对移民适应障碍的处理过程中，处理者与当事移民应该建立一种相互信任的关系，只有彼此双方形成互信，整个处理活动才能得以顺利展开，并保证取得预期的帮扶效果。如果缺乏互信，就无法进行正常的交流，移民当事人就不可能坦诚地与处理者进行积极的配合与沟通，当当事移民不能与处理者进行积极的交流与配合时，处理者的所有帮助工作几乎没有什么实际的意义。因此，对于处理者来讲，不仅自己要首先相信与信任来访的移民，同时也应该以自己真诚的情感和良好的处理问题的技术，赢得移民的信任，从而使整个处理过程在相互信任中展开，这样才有可能取得应有的成效。

4. 促进成长原则

所谓促进成长的原则是指通过对当事移民社会适应性障碍的处理，最终促进移民的个人成长，使移民能够在以后的生活中能够自己做出正确的选择，通过自身的能力去战胜所遇到的各种困难与问题，增强其社会适应性，发挥自身潜能，过上安定幸福的生活。因此，处理者在对当事移民的整个处理过程中，应该采用启发、引导等手段，帮助其当事移民通过自己的努力，认识问题和解决问题，而不能采取代替移民做主，进行这样与那样的判断与选择。只有在整个处理过程中充分发挥与调动当事移民主观能动性，使他们真正学会自我判断和自我抉择，他们才能够在以后的生活中自我担当，做新生活的主人。

（三）三峡移民社会适应性障碍处理方法

1. 现实疗法

现实疗法是 20 世纪 60 年代中期由美国加州精神病医生威廉·格拉泽以人本主义观点为基础所创造的一种心理疗法。其中心任务是指向当事人生命的"向上目标"，帮助其获得成功的"自我识别"，承担起个人的责任，积极解决现实的问题，建立负责任的与"向上目标"协调的计划，从而努力学习并形成现实的行为方式。

根据现实疗法的理论，一个人能否适应社会，取决于其能不能负责任地生活。所谓责任，就是面对现实，在不损害自己和他人的前提下满足自己的基本需要，尤其是满足自己爱和被爱以及自我价值感等心理的需要。格拉泽认为，正是对自己、对他人的不负责，才产生了全部行为方面的问题。该疗法强调个人的力量，相信每个人都具备一种心理健康和成长的力量，都希望获得成功的识别并建立良好的人际关系。因此，现实疗法从人本主义立场出发，着眼改变当事人失败的"自我识别"，从而减轻乃至消除其当事人内心的痛苦。格拉泽认为，不需要去查究当事人过去的失误，因为一个人的过去是无法挽回的，而需要寻求当前生存的意义。治疗师应当侧重发现当事人潜在力量以及希望成功的积极品质。通过广泛地探索当事人现在生活的各个方面，促成当事人在与人交往的过程中承担责任，从而发挥其潜能。同时，现实疗法主张让当事人自己去体会他的行为所带来的不良后果，形成对自我的评估，只有当事人开始学会分析自己有哪些行为是自毁的，哪些行为是建设性的，改变其自己的问题才有可能①。

三峡移民中存在的各种社会适应不良问题，在很大程度上由于其面对移民后所发生的一些重大改变，不敢承担其新的移民社会责任，不愿意通过学习获取新生活的能力，也就是缺乏一种积极"向上目标"，因此对移民所反映的这种问题，可以采用现实疗法加以处理。基于现实疗法的基本观念与要求，在对三峡移民适应性

---

① 车文博主编：《心理治疗指南》，吉宁人民出版社 1990 年版。

障碍开展处理过程中，需要处理者采取如下基本做法：

首先，与具有适应障碍的当事移民共同制定一个协议，限定其处理时间并明确处理的目标，而这一目标必须由当事移民自己决定。

其次，处理者帮助当事移民确定其目标是否现实，是否负有责任。如处理者可以询问当事移民："你的需要满足了吗？""你对自己当前的行为满意吗？"如果当事移民对这些问题做出否定回答，处理者应当帮助当事移民找出改变现实适应不良（主要是不负责任）的行为的方法，即帮助当事移民认清阻碍自己心理需要满足的障碍并设法消除。处理者可以进一步问当事移民："你在当前中的适应障碍行为是什么、有哪些？""你想如何加以改变？"不要对当事移民的过去及其不良反应的原因进行探讨，并且也不允许其寻找借口或责备他人。

再次，处理者应进一步促成当事移民对其自己潜能及其希望品质的自我识别。如处理者可以对当事移民提出："每个人都有自己这样那样的能力，你认为你自己有哪些克服当前障碍的能力？""每个人都有自己所希望的品质，你希望自己在现实中有哪些能够让你战胜当前适应障碍的积极品质？""你打算怎样培养与形成这些积极品质？"以此等方式对当事移民一一进行引导，帮助其逐步形成"自我识别"，发现自己克服现实适应障碍所具有的能力和品质。

最后，通过与当事移民一起回顾其过程，归纳并积极鼓励其当事移民通过自己的努力，克服各种适应不良的行为，学会在以后的生活中用积极的反应回应现实。

2. 认知疗法

认知一般是指包括信念在内的思维、想象等认识活动或认识过程。认知过程主要有接受和评价信息的过程，产生应对和处理问题方法的过程，预测和估计结果的过程。认知疗法是根据认知过程影响情绪和行为的理论假设，通过认知和行为技术改变当事人不良认知的一类心理治疗的总称。

认知疗法高度重视当事人的不良认知方式对其正常适应的影

响，所谓不良认知是指歪曲的、不合理的、消极的信念或思想，这些不良的认知往往导致人出现情绪障碍和非适应性行为，而治疗的目的就在于通过矫正这些不合理的、消极的认知，从而使当事人的情感和行为得到相应的改变。

认知疗法的基本观点是：认知过程是情感和行为的中介，适应不良的情感和行为与适应不良的认知有关，治疗者的任务就是与当事人共同找出这些适应不良性认知，并提供"学习"或训练方法矫正这些认知，使当事人的认知更加接近现实与实际，随着不良认知的矫正，当事人的心理障碍也逐步好转。认知治疗技术的重点在于减轻或消除当事人功能失调性活动，同时帮助建立支持适应性功能，鼓励当事人监察导致障碍的内在思想和情感等因素①。三峡移民中所存在的各种社会适应性障碍问题，其中许多可能与其不合理的消极认知有关，这些认知或是直接导致其社会适应性障碍问题，或是成为影响其社会适应性障碍的重要因素之一。因此，要想帮助移民克服其社会适应性障碍，需要处理者采用其认知疗法，帮助移民改变其不合理的消极认知，建构其有利于社会适应的合理而积极的认知。根据有关认知治疗的基本观点及主张，我们在通过认知疗法处理三峡移民社会适应性障碍，可以按照如下过程及技术进行：

第一阶段，与具有适应障碍的三峡当事移民一起找出其在社会适应方面所存在的各种问题，包括情绪及行为反应，同时通过与当事人的进一步交谈，分析他们是怎样看待自己所存在的问题的，并对所存在的各种问题进行排列，讨论并明确哪个问题是主要的。在此基础上，与当事人一起探讨与这些问题有直接联系的认知，从而使当事人明确自己所存在情绪及行为方面的适应问题与自己所存在的一些认知信念有直接的关系。并通过一些实际的例证使当事移民认识到这一点。

第二阶段，与当事移民一起找出导致其情感及行为适应障碍的各种认知偏差。根据贝克的认知治疗观点，当事移民常见的认知歪曲突出反映在如下方面：

① 车文博主编：《心理治疗指南》，吉宁人民出版社 1990 年版。

一是任意推断，即在证据缺乏或不充分时草率地作出结论。部分移民往往会根据自己过去的经验而任意地推断移民以后的生活，如移民会认为到一个新的地方，当地人一定会欺生而使自己受到伤害。

二是选择性概括，即仅依据个别细节而不考虑其他情况便对整个事情作出结论。在移民中往往因一时遇到某些个别的不称心的事，而往往就因此认为所有的事都会非常糟糕。如有的移民因为自己在移民中的某些方面的需要没有得到满足，就认为地方政府一点都不关心他们便是一种选择性概括反应。

三是过度引申，或称过度泛化，即指在个别单一的事件基础上作出各种具有普遍性的结论。在部分移民中也会不时产生这种以偏概全的偏差反应，如当移民与当地个别居民发生一点摩擦，他们便会因此认为整个当地居民都对他们不友好等。

四是夸大或缩小，对客观事件的意义作出歪曲性的评价。有的移民往往因移民后在生活上出现一些小小的困难，便高估这些困难，仿佛遇到大难一样整日忧心忡忡等。

五是非此即彼的判断，即要么是对要么是错的非黑即白的极端思维。有些移民在对移民的部分问题上也会常常表现出这种非此即彼的极端思维反映。如有的移民往往仅以个人利益为尺度，衡量政府的一些移民政策，通常认为符合自己个人利益的政策就是好政策，而不符合个人利益的政策就是不好的。这种想法就是一种典型的非此即彼的极端思维。

不管是上述哪种认知偏差，都会不同程度地影响移民正常的社会适应，并成为导致其社会适应性障碍的重要认知根源。因此，要想改变移民社会适应性障碍，必须改变影响其移民社会适应性的各种认知偏差，并帮助移民建立积极合理的认知。处理者通过与当事移民一起交流和探讨，努力发现其在移民方面存在的各种不合理的、消极的认知方式，并就这些不合理的、消极的认知方式又是怎样导致其移民适应问题展开讨论，使移民在思想意识上进一步明确自己的社会适应性障碍在很大程度上是自己各种非理性的、不合理的认知所造成，而要想改变或克服它们，必须从改变自己这些不合理的、消极的认知入手，并还应代之以新的合理的认知。

第三阶段：当事移民若初步知晓自己的各种适应障碍与其背后的不合理的消极认知有关，处理者还需要与其一起讨论如何去改变这些不合理的认知并代之以合理的认知。处理者可以通过以下方式进行：

一是帮助当事移民找到影响其社会适应的上述认知问题。一般处理者和当事移民通过一些较为典型的适应不良反应，找到其背后有可能存在的各种不合理的认知信念，并通过置辩，使当事移民认识到这些认知信念是站不住脚的，是没有道理的，且具体认识到正是这些不合理的认知信念导致自己产生情绪障碍及行为方面的不良反应而直接影响其社会适应性，而要克服它们，必须从克服影响其适应不良的认知偏差着手。

二是帮助当事移民建立积极合理的认知。一般做法是针对当事移民已经明确了的那些直接妨碍其社会适应的消极而不合理的认知想法而提出一个与之完全相反的认知，并与当事移民一起分析讨论这种认知对增强其社会适应性所具有的积极作用，从而使移民进一步认识到积极合理的认知信念对自己适应移民生活的重要性，并愿意通过学习主动增强自己积极合理的认知，以更好地适应移民生活。

第四阶段：处理者引导当事移民就有关治疗的过程及效果进行总结。要求其对治疗经过及其感受进行必要的反思，知道自己是怎样发现不合理的消极认知，并通过怎样的方式改变和消除其不合理的认知，从而通过怎样的方式代之以合理而积极的认知，并促使其适应问题的改变的，在此基础上通过布置其家庭认知作业，进一步巩固和加强其治疗效果。

3. 行为疗法

行为疗法是以行为学习理论为指导，按一定的治疗程序，来消除或纠正人的异常或不良行为的一种心理治疗方法。行为治疗强调，当事人的异常的生理及行为反应，都是个体在其过去的生活历程中，通过条件反射即学习过程而形成并固定下来的。因此，也就可以设计某些特殊的治疗程序，通过条件反射作用的方法，即学习的方法来消除或矫正那些异常的生理及行为反应，也可以通过建立新的健康行为反应以替代其不良反应。

行为疗法的理论基础来自巴甫洛夫的经典条件反射和斯金纳的操作性条件反射以及班图拉的社会学习三种基本理论。其共同点是：行为是通过后天的学习获得的，不好的或不正常的行为是在不利的环境条件影响下不适当学习的结果。通过发现和改变不利的环境条件，采取一定的教育、强化和训练等治疗措施，可以改变、矫正和治疗人的不良行为及其反应，从而达到适应环境的目的①。三峡移民所反映的社会适应性障碍主要集中在不良的情绪及行为反应方面，因此，我们可以通过采用行为治疗的方法，帮助移民克服其不良的情绪及其行为反应，并努力塑造其适宜的行为，使之更好地适应其移民生活。根据行为疗法的基本理论及观点，处理者在处理三峡移民社会适应性障碍时，可以按照以下步骤及要求进行：

第一步：确定其移民适应性障碍的靶行为，即明确移民适应不良的主要症状及表现。处理者通过观察、检查以及与当事移民的交谈，记录下移民的主要社会适应性障碍行为是什么，其强度和出现的频度怎样，并列出其行为症状及其表现的基线，如对于移民所反映的情绪抑郁障碍，可以根据其强度及其频度将其分为轻度、中度和重度等级标准。

第二步：了解并确定其移民适应障碍产生的原因。通过各种途径和方法，围绕来访移民的生物、心理、社会这三大因素探明其移民适应障碍的原因是什么。在生物学方面，可以从遗传、生理变化、神经类型及内分泌等找到影响其社会适应的生物学因素；在心理学方面，从认知、情感、意志及人格与动机等方面分析其产生社会适应性障碍的心理因素；在社会学方面，从生产生活方式、风俗习惯、文化传统、经济背景及社会风气等方面寻找到影响移民社会适应性的社会因素。同时应该结合三个方面的因素，从整体上分析其适应障碍的影响因素。

第三步：根据所发现的移民适应障碍的症状及其原因的分析，

①　车文博主编：《心理治疗指南》，吉宁人民出版社1990年版。

处理者向当事移民进一步说明行为疗法的目的、意义以及主要方法，使当事移民能够有所了解，从而帮助其建立消除适应障碍的信心，并争取得到当事移民的主动配合与协助。

第四步：针对当事移民社会适应性障碍的主要症状及其成因采用相应的行为治疗方式。行为治疗技术种类较多，每种方法都有其一定的适应症范围。处理者可以根据当事移民所表现出的不同适应症采取不同的行为治疗方式。在处理移民社会适应性障碍中，主要可以采用以下行为治疗的方法：

一是系统脱敏法。该方法也叫缓慢暴露法，是行为治疗的一种基本技术；由沃尔帕创立；其治疗原理是基于对抗条件反射。沃尔帕认为，如在引起焦虑的刺激存在时，造成一个与焦虑不相容的反应，则能引起焦虑的全部或部分抑制，以此削弱刺激与焦虑之间的联系。其一般做法是治疗者和来访者共同设计出一个能引起恐惧感的、由轻到重的恐怖事件分级表，然后让来访者在放松的状态下逐级训练，想象恐怖事件同时放松，等到恐惧感逐渐消失，再升级想象更恐惧的内容并放松，如此下去，一直到来访者的恐惧反应一一消除为止。

如果移民的主要适应症是焦虑性或恐怖性的情绪性适应障碍，可以采取系统脱敏治疗技术。其基本做法是：首先，处理者要深入理解当事移民的焦虑或恐怖反应是具体由哪些情境刺激所引起，并将所有引起焦虑或恐怖反应由弱到强按次序排列成“焦虑（恐怖）阶层”。其次，处理者教会当事移民一种与焦虑或恐惧相抗衡的或松弛反应方式，使当事移民感受到能够通过放松技术解除焦虑或恐怖；进而通过把松弛反应技术逐步地、系统地和那些由弱到强的焦虑或恐怖阶层同时配对出现，形成交互抑制。这样逐一的由弱到强的把那些由于不良条件反射而形成的焦虑或恐怖反应加以消除。最后，使当事移民重新建立一种习惯于接触不利刺激而不再敏感的正常行为。每次进行的脱敏放松训练针对 1~2 个焦虑（恐怖）事件进行，当前一个脱敏训练取得成效后，再进行下一个脱敏训练，当第二个脱敏训练取得成效后，需要就当时所进行的整个脱敏训练进行练习，以强化和巩固其训练成果，同时处理者有必要要求当事移民回去后通过自我练习，进一步巩固其当日的处理结果。这样通过数次的脱敏训练，使当事移民的焦虑（恐怖）情绪逐一消除。

二是厌恶疗法。该方法也称厌恶性条件法，是一种具体的行为治疗技术。其一般做法是将欲消除的目标行为（或各种不良行为反应）与某种不愉快的或惩罚性的刺激结合起来，通过厌恶性条件作用，达到消除或减少其不良行为反应的目的。如果移民的主要适应症是不良的行为反应，则可以采用厌恶行为治疗。其基本做法是：处理者通过帮助当事移民将所要戒除的靶行为或症状（如逃避正常的交往）同某种使其厌恶的或惩罚性的刺激结合起来，通过厌恶性条件作用，从而达到减少直至戒除其靶行为再度出现的目的。这种厌恶疗法，可以帮助移民克服直至消除因社会适应性问题引起的如酗酒、赌博、吸毒等不良行为。如当事移民将有某种不良行为发生时，可以通过令其想象一种令其作呕的东西，或者直接刺激其身体的某个部位（如手腕）使其产生明显的疼痛反应，这样多次地将厌恶或疼痛刺激与其不良行为反应结合，形成其厌恶性条件发射，最后迫使其放弃或改变不良行为，形成正常的反应。

三是暴露疗法。该法是一种通过一定的方式有意识地使来访者暴露在各种难以接受或令其恐怖的情景条件下，使之逐步形成耐受力并能适应该情景的一种行为治疗方法。如果移民存在对新地方及人的恐怖反应，可以采用这种治疗方法。其基本做法是：首先，就当事移民患有恐怖反应的症状进行诊断，以发现引起恐怖反应的具体情境是什么，确定具体表现为一种怎样的恐怖反应；其次，对当事移民的耐受力进行一定的评估，如果其耐受力较强且表现出较为强烈的解决问题的动机，可以采取快速暴露法，就是将其置于令他感到恐怖的情境中，并鼓励其在这种情境中坚持待下去，一直到恐怖症状不断减轻直至最后消除为止；如果当事移民本身的承受力较弱，则可以采取缓慢暴露法，即将其恐怖刺激分为一定的等次，从最弱的刺激开始暴露，当当事移民能够很正常地面对这种弱的恐怖刺激后，提高其恐怖刺激的强度，逐步增强到最大的恐怖强度，直到当事移民均能够正常面对为止。在通过直接指导其暴露的同时，使当事移民学会其暴露方式，并通过布置一定的家庭作业，使其通过练习，改变其恐怖反应。

四是行为塑造法。这种方法可以结合前面几种疗法进行，前面主要是帮助移民改变各种适应障碍问题，而行为塑造法则是帮助其建立适应行为的过程。其基本做法是：当当事移民在改变不适应行为的同时做出一定适应性反应后，应该通过必要的强化手段巩固其适应性反应。所采用的强化手段包括有表扬、奖励等。一般来讲，在使用强化过程中，其一是要研究对方所感兴趣或所需要的东西，以此作为强化物；其二是要针对对方的适应行为表现而实施强化；其三是强化量及质应该随着更多或更为复杂的适应行为的塑造而不断有所增强和提高；其四是应该做到物质强化和精神强化相结合，并逐步形成以精神强化为主。

第五步：对治疗的效果予以评价并予以强化。处理者可以根据其靶行为改变的状况对其当事移民治疗的效果进行评价并对当事移民所形成的积极改变予以充分的肯定，并适当采用诸如批评、撤销奖励等"惩罚"方式，对其改变过程中的一些消极的做法予以必要的制止，从而使当事移民适时调整自我状态，做出更多更好的适应性反应。

第六步：对治疗的过程及效果进行评估，总结治疗中一些成功的经验，并加以必要的巩固与保留，发现其中的一些问题，并通过再度思考，适时调整其治疗的方式及步骤，使整个治疗趋于完善。

4. 社会支持疗法

应该说一般心理治疗都应该包括对当事人心理支持的作用，而作为一种专门的心理治疗方法，支持性治疗主要是治疗者通过采用专门的解释、保证、鼓励、指导等方式对当事人提供相应的帮助，从而使其建立自信，勇敢地承担起自己的责任，并敢于正视和克服生活中所遇到的各种困难，不断增强自己适应生活的能力的治疗技术。

支持性治疗是一种应用广泛的心理治疗方法，主要适合应用于当事移民以下问题的治疗：一是移民短期内遭受挫折或遇到严重的灾难，以致产生抑郁、焦虑、苦闷及紧张反应；二是移民在新的环境中长期存在矛盾、紧张和压抑，致使内心抑郁、心境不佳，感到前途渺茫，甚至产生明显的消极观念等；三是那些因移民所造成的各种身心不良反应等。其治疗的基本步骤如下：

第一步：确定哪些移民需要通过支持疗法。支持疗法的一般对象是那些遇到挫折或感到环境压力很大，情绪紧张、缺乏自信而又处在孤独、失望而不能自持的人。

第二步：通过访谈调查等形式收集当事移民的各种信息资料。这些资料包括与当事移民适应障碍有关的生活事件、社会背景、人际关系、家庭状况以及个人的个性特点等，只有了解了一些相关信息，才能提供有针对性的社会支持方式。

第三步：选择适当的情境和安排专门的时间地点，采用专门的支持性方法开展对当事移民适应障碍问题的处理。所选择的地点应该是安静的，尽可能避免其他干扰，处理者应首先细心倾听来访移民的诉说，不随便打断对方的谈话，整个交谈气氛都应该是和谐的。在具体的处理过程中，处理者可以采用以下专门的支持方式：

一是解释。处理者对当事移民在适应方面所存在的一些疑虑、心理困惑以及矛盾心理给予分析和疏通，使当事移民对自己在社会适应方面所存在的问题有所领悟。在具体的解释中处理者的态度要中肯，分析应入情入理、明白易懂，能够使当事移民心悦诚服地接受其解释，并重新审视自己在移民过程中所存在的问题，形成新的适应性认知。

二是保证。保证是指对当事移民中有些关于妨碍其移民适应的完全没有必要的顾虑，处理者可以承担一定的责任，而给予必要的保证，从而消除当事移民多余的顾虑和紧张感，以减轻其精神负担。处理者对当事移民保证时，应做到实事求是，而不能华而不实。通过保证，从根本上帮助移民消除各种对移民后生活的顾虑和不必要的担忧，使当事移民重振生活的信心，更加坚定新的移民生活。

三是鼓励。在当事移民中往往存在因移民生活的改变所遇到的一些挫折和独自难以克服的困难，并因此造成对自己信心不足和自我贬低等反应。在这种情况下，需要处理者采用鼓励的支持策略。首先应该从当事移民在生活中所从事的一些简单的活动的成功开始，加以充分肯定，帮助其建立自信，同时鼓励当事移民从事具有一定困难或挑战性的活动，在此过程中不断肯定其进步，激发其进一步迎着困难前行的信心与勇气，使移民最终树立坚定的生活信念，重新扬起生活的风帆，破浪前进。

四是指导。面对移民后的陌生情境，移民从日常生活到生产都会遇到一些新的问题，而凭原有的能力又无法直接解决。在此种情况下，处理者需要通过采用指导的支持策略。具体做法是：处理者应该首先了解当事移民具体在哪些方面存在不足，缺乏哪些技能。然后，有针对性地开展各种适应技能的指导与训练，帮助移民逐步掌握其所欠缺的适应技能，从而使他们逐步适应移民后的生产与生活。整个指导应该是由个别到一般、由简单到复杂、由浅入深地有序进行。

在采用支持疗法的过程中，处理者和当事移民要注意建立与保持相互信任的关系；处理者有关谈话要有重点，要结合实际问题有针对性地提供支持，而避免含糊笼统的支持；应该注意通过调动与当事移民有关的亲朋好友和信得过的同行和领导等的支持；支持性疗法每次的时间不宜太长，一般以一个小时为宜。

第十一章　三峡移民社会适应性的改善对策

尽管我们在调查及研究中只发现极少数三峡移民存在较为明显的社会适应性障碍，大多数移民的社会适应是正常的，但三峡移民是一种对原有的整个社会关系与秩序的完全颠覆与改变，涉及移民在社会、文化以及心理结构的重建，而这种重建是一种甚为复杂的过程。从我们及有关学者的研究不难看出，所调查的移民的整体社会适应性水平并不高，在自然及人际环境、生活与生产等诸多方面的社会适应性尚不够完善，还需要进一步的增强。因此，我们将从国家、地方政府和移民个人多个层面提出可操作性的对策，以增强三峡移民的社会适应性，帮助他们适应新的社区组织与生活，完成社区组织和人际网络的重建，以实现其我国政府提出的"搬得出、稳得住、能致富"的移民目标。

第一节　国家方针政策层面的对策

三峡工程移民属于国家性质的非自愿性移民，在一定意义上讲，国家是移民的代言人，是移民利益的最终维护者，因而三峡移民的权益实现具有很强的政策性，其移民权益的维护与保障需要在国家的制度安排下实现。政府有关移民的方针政策及其组织管理等不仅对当初移民的顺利进行提供了根本性的保障，同时也是促进移民今后适应新的社会生活和稳固发展的重要保证。因此，要想从根本上改善与增强移民的社会适应性，需要充分发挥政府在其方针政策等方面强有力的支撑作用。

国家在面对移民问题的时候，在对策层面应该关注方向性和框架性的策略和措施，力求从宏观制度方面起到引领和指导及监管作用。由于三峡移民涉及政治、经济、文化、环境、资源等多个领域，目前我国在水利部下面所设的水库移民局，只是一个执行机构，其组织管理的范围很窄，很难对三峡移民过程中的各种问题进行统一协调的领导与管理。因此，在目前的制度架构下，笔者在此建议移民局除了行使现有的移民权限外，也应该代表国家进一步发挥其应有的职能作用，着力解决以下问题：

（一）做好立法工作，建立完善的非自愿移民法律体系

三峡移民心理从迷茫到攀比与博弈心理的转变，主要的因素之一就是移民法律体系的不完善。由于没有相对统一的工程性移民法律规范，三峡移民往往选择有利于自身利益的其他库区的移民政策当作与政府进行利益博弈的底线。同时，由于工程移民强制性或非自愿性特征突出，而且是为了公共利益的需要，因此社会后续问题相对突出。但是目前我国还没有专门的法律规范来解决这些非自愿移民引发的社会问题，而往往采取临时性的增加补偿标准来安抚移民或延长后期扶持期限以稳定移民心理。这就给移民管理工作带来了更大的政策成本，给地方移民管理机构带来了更大的工作压力。同时，这也给移民心理造成了微妙的影响，使得移民产生更强烈的博弈心理。要避免这种心理转变的可能，就必须做到移民工作依法进行，避免出现目前在工程性非自愿移民方面的法律冲突或法律缺陷问题。因此建议通过全国人民代表大会考虑制定《非自愿移民法》。通过立法形成对非自愿移民的法制化的规范管理，同时鼓励并引导律师事务所到移民地区开展法律咨询和法律援助业务，逐步培养一批专业的移民律师，做到通过法律形式与途径，切实保障与维护移民的合法权益。只有制定了健全的法律体系，形成移民安置规范条例及标准，移民的合法权益才能真正做到有法可依，有章可循。

（二）健全组织，加强对移民工作的统一领导与管理

由于三峡移民涉及范围广，情况复杂，所关乎的问题多，需要

有统一组织，加强对移民的规范化管理。因此，需要国家督促地方政府设立专门的移民管理机构，负责专门的三峡工程移民安置和后期扶持及管理工作，保障三峡移民的各项权益，简化移民建房宅基地的征地手续；减免接纳三峡移民的企业有关税费，优先立项审批三峡移民兴办企业，创造良好的三峡移民子女就学、教育条件，提供移民技能培训学习机会，全面做好移民的各项工作，促使他们尽快融入当地的经济建设和社会文化之中。推进移民政策管理的条理化和制度化，同时要督促迁入地和迁出地兑现各类优惠政策，推进三峡移民进入健康发展阶段，督促各级地方政府尊重移民的知情权，公开、公平、公正地实施移民政策。只有自上而下，健全移民的组织，形成对移民的统一领导与组织管理，移民才能通过必要的组织渠道，解决移民过程中所遇到的困难与问题，这样才能保证移民更好更快地适应新的移民生活。

（三）健全三峡移民的信息沟通网络渠道

基于三峡移民范围涉及数省、分布广泛的特点，需要建立能够覆盖整个移民网络的信息收集渠道，了解与掌握不同地方移民生产生活的动态，及时了解和有效解决移民中的一些问题。因此，健全三峡移民的信息沟通网络渠道非常必要。

首先，利用正式渠道发布有关三峡移民工作的权威信息。尽可能地利用政府的组织系统和电视、广播等传播工具向移民及时发布权威的信息，以避免非正式信息渠道产生信息的夸大和失实。同时公布移民工作中的利弊关系，提供移民交流空间。公开、客观地传递移民工程对于移民可能存在的利弊信息，以使他们对于未来有所准备；同时可以考虑组织已迁移民或其他库区移民举行交流会，通过移民体验的分享来减弱移民对于可能出现的问题的恐惧和反弹，并学习如何应对可能出现的问题。与此同时，政府可考虑开设"移民咨询站"或"移民信箱"等，设置回复时限，以尽可能全面、及时地了解移民心理需求和动向，并通过移民问题的回复和解决建立政府在移民中的权威感和公信力。同时结合系统的移民信息获取制度，建立贯穿整个移民过程的详尽的危机预警和处理方案。

其次，通过 NGO（非政府组织）、NPO（非营利组织）搭建三峡移民信息沟通平台。在信息社会的今天，移民和政府、业主之间的信息沟通显得非常重要。但是由于移民对基层政府的不信任态度较为突出，因此由政府牵头来建立移民信息的沟通平台就会让移民认为这是一种新的政府管理或控制方式，从而很难消解长期积累的不满情绪。但是移民了解相关信息的心情非常急迫，因此通过 NGO、NPO 来缓和这种对立的情绪就显得非常重要和必要。这就要求移民管理机构在制度上或政策上留给这些 NGO 与 NPO 能真正进入移民工作的空间。就非自愿移民而言，有关移民管理机关应该主动和 NGO、NPO 联合，让这些组织去开展大量的移民工作，如移民法律咨询、移民心理咨询或心理辅导、筹集移民代表委员会等有益于移民和政府的社会工作。而移民管理机关应该做好这些组织的备案管理、资格审查和监督管理工作，也可以在移民地方政府划拨出一定量的移民管理经费成立移民研究基金，面向社会，尤其是高校志愿者组织或科研团队，采用公开竞争的方式进入移民工作中去。通过这些非政府组织和非营利组织的介入，有利于政府了解真实的移民心理和移民需求，进而采取有针对性的政策措施，同时也有利于维护移民的合法权益。

第二节　移民迁入地区组织的对策

三峡移民迁入地区的地方组织在移民过程中肩负着重要的组织管理责任，国家的有关三峡移民的政策方针需要通过地方组织加以落实，同时还要具体承担三峡移民的组织管理及服务方面的工作，因此，其地方组织是解决三峡移民适应性的社会主体，三峡移民后的生产生活及社会关系网络的建立以及在此方面所遇到的各种问题，都需要地方政府加以妥善解决，以帮助三峡移民积极主动融入当地的经济文化建设中，其具体做法如下：

（一）改善移民的基本生活条件

改善三峡移民的基本生活条件，协调好迁入地居民与三峡移民之间的关系是三峡移民能"落地生根"的前提条件。因此，安置地政府要重视三峡移民基本生活条件的改善，具体要做好如下工作：

1. 进一步做好征地补偿和安置补偿的协调工作，保护三峡移民的合法权益

水库淹没造成了三峡移民财产的巨大损失，他们原来拥有的土地、房屋、林地、基础设施、公共场所等都将永远消失，不得不在新的环境中重建家园，因而财产补偿对移民十分重要，是他们重建家园的主要依靠，给予移民合理补偿是协调三峡移民与安置点关系的第一步。因此，地方组织应先按照国家有关三峡移民的补偿政策做好移民补偿工作，具体包括征地补偿和安置补偿涉及实物指标的调查、补偿范围（或项目）的确定、补偿标准的制定和补偿兑现的方式等问题。只有有关移民的合理的补偿得以真正落实，才能为移民适应新的生活奠定基础。

2. 进一步采取各种具体措施，多途径帮助三峡移民解决好住宅方面的遗留问题

前文已经详细论述了住房在提高三峡移民适应性中的重要性，由于三峡工程移民是一项政府行为，因此住宅安居对三峡移民适应迁入地生活，实现稳得住、能致富的目标，有着至关重要的作用。迁入地政府在安置移民的安居住宅方面应进一步解决如下问题：

（1）完善住宅补偿资金标准。这是一个政策性很强的问题，需要不断总结、研究和探索，以求制定合情合理的住宅补偿资金标准，并争取最大可能地发挥住宅补偿资金的效用。调查中发现一个非常实际的问题：由于从移民规划至移民实际迁入有一个过程，因此从规划时确定的住宅补偿资金标准到将住宅补偿资金发到移民手上存在时间差，在此时间差阶段，由于建筑材料价格、人工费用的变化及其他种种因素的影响，按规划标准发给移民的住宅补偿资金，很可能已无法修建相当于移民的原标准、原面积的住宅。不少移民和移民工作干部都反映了这一问题，这也是引起移民不满情绪的一个实际问题。加之多数移民在修建新住宅时增加面积、提高标准，更使修建住宅的资金出现较大的缺口。规划的住宅补偿资金标准与移民在修建住宅时实际所需的资金数额之间的差距会越来越大，移民修建住宅占用生产、生活资金及负债现象将会越来越严重。因此，政府有关部门不仅要加强对移民修建新住宅投入资金的指导和控制，也要综合物价、住宅发展水平等多种因素认真研究移民住宅补偿资金的合理标准，以求最大限度地发挥政府住宅补偿资金的效用。只有这样，才能有效指导和控制移民合理投入建房资金，进而使移民合理安排生产、生活的资金投入。

（2）加强宣传、教育工作，帮助三峡移民破除旧的住宅观念，建立文明的新式住宅观念。调查中发现由于多种原因，大多三峡移民的住宅习俗、传统观念中存在许多落后、不科学的成分。例如，一些移民认为自来水不如井水、泉水；不愿集体盖房、建高层单元楼房，不愿意别人住在自己"头"上（楼上），而一定要划出地基各自盖自己的住房；认为住房是地位、面子的象征，房子建得越好就越有面子和地位，而不论是否适用和必要；宅基地位置要风水好等。依照我国人口、经济和社会发展的趋势，城乡住房将朝着占地少、单元楼层、结构合理、设施齐全、美观适用、既经济又超前的小康住宅方向发展。因此，在三峡移民安置工作中，需要加强宣传教育工作，借迁移这个机会，改变三峡移民中传统的住宅观念，指导移民科学、合理地盖房，减少因盖房而引起的各种矛盾、冲突和问题。

（3）加强合理规划，重视移民住宅小区的建设。住宅小区对移民的日常生活、劳动生产、发展经济、人际关系，乃至对新环境的感受、心态都具有重要影响。安排三峡移民的住宅既要考虑到满足其需要，同时也要照顾到迁入地老居民的情感和利益；还要考虑土地的合理使用，尽量不占耕地；并尽可能有利于水、电设施配套、交通方便。因此，各级政府在安排移民建房过程中，要依照本地的实际情况，制定移民宅基地选址的一些原则，合理规划，统筹安排。一般而言，在过于散远的位置划宅基地弊多利少；一家一块地基的模式弊多利少；在原居民居住稠密区划宅基地易引起矛盾和冲突；而在有条件的地方建设移民住宅小区，集体修建单元楼房，是一个比较合适的办法和模式。

（4）完善水电等配套设施。住宅的各种功能实现，需要依赖房屋本身的面积、结构、质量、设施及住宅周围的自然、社会环境。其中配套设施，包括供水、供电、交通、物资供应、邮电通讯等都是其重要组成部分，不仅影响着住宅功能的实现，而且影响着三峡移民的日常生活、生产活动。不少调查显示，部分移民的房子盖好后，相关的配套设施不能跟上，导致移民对迁后生活环境意见较多，并成为移民不满意见和情绪的重要客观原因之一，导致移民适应性差。

3. 结合本地实际情况开展各种培训工作，提高三峡移民的生活、生产技能

迁入地政府除了给移民安排好相应的实际生产生活条件之外，增强三峡移民自主生活能力，强化移民的生产生活技能是移民稳得住的关键。例如，青岛市各级政府以优惠政策鼓励三峡移民在"以土为本，为农为主"的基础上，多渠道从事生产经营活动，采取了一系列有力措施：一是减免移民入市经营的摊位费、市场管理费，对其入市经营实行优惠政策；二是多层次地为移民举办生产技能特别是高效农业技术培训，提高其生产经营技能；三是动员当地农产品加工企业，将移民作为其原料生产的专业户、合同户，优先收购其产品，开展结对帮扶活动；四是为有专长的移民开办餐饮、理发、食品加工等企业提供方便条件；五是组织移民参观高效农业园和文明示范村，拓宽致富思路，增强文明意识。在这些具体措施帮扶下，大多数三峡移民基本上有了相对稳定的收入，这样无疑将大大增强其移民的社会适应性。

4. 关注迁入区农民的利益，协调好三峡移民与安置区农民的利益关系

从理论上讲，移民与安置区农民并不发生直接的利益关系。但是，三峡移民事实上挤占了安置区农民原有的耕地、园地以及相应的基础设施等公共资源，导致安置区农民人均资源的减少。尽管安置区没有发生水库淹没，但土地调整同样减少了他们的人均耕地面积，减少了他们占有公共资源的人均数量，实际上也是受影响的地区。安置区土地的调整和公共资源的重新分配，同样存在损失与补偿的问题，涉及利益协调，但我国对安置区的补偿却一直没有重视。改革开放前，地方政府一般是通过国家强制的方式进行土地调整。改革开放尤其是1991年《大中型水利水电工程建设征地和移民安置条例》颁布以后，尽管对安置区失地农民也进行了一定的补偿，但补偿标准却不尽合理。建设征地补偿有一个大前提，就是对移民实行"前期补偿、补助，后期扶持相结合"的原则，也就是说，移民得到补偿后，今后还将继续享受国家的后期扶持政策，而安置区的农民却无法享受这一政策，征地补偿也就明显少了这一项收入。照此计算，安置区的征地补偿标准应该比库区建设征地的标准高才是合理的，但在实际执行过程中，其补偿标准却反而比水库移民征地补偿标准低。安置区农民的不满情绪由此而来。尽管在政府的行政强制下调整出了安置用地，矛盾也暂时得到了缓和，但安置区农民内心并未平服。在移民进入安置地之后，安置区农民就把原来针对政府的不满发泄到了移民身上，认为是移民抢占了他们的资源，由此埋下了安置区农民与移民对立的隐患。一旦有新的冲突发生，安置区农民的这种不满情绪就会演化成对移民的仇恨，针对移民的种种极端行为就会出现。这样不仅会严重妨碍移民的社会适应性，同时也会影响到移民所在地的安定团结。因此，地方政府应该做好协调地方居民和三峡移民之间的利益关系。

（二）消除文化歧见，促进文化融合

文化的整合属于最高层次的整合，它往往需要一个过程。一般说来，移民在迁入地有三种文化生存方式：一是移民完全融入迁入地的文化之中，二是移民文化无法融入当地文化，形成了隔离或者文化孤岛，三是与迁入地文化有机结合，形成多元而独特的新文化。

从三峡移民的情况看，不同的移民安置状况对于其文化融合方面存在不同的影响：如果每个安置点安排的户数比较少，在10户以下的话，他们与当地文化融入一般是第一种状态，到了第二代移民，基本上和本地居民看不出区别，因为在户数比较少的情况下，他们日常生活必须与当地居民发生各种联系，因此融入会比较快，

典型的例子要数广东博罗的安置形式了。这种小规模的移民点的移民在同当地人打交道的过程中，不断发现新的生存之道，赋闲在家，等靠要的思想较少，而如果迁入的移民在 10 户以上，他们到了迁入地，本能的形成小社会和团体，抱团现象明显，而缺少与当地文化的交流和沟通，典型的例子要数同在广东的三水移民点①了。具体措施有主办各类文化交流活动，消除双方的文化误解和歧见。大丰市在这方面已迈出了坚实的一步，他们编写和发放《大丰市三峡移民生产生活手册》，里面对大丰市的历史、生产生活服务内容、法律法规等作了介绍，使移民逐渐了解和掌握当地相关的社会规范。

为了促进移民的本土化，首要任务应该强化文化观念的融合，消除文化歧见。移民安置工作的最终目的是移民与安置区原居民共同致富，移民完全融入当地社会的一切事务中。在所有的融合过程中，移民的文化观念与当地居民的文化观念的融合尤为重要。文化的融合是移民与当在居民和睦相处、健康发展的基础。每个地区的文化习俗各不相同，互有长短，有相互补充之处，也有相互冲突的地方。为了能尽快融合，必须树立科学的文化观，移民管理部门应对移民与原居民的科学观进行有系统、有目的的培训与教育。完成了移民与当地文化价值观的整合，移民稳定工作往往能收到事半功倍的效果。

（三）增强社区整合，重建移民社会支持网络系统

社会人类学认为，人生活在一定的网络之中，社会网络对个体具有信息情感交流、社会互助功能，个人利用社会网络获取各种信息，例如工作机会，或对象介绍、生意往来等，人们同时在社会网络中通过婚丧嫁娶、节日节庆等各类形式进行情感交流，缓解心理压力。更由于中国传统上是一个"熟人"社会，也就是费孝通先生在《乡土中国》一书中所指的"乡土社会"，在熟人社会里人和

---

①　金明良、侯晓：《水库移民社会适应性调整措施初探》，载《人民长江》2005 年第 36 期。

人之间靠各种网络形成了一个整体。①

三峡移民到达迁入地以后，尽管生活条件得到了较大的改善，但是他们迁移之前花费了几十年的时间建立起来的社会关系网络却突然间消失，个人突然被置于社会关系的"孤岛"之上，这种状况意味着过去积累的无形资产消失殆尽，他们由于无人介绍而很难找到合适的工作、由于缺乏信用很难找到生意上的合作伙伴、遇到困难的时候，更无法找到愿意帮助自己的人。因此，通过自愿帮扶、社区整合、政治结合等手段帮助三峡移民重建社会网络，是改善移民社会适应性的重要手段。

1. 扶助、协助移民建立生产支持网络

许多地方的移民办都有一些"一帮一"或者对口支援的帮扶措施，严格说来，这应该是一个比较好的思路，但在实际的调查中发现不少迁入地区的帮扶形式最后流于形式，效果并不好。主要原因在于很多地方的干部把移民帮扶当成政治任务完成，他们的方式主要是个人出钱进行一些经济上的资助，时间一长，这种帮扶就慢慢失去了其本来的意义，实际上，三峡移民和这些干部之间很难形成有效的社会网络和人际关系。在这种大环境下，建议发动全社会的力量来关心和帮助移民，采取自愿的原则，由迁入地政府出面，向社会宣传和征集当地居民和企业"一对一"的帮扶三峡移民。在这种自愿的方式下，双方的合作可能更加友好也更加有效，因为帮助方出于自愿，就会尽心尽力，而被帮助者也不会强求。同时移民不是通过政府强行安排到企业工作，而是通过让他人和当地企业了解自己的长处，通过拓展个人社会关系得到工作，移民在企业的工作也会更加稳定。当三峡移民有融入当地主流社会的途径以后，他群和我群的概念就会逐渐消除。

2. 建立与完善社会生活网络支持系统

三峡移民外迁的最基本单元是家庭而不是个人，因此迁移对移民家庭的内部结构和家庭成员关系产生的影响较弱，但是因为家庭

① 马德峰：《影响三峡外迁农村移民社区适应性的客观因素——来自江苏省大丰市首批三峡移民的调查》，载《管理世界》2002 年第 10 期。

和个人所生存的社区性质和环境发生了重大变化，所以移民到达迁入地之后的社区整合就非常重要。所谓社区整合是指社区各部分、各要素之间相互适应与调节，形成一种新的相互合作与依赖的过程和状态。在搬迁过程中，三峡移民经历了资源和环境的显著变化，原有的生产方式、经济结构被打破，旧的社会组织和社会关系网络遭到破坏，原有的文化样式不同程度地被打破。进入迁入地后，外迁移民面临着建设新家园的重任，这种重建不可能是原有生产方式和生活方式的简单重复，而是社区结构的重构与发展，必须打上新环境的众多烙印。因此，移民适应过程中面临着社区整合问题。

从内容上讲，移民的社区整合需要包括：（1）规范的整合。是指社区在行为标准上的一致，通过规范整合使规范内化为个人的行为准则，进而将社区成员的行为纳入一定的轨道和模式，以达到维持一定的社会秩序社区互助技术。各种互助技术有的采用利于促进移民的社区整合。（2）沟通的整合。是指社区人际沟通的畅通与人际关系的融洽。例如江苏省大丰市采取有效方法，通过培训、教育、结对帮扶等措施，保证了三峡移民的情绪稳定，保证了三峡移民与当地居民间的交流与沟通，增进了双方的了解和友谊。[1]（3）技能的帮扶与整合。要使三峡水库移民适应新的生活习惯，就需要对移民进行必要的帮助，使他们能熟练地使用各种新型的生活工具，如煤气灶、沼气池等设备设施的使用，让三峡工程移民明白新习惯可以使他们的生活得到较大的改善。与此同时，要大力改善安置区域生活服务条件，在移民安置集中区域建立移民生活服务中心以及完善的服务体系，优惠对待移民，实实在在地帮助水库移民解决实际的困难，尤其对水库移民特困户、智障户、孤寡户、病残户，更要制定一系列扶持措施，进行特别的帮助。

3. 形成移民代表制度下的政治社会融入机制

三峡移民迁入安置区以后，其选举权、被选举权等政治权利随之转移到迁入地区，采取移民代表制度下的政治结合也是增加三峡

---

① 林秀俊、黄忠煌：《积极落实移民政策坚持安置发展并举——三峡移民在福州市生存状态及适应性调查》，载《福州党校学报》2006年第2期。

移民适应性的有效手段。因为迁移，三峡移民原有的政治关系遭到了破坏，迁入地区政府要重视三峡移民的选举权、被选举权、村镇建设的发言权、参与权、管理权等，其基本权利应在迁入之时起就与当地原居民一样，同时也承担应有的义务，这种一视同仁的方式有利于消除他们的特殊身份的角色认知，需要让三峡移民认识到，他们在一定时段内是弱势群体，但并不是特殊群体，他们在依法享有政策规定的优惠措施之外并不应该予以特别对待。实施移民代表制度的政治结合有利于他们更加稳定的生活和生产，更容易融入当地政治结构。例如在江苏省大丰市，移民试点工作领导小组办公室出台了一项政策，即在有移民安置的乡镇建立移民代表制度，取得了很好的效果①。

4. 加强社区参与，创建和谐移民社区

在人际关系方面，要尽量保存迁入移民原有的人际关系而不致消失殆尽，使之成为移民融入新社区的人际缓冲带。具体做法可以按照现有的家族，亲友，邻里格局实现整体外迁，在政府安置规划的人数和地域范围内，鼓励和提倡移民间的自由组合。外迁完成后，为移民与原住户的感情交流和人际交换提供机会。同时充分发挥街道办事处的作用，在移民点上设置义务协调员，由移民和原住户轮流产生代表，使社区问题、街道问题公开化、透明化，减少因文化误导和信息误读造成的冲突和摩擦。具体可采用下列措施：（1）设计"移民社区生活指导图"，以户为单位向移民提供，使移民在处理新社区可能遇到的问题时能够清楚明了的向相关部门或机构寻求帮助。（2）通过地方电视、广播等向移民提供市场需求信息和就业信息等，为移民经济生产的恢复提供解决途径；同时可考虑建立图书室等为移民提供科技图书，并结合当地的产业发展以及市场就业信息为移民提供针对性的技能培训。（3）建立发展交流平台。邀请当地的致富精英或其他库区移民中的发展典型与移民进行经验交流，为移民生产发展提供新思路，并树立榜样，鼓励移民

---

①　林秀俊、黄忠煌：《积极落实移民政策坚持安置发展并举——三峡移民在福州市生存状态及适应性调查》，载《福州党校学报》2006年第2期。

自力更生。(4) 在新社区建立移民信箱、移民热线以及义务协调员制度,及时有效的处理移民问题,避免移民事件的发生。(5) 开展移民与安置地原住民之间的联谊和互助活动,以增进两者之间的了解和融合,同时可以开展友好互助的评比活动,以促进移民与原住户的和睦相处和社区融合。(6) 建立心理疏导和支持系统。为缓解和消除移民在动迁阶段普遍存在的心理问题,可考虑引入心理学专家以中立者的姿态为移民提供心理咨询和援助,以避免移民消极情绪的蔓延。

(四) 提高移民的语言能力,化解内、外群隔阂

语言障碍影响了移民与当地人的交流,而这一点在移民经济生产与社会心理适应方面也产生了连锁反应。语言不通使移民在短期内无法顺利地开展经济交易活动,这也引发了移民与当地人之间的许多误会与矛盾,甚至成为人们区分内、外群体的重要标志之一。一般来说,人们对内群体怀有特殊的忠诚感和认同感,同时人们以怀疑和不信任的眼光看待其他群体,这种群体的划分导致了三峡移民的种种不适。有研究[1]显示,迁移到福建的三峡工程移民中有48.5%的人存在语言交流障碍,同时,语言的适应能力明显受到年龄的影响:三峡移民群体中的儿童一般能在2~3月内基本掌握当地语言,而老年人在生活3年之后,与当地人在语言的沟通上还存在相当大的困难。

语言能力也是移民进行文化适应的前提,因此迁入地的政府需要切实增强移民的语言能力,激发移民学习当地语言的热情,像生活帮扶一样帮助移民进行当地语言的学习和交流。如果移民能够积极主动沟通当然很好,但不排除有部分移民的双语能力和代码转换能力不够,就需要当地政府认真帮助移民通过语言关。有部分移民反映某些地方的移民工作人员将方言手册发给移民就完,没有切实帮助移民完成语言适应。同时要积极将家庭中的儿童和年轻人培养

---

① 叶嘉国、雷洪:《三峡移民对经济发展的适应性——对三峡库区移民的调查》,载《中国人口科学》2000年第6期。

成具有双语能力的成员，积极沟通三峡移民和当地居民的关系。

（五）改进移民管理工作作风，提高工作效率

基层移民工作人员是移民安置工作的主力军，其言行不仅仅是代表个人，更是代表着国家和政府在三峡移民心目中的形象，他们工作的好坏直接影响着三峡移民工作的成败。例如，调查发现，迁移到江苏省大丰市的移民适应性比较好的一个重要原因就是当地的乡村领导干部高度重视移民安置工作，扎扎实实地为移民办了许多事情而得到了移民的认可①。

在三峡移民安置的过程中，绝大多数的基层工作人员都忠实地履行了自己的义务和责任，把移民当亲人，给移民以无微不至的关怀。但是，也有部分基层工作人员对移民工作的重要性认识不够，认为只要执行了国家的政策就行，给移民安排了土地、房屋和家具，把移民安排进了企业，移民工作安排就合格了，而不管实际效果，这其实是一种极端的官僚主义作风，更不符合移民安置的总目标。此外，还有部分基层工作人员工作态度粗暴，在移民款的发放时间、土地遗留问题的解决上还存在拖拉现象，极大地伤害了三峡移民的感情。我们应该承认，基层移民工作人员也是社区整合的重要力量。基层工作扎实，移民的适应就会更好。

（六）促进当地经济发展，推动移民收入来源多元化

任何个人或家庭的日常生活均涉及诸如住房、就业、收入、教育、交通、治安、社会交往等方面。在不同时期，对于某个人或家庭而言，在其生活中和心目中肯定有轻重之别。有调查发现，在三峡移民所关心的事项中，自己的收入和自己家庭的收入两项的频率最高，分别为 54.1% 和 34.3%。

1. 移民经济多元化发展是移民致富的基础

移民搬迁到安置区，其本身的经济发展处于一个停顿或真空状

---

① 林秀俊、黄忠煌：《积极落实移民政策坚持安置发展并举——三峡移民在福州市生存状态及适应性调查》，载《福州党校学报》2006 年第 2 期。

态，需要重新寻求发展经济的途径，此时安置区的经济状况也会受到一定的影响，要使移民与安置区的经济得到顺利发展，必须使移民的经济发展规划与当地的经济发展相互结合。对迁入区来说，移民的到来一方面为本地带来一定的生活生产上的压力，本地区资源竞争更加激烈，另一方面也为安置区带来了新的发展机遇。因为三峡移民的迁入会带来一定的货币资金，使安置区的社会货币总量和人力资源储备量上升。而三峡移民基础设施的兴建、生活消费的支出，为安置地的社会经济注入了活力，具有不容忽视的拉动效应，带来了安置区相关产业和行业发展的新机遇。安置区政府应该考虑三峡移民带来的货币和资金流量，在本地的经济发展规划中考虑三峡移民的经济发展，推动当地的经济发展，促进地方经济进入良性循环。

2. 实现种植结构的调整，推动移民收入多元化

迁入地政府应该尽早让三峡移民掌握迁入地的各种种植技能，使三峡移民认清产业结构调整的优点。但由于绝大多数三峡移民的知识面与能力都很难达到要求，因此需要移民的主管部门、政府、社会进行各种帮助，如进行定期生产技能的培训、移民与安置区居民一对一的帮扶、政府优惠政策扶持各种生产技能的典型等措施，实现以点带面，让三峡移民自己主动实现种植结构的调整。同时，各级政府专业部门在实现调整后还需要投入一定的时间与精力进行技术支持、产品销售服务等各种服务，确保这种调整能使三峡移民得到实惠。因此，地方政府应该将移民安置工作落到实处，根据本地区的特点和移民的特点，推动三峡移民收入来源多元化，让他们参与到地区经济的发展中来，分享当地的经济成长红利。在安置三峡移民过程中，应该根据各地经济发展的实际情况，因地制宜地制定移民经济收入多元化的方针政策，而不是仅仅照搬国家政策，搞"一刀切"，因为各地情况千差万别，移民特点也存在差异，一刀切下去，当时会省心省力，但会造成移民的痛苦，留下诸多后遗症。

3. 兴办劳动密集型企业，增加移民就业渠道

移民收入多元化的渠道除了传统的农业种植之外，还可以兴办一些劳动密集型的工业企业，如钢球厂、制鞋厂等。尽管实践证明这些企业成功的较少，但并不表明劳动密集型企业对于增加移民收入没有效果，另外，因是政府直接出资办企业，导致二、三产业效率不高，因此，如果由市场自发调整，政府引导而不是直接插手的话，开办劳动密集型企业增加三峡移民的就业机会的做法依然有其价值。不过，有些企业在开办之初就是为了套取移民资金而设，这样的企业对于移民的安置是有百害而无一利，政府在甄选确定办企业的主体中需要仔细审核，同时必须采取有力措施改善移民社区的基础设施状况，确保企业能持续运行获利，对于移民的安置也具有相当的积极意义。

特别需要指出的是，在现有的移民安置过程中，不少移民将大量资金用于住房消费方面，而不是用于生产和经济发展，结果导致生产资金缺乏，经济发展严重受阻。这说明，如何引导移民将补偿资金和自有资金进行有效配置，也应该引起政府的思考和重视。

4. 进行移民人口质量改善工程，增强移民的经济发展主观能动性

多数研究表明，改善贫困人口福利的决定性要素不是空间、能源和耕地，而是人口质量的改善和知识的增加①。但是三峡移民的科学技术和文化素质的提高仅依靠其自身的力量往往非常困难。以此来看，政府必须承担改善移民人力资源的责任，通过发展教育和开展技能培训工作，来增强贫困或有贫困趋势的移民适应当地自然和环境的能力，改变移民参与经济发展过程中的地位，减少他们对政府的严重依赖、"等靠要"的消极被动心理，增强其在经济发展方面的主观能动性。因此，在对各种资源的开发中，人力资源的开发应处于核心位置。

5. 关注移民弱势群体，提高其自我生存能力

在移民群体中，收入因迁移而受损的现象极为普遍。在经济状

① 赵菲：《三峡库区妇女移民适应性教育》，载《人才开发》2008年第2期。

况普遍不景气的情况下，发展家庭经济，增加个人和家庭收入，理应成为每个移民家庭最优先考虑的事情，但也有相当一部分移民未将此事列为最关注的对象。对这种现象可能有两点解释：一是它体现了这些移民思维的不和谐性。调查过程中发现，移民对一些问题的感受、评价、想法乃至整个思维的自相矛盾是非常普遍的现象。二是它表明了有相当一部分移民迁后对许多事情的考虑还不深入、不成熟、不定型，换言之，很多移民至今还没有决定在自己的日常生活中应当将哪些事情看作优先做的，哪些事情是次要的；还没有决定自己职业的发展方向，也没有明确长远的经济目标。由此可见，大多数移民目前还处于一种过渡性阶段。迁入地政府也应该帮助移民进行适当的发展规划和安排，增强他们的社会适应性。

（七）畅通沟通渠道，努力化解移民与政府的矛盾

三峡移民到达新社区以后，会在一个相当长的时期内与当地的居民和政府之间有频繁的沟通和互动。研究表明，政府和移民之间的沟通和互动结构存在非对称性，即政府很容易通过各种渠道（官方文件、舆论传媒、正式组织沟通系统等）将自己的意志传递给移民，并对移民的行为具有很强的约束力，但是往往缺乏制度化的渠道对移民的自身利益和意见进行表达，因此在政府和移民的沟通中权威一方意志更容易体现，利益也会出现倾斜，对移民的意志和利益关注不够。各级政府保证三峡移民反映问题、申诉的渠道畅通，能有效化解政府与移民之间的矛盾。具体措施可以有以下几点：

1. 政府渠道为主

各级政府是三峡移民的代言人，移民的问题首先汇集到各基层政府，基层政府如果不能解决，需要及时向上一级政府反映，直到问题解决。要实现这一效果首要的条件是各级政府间问题反映的渠道保持畅通，政令下传及时，上传有效，避免移民问题的累积。

2. 社会渠道并行

有一些移民问题的解决需要依靠各种咨询机构、专业人士、社会媒体等社会力量，咨询机构与专业人士专门从事三峡移民工作，

处理移民问题经验丰富，可进行问题的专题研究，社会媒体影响力巨大，可开展充分范围的讨论，与政府部门相结合相辅相成解决三峡移民问题。

3. 建立移民保护机制

在三峡移民通过上述渠道反映问题的时候，要有必要的保护机制，让移民能够放心反映真实的问题，维护自身利益。

（八）加强移民社会适应性教育，积极预防移民返迁

第一，对三峡工程移民进行社会适应性教育，是三峡移民适应社会、有效发挥作用的最低教育要求。此处所指的必要的基本教育既包括基本的读、写、算能力，也包括基本的实用技术和职业技能训练、基本的态度和价值观。因为无论是就业、采用新的生产方式还是劳务输出，都需要三峡移民具备相应的知识、技能和观念。尽管个体生来就有自发地适应社会环境的本能，同时也蕴含有逐步适应复杂的新环境的潜能。

第二，适应性教育也是进一步开发三峡移民的潜能，使其能适应迁入地的社会文化的教育。因为适应性教育的目的是承接移民不适应的矛盾问题，并为此寻找可行性的解决办法，且在解决过程中获得持续的发展，让移民从不适应到适应，从适应到自觉的发展轨道，自觉发展意识的提升将是移民适应性教育的理想目标。

第三，在对移民进行适应性教育的过程中需要把特殊的阶段性和长效性结合起来，在移民适应性教育的过程中同时还要克服单一的课堂教学，重视成人教育的灵活性，将教育延伸入生活，因为适应性教育更是人本的教育，需要从受教育者本人——移民本身的需求出发，关怀其内心的需要，而不是一味地要求移民自己完全承担"痛苦"的角色转换上的职业发展。

第四，加强返迁预防教育，降低三峡移民回流的可能。对那些已经具有返迁意愿的移民，安置点政府工作应该下移，深入基层挨家挨户地讲明返回以后可能遇到的各种困难，正确引导他们的心态，积极调动他们在社会适应过程中的主观能动性，以便他们权衡利弊，减少盲目行事的可能。

第五，移民社会适应教育既包括其健康心态教育，也包含法律和职业道德教育，更包含其创业能力教育，是全方位的教育与适应。

第三节 三峡移民迁出地组织的对策

对于三峡移民迁出地而言，其工作主要集中于移民搬迁前和搬迁中，但事实上在移民工作完成以后，会存在部分移民暂时返乡寻根，更有部分移民回流到库区，所以移民迁出地的工作也应该是贯穿移民工作的全阶段，而不是移民迁出就完事。针对上述问题，迁出地政府在前期的工作重点在于"精神搬迁"，搬迁中期的工作在于帮助移民构建精神家园，利于他们在安置地"落地生根"，理性看待回流移民，化解社会矛盾和冲突。具体而言，迁出地政府着重完成下列任务：

（一）协调迁入地落实各项移民政策

1. 全面、细致、恰当宣传政府有关三峡移民的政策

迁出地不仅要宣传大的方针、政策、原则，而且要重点宣传、解释实施执行的方案、细则、措施及许多具体问题的处理办法，包括客观困难、不可避免的问题。促使移民抱有合理而现实的心理预期。

2. 正确、恰当、科学地引导移民对搬迁树立正确的认识、态度和观念

迁出地需要重点宣传和引导移民认识三峡工程的重要性，三峡移民的荣誉、责任；实事求是说明迁移中的情况及迁入地的情况，严禁夸大、夸好、报喜不报忧；引导移民树立在政府的安排、指导和帮助下，自力更生、重建新家园等观念。

3. 宣传和帮助移民制定搬迁、安置、重建的计划、措施

迁出地要尽量减少搬迁中移民的损失；帮助他们制订建房、买房的不同方案、投资标准、模式；根据家庭经济状况和生活状况，提出合理使用补偿资金的建议；依迁入地具体情况准备恢复生产的措施、项目计划、生产资料计划、资金计划、自留地的使用等。让移民遇事有办法，解决问题和困难有措施。

4. 细致落实各项具体工作，移民工作精细化

迁出地的移民搬迁工作人员需要将搬迁、安置工作作为一个完整的过程，注重动迁地与迁入地各部门、各方面工作的配合、协调；尽可能将各项工作做得细致、做到位，在移民搬迁到迁入地之前，完成有关计划、准备工作；客观上不能完成的准备工作要向移民解释，并承诺完成的时间和计划。

5. 及时回答、解决移民搬迁、安置中出现的疑问、问题

建立移民提出疑问、反映问题和困难的专门渠道、措施以及解答、解决这些疑问和问题的渠道、措施和制度。可以考虑编写三峡工程移民补偿标准、优惠政策、迁建办理程序手册，下发给所有移民，指定专业部门进行相关政策的咨询与解释，让所有三峡移民充分享有这些权利和优惠政策。

（二）做好"精神搬迁"工作，重建移民的精神家园

要想规避文化因素对移民心理的影响，最好的方式就是尽量恢复或重建原有的区域文化特征。搬迁对迁出地而言应该是一个非常好的机遇，如果能够良好实施和运作，不仅能实现对有形文物和传统社区的物质复制，也是实现迁出地的人文传统资源和文化的"精神搬迁"的机遇。

在淹没区地面文物的搬迁复建方案中，采取"集中搬迁、规模发展"的思路，力求做到文物本体的真实和文物环境的完整。通过开发旅游资源，带动地方经济，激发本地居民对自身人文资源的重视和关注。而重建或恢复文化传统的重要内容就是移植民间信仰传递物。适当鼓励民间打破人文资源搬迁标准，允许其复制和搬迁各乡镇、居民社区引为自豪和受到供奉、却又不够文物搬迁级别的建筑、植物或其他信仰传递物，保证淹没区宗教信仰场所和民间仪式的空间依然有效。让他们真实地感受到自己的根被留住，这种睹物念旧的情怀能平复他们离乡背井的愁苦，减缓文化冲突。针对那些不能重建或恢复的传统文化象征，应通过建立淹没区"文化

档案"来进行历史性保存。因为文化档案是对淹没区现有人文资源的最系统、最完整的立体纪录。内容包括可视的有形文化遗产和无形文化遗产，包括有形的文化古镇，古街、古建筑的图像保护，无形的民风民俗，匠人活手艺的保护，等等。

上述工作不仅有利于本地的经济文化产业的发展，更有利于三峡移民的精神家园的重建。多年以后，外迁的移民必然有怀念故乡的需求产生，一些在安置地发家致富的移民更加想回家乡旅游或是寻根，如果在迁出地依然能看到他们迁出前的一些有形或无形的遗产，对于他们在安置地更长久的生活也具有积极的价值。

保护工作具体可以采用以下方式来展开：例如在县志办设立专门课题。在现行的文物保护工作的基础上，加入无形人文资源部分，及时形成图像和资料，及时结集出版。同时迁出地的广播电视局可设立多个专题。从不同层面纪录淹没区即将消失的文化和移民生活。拍摄历史地理系列专题片、拍摄关于当地风情的系列专题片。最后，抢救性挖掘、拍摄民间歌谣、舞蹈、工匠、特色饮食、奇石、风土人情等。上述工作不仅对就地后退的移民具有重要意义，对于外迁移民也是保住其精神家园重要措施之一。

（三）理性看待移民返迁，帮助移民克服回流现象

移民返迁是指水库移民从安置区又返回到库区周围生活，包括暂时性返迁和永久性返迁两种。返迁移民的出现是任何被动迁移中都会出现的一种正常现象，作为世界上最大的水电工程，三峡移民数量在百万以上，出现一定程度的移民回流并不奇怪，只要返迁的三峡移民数量维持在一个可接受的水平内，迁出地应理性对待。初步研究发现，返迁者多为远迁移民，即跨省、县安置的移民。从迁出地看，政府应该友善对待返迁移民，对于有可能继续回到安置点重新开始生活的暂时性返迁移民，要认真做好思想工作，劝其回到安置地。

1. 返迁移民是一种强制性移民中必然出现的正常现象

水库移民返迁行为具有二重性，从行政管理的角度，政府已经对移民作了妥善的远迁安置，移民就不应再返回原籍要求重新安置，从这个意义上讲，移民返迁行为不合理；但从移民自身利益的

角度，移民返迁是一种趋利避害行为，具有合理的一面。所以在看待三峡移民返迁行为时，不宜片面化和简单化。

2. 移民返迁是其在安置地社会适应不良的极端表现形式

尽管三峡移民返迁的原因很多，但我们不得不承认，迁入地一些政府、村委会、党支部及一些从事移民工作的干部也缺乏对移民进行耐心细致的思想政治工作和思想感情交流，迁出地依然有义务解决这些返迁移民的问题。

3. 返迁移民若安置不当，极易引发社会问题

由于前期移民工作落实不够，政府对移民工作监管不力，形成了不少三峡移民"空挂"（指只在迁入地落一个户口，移民并不过去生活）现象，"空挂"现象成为移民返迁和回流的重要引发因素。同时，不少迁出地区的移民干部认为三峡移民迁出去就与自己无关，其工作方法简单粗暴，也容易引发移民的不满而酿成群体事件。因此，迁出地区应该抓好迁出前和迁出后两个阶段的工作，应把先期的思想政治工作与后来的行政有效管理工作结合起来。

4. 采取政府救助和社会救助行为，实施再安置工程

移民返迁不仅造成安置区土地抛荒，资源浪费；还导致库区周边人口与其他资源的配置进一步紧张，社会关系难以协调；而且返迁者自己更是身受其害：住房没有了，耕地没有了，生产无着落，收益无保障，生活无常规，给社会带来极大的不安定因素。迁出地政府应考虑拿出一部分资金为回流移民购置土地，土地购置支出不会造成社会福利的损失，相反，回流移民有了自己的土地，不仅解决了自己的温饱问题，而且还能把部分收益投入其他产业，为社会创造财富。迁出地政府有必要设立返迁移民登记站，划拨出专门的移民返迁安置费用，纳入财政预算之中。

第四节　移民个人层面的自我调适对策

（一）消除"特殊公民"心态，克服"等靠要"思想

前文已经深入分析了移民中存在的等靠要的"特殊公民"心态，移民自身要发扬自力更生、艰苦奋斗的精神，积极投入到重建

家园的劳动中去，在勤劳中致富，不断巩固和发展移民的成果①。一般说来，当三峡移民对日常生活有了一定的适应之后，其"等靠要"思想会逐渐弱化，日常生活适应成为移民社会适应的第一任务②。三峡移民要适应新的社会环境就得接受新的行为规范和价值观念。

三峡移民心态的改变应该具有自愿性，这主要是指移民主观希望能融入新的社会环境，能实现正常的社会交往并从中受益，移民从利益的角度考虑也有融入新社会环境的主观愿望。三峡移民搬迁安置尤其是外迁安置，必然涉及社会关系的改变和重建，关系到社会结构、社会文化的变迁。安置区对他们来说，从自然环境到社会环境，从生产方式到生活习惯，从行为方式到文化习俗，从经济手段到政治参与，一切都显得较为陌生。这种陌生感如果得不到克服就会演变成一种无形的恐惧，再由恐惧发展成为一种对新环境、新社区的拒斥，产生对新环境的不信任、不认同，最终影响到他们对新环境的适应性和满意度。当个体有效改变自己的认知以后，就会逐渐融入当地文化而不再强化自己的移民身份了。

（二）加强学习、努力适应新的经营模式

三峡移民个人要学会积极主动的调整生产习惯，根据迁入地的自然和社会条件调整经营模式。生产习惯指的是人们在生产过程中生产经验积累的体现，也是生产技能的获得过程，更是人们获得财富的必需手段。水库移民的生产习惯主要是移民的农林牧作物种植能力，包括粮食、蔬菜、水果、药材等生产能力，也包括移民自身所拥有的各种生产技能，如手工加工技能、文化智力开发技能、商业贸易技能。

三峡移民后期迁建方式主要是以外迁安置为主，安置区与原居

①　叶嘉国、雷洪：《三峡移民对经济发展的适应性——对三峡库区移民的调查》，载《中国人口科学》2000 年第 6 期。
②　叶嘉国、雷洪：《三峡移民对经济发展的适应性——对三峡库区移民的调查》，载《中国人口科学》2000 年第 6 期。

住区一般相隔较远，有的甚至跨地区、跨省，且原居住区一般为山区，而安置区以平原为主，生产条件、生产方式有很大变化，这些变化对三峡移民的生产习惯是一个很大的转变。与安置区的原居民相比，三峡移民自身拥有的生产能力普遍较低，生产习惯简单，搬迁到安置区后首先面临的是生产习惯的转变问题。

首先要学会种植习惯的转变。三峡移民原居住地由于地形条件的限制，种植结构相对简单，主要是种植农作物为主，如水稻、小麦、玉米、红薯等，搬迁到安置区后由于区域变化可导致种植结构发生相当大的变化，由原来的农作物种植变为较为复杂的立体种植模式，农作物以水稻为主，并大力开发种植蔬菜、油菜、棉花、花卉、苗圃、水果等经济性作物，实现三峡移民的产业结构调整。

其次，要学会改变经营模式。三峡移民搬迁典型模式就是山区搬到平原地段，在原有经营模式中，由于居住、交通、通信等条件的限制，基本上为单门独户的经营，俗称单干，具有一定的灵活性，但不具竞争性。随着生产环境的改善，生产条件的优势十分明显，机械化耕作、集约化经营、基地化生产条件越来越成熟，加上三峡移民抱团心理，利于团结，这为改变经营模式奠定了基础，为勤劳致富创造了条件。

最后，要关注生产劳动对三峡移民适应影响。生产劳动适应在移民工作中占据重要的位置，它关系到移民们的生存和发展问题。由于不适应迁入地环境及自身条件限制，移民在发展生产和务工经商方面遇到困难时，需要积极主动克服"等、靠、要"不健康的心态①。

（三）去"移民"角色，成为真正的当地居民

移民要想完全适应移民后的生产与生活，真正融入当地社会，在新的环境中落地生根，过上稳定而幸福的生活，就必须从思想根源上完全消除其"移民"的角色身份，努力做一名真正合格的当

---

① 叶嘉国、雷洪：《三峡移民对经济发展的适应性——对三峡库区移民的调查》，载《中国人口科学》2000 年第 6 期。

地居民。这就需要移民在日常生活中，不仅要自觉克服各种以移民为其身份的行为及其表现，逐步淡化，直至最后完全消除其移民所具有的角色心理，同时还需要其加强与当地居民的广泛而深入的联系，努力学习和完全掌握当地的各种生产、生活及文化习俗，将自己完全置身到当地社会中去，不断坚定在新的居住地生活下去的信念，成为完全意义上的当地社会的主人。

参 考 文 献

[1] 朱敬先:《健康心理学》,教育科学出版社 2002 年版。

[2] 时蓉华:《社会心理学词典》,四川人民出版社 1988 年版。

[3] 葛剑雄、曹树基、吴松弟:《简明中国移民史》,福建人民出版社 1993 年版。

[4] 张宝欣:《开发性移民理论与实践》,中国三峡出版社 1999 年版。

[5] 费孝通:《乡土中国生育制度》,北京大学出版社 1998 年版。

[6] 钱灵犀:《一位中国智者的世纪思考——费孝通学术思想探究》,天津人民出版社 1996 年版。

[7] [奥]艾·阿德勒:《理解人性》,陈刚等译,贵州人民出版社 1991 年版。

[8] 杨雅彬:《近代中国社会学》,中国社会科学出版社 2001 年版。

[9] 沙莲香:《社会心理学》,中国人民大学出版社 1998 年版。

[10] [美]露丝·本尼迪克:《文化模式》,何锡章等译,华夏出版社 1987 年版。

[11] Shelley E. Taylor:《健康心理学》,朱熊兆等译,人民卫生出版社 2006 年版。

[12] 伊恩·罗伯逊:《社会学》,黄香馥译,商务印书馆 1994 年版。

[13] 张明园:《精神科评定量表手册》,湖南科技出版社 1993 年版。

[14] 罗伯特·G. 迈耶等:《变态心理学》,丁煌等译,辽宁人民出版社 1988 年版。

[15] 车文博:《心理治疗指南》,吉林人民出版社1990年版。

[16] 孙非、金榜:《社会心理学词典》,农村出版社1988年版。

[17] D. M. 巴斯:《进化心理学》,熊哲宏等译,华东师范大学出版社2007年版。

[18] 吴昊:《资源保存理论的社会惰化动因分析》,载《企业研究》2010第12期。

[19] 杨彦平、金瑜:《社会适应性研究述评》,载《心理科学》2006年第29期。

[20] 郝玉章、风笑天:《三峡外迁移民的社会适应性及其影响因素研究——对江苏227户移民的调查》,载《市场与人口分析》2005年第11卷。

[21] 陈孔立:《有关移民与移民社会的理论问题》,载《厦门大学学报(哲社版)》2000年第1期。

[22] 施国庆:《水库移民学初探》,载《水利水电科技进展》1999年第1期。

[23] 施国庆:《非自愿移民:冲突与和谐》,载《江苏社会科学》2005年。

[24] 林秀俊、黄忠煌:《积极落实移民政策、坚持安置发展并举——三峡移民在福州市生存状态及适应性调查》,载《福州党校学报》2006年第2期。

[25] 庄立辉、郭继志、汪洋、卢官庐、严瑞雪、宋棠:《水库移民心理问题研究现状及展望》,载《中国社会医学杂志》2006年第4期。

[26] 许韶立:《论文化与自然的和谐与适应》,载《文化学刊》2008年第12期。

[27] 程瑜:《广东三峡移民适应性的人类学研究》,载《中南民族大学学报(人文社会科学版)》2003年第3期。

[28] 吴垠:《关于三峡工程跨省外迁移民的社会适应性研究》,载《人民长江》2008年第7期。

[29] 刘伟:《从"乡土"文化结构探究三峡移民心理困境原因》,载《三峡大学学报(人文社会科学版)》2007年第9期。

［30］王富茂、罗天莹：《水库移民返迁与社会关系》，载《中国人口科学》2005 年第 5 期。

［31］吴炳义等：《山东省三峡外迁移民社会适应状况的分析》，载《西北人口》2010 年第 6 期。

［32］刘立新：《个体社会适应性评价问题的理论探讨》，载《现代教育论丛》2001 年第 4 期。

［33］郑丹丹、雷洪：《三峡移民社会适应中的主观能动性》，载《华中科技大学学报（社会科学版）》2002 年第 16 期。

［34］刘震、雷洪：《三峡移民在社会适应性中的社会心态》，载《人口研究》1999 第 2 期。

［35］崔广平：《三峡移民不稳定事件探究》，载《四川三峡学院学报，1999 年第 5 期。

［36］陆煜：《利益协调与角色转换——水库移民的社会学思考之一》，中国水利学会 2005 学术年会，2005 年。

［37］游爱军、苏莹荣：《三峡移民社区整合与社会适应性研究》，载《统计与决策》2000 年第 12 期。

［38］宋悦华、雷洪：《三峡移民安居住宅对其社会适应性的意义》，载《华中理工大学学报（社会科学版）》2000 年第 14 期。

［39］马德峰：《影响三峡外迁农村移民社区适应性的客观因素——来自江苏省大丰市首批三峡移民的调查》，载《管理世界》2002 年第 10 期。

［40］叶嘉国、雷洪：《三峡移民对经济发展的适应性——对三峡库区移民的调查》，载《中国人口科学》2000 年第 6 期。

［41］周银珍、张岩冰：《三峡库区外迁农村移民的社会适应性调查与分析》，载《三峡论坛（三峡文学·理论版）》2010 年第 6 期。

［42］刘成斌、雷洪：《三峡移民的角色行为障碍》，载《社会》2001 年第 8 期。

［43］刘震、雷洪：《三峡移民在祥夸适应性中的徽会心态》，载《人口研究》1999 年第 3 期。

［44］孙丽璐、郑涌：《移民文化适应的研究趋势》，载《心理科学

进展》2010 年第 18 期。

[45] 程鹏立、李红远：《水利水电工程移民安置社会评价研究》，载《中国农村水利水电》2009 年第 4 期。

[46] 包晓霞：《"落地生根"还是"落叶归根"——移民的社区意识探析》，载《甘肃社会科学》1997 年第 6 期。

[47] 宋全成、国爱文：《论世界银行的非自愿移民政策——以农民为主要对象的工程移民为例》，载《淄博学院学报（社会科学版）》2000 年第 3 期。

[48] 金明良、侯晓：《水库移民社会适应性调整措施初探》，载《人民长江》2005 年第 36 期。

[49] 马德峰：《影响三峡外迁农村移民社区适应性的客观因素——来自江苏省大丰市首批三峡移民的调查》，载《管理世界》2002 年第 10 期。

[50] 叶嘉国、雷洪：《三峡移民对经济发展的适应性——对三峡库区移民的调查》，载《中国人口科学》2000 年第 6 期。

[51] 赵菲：《三峡库区妇女移民适应性教育》，载《人才开发》2008 年第 2 期。

[52] Scott W., R.. Somepredictors of Migrant Adaptation Available at Selection Time[J]. *Australian Psychologists*, 1985：20（3）.

[53] Goldscheiider G.. *Urban Migrants in Developing Nations*[M]. West View Press.

[54] Back J.. *Spontaneous Settlement of Rural Refugees in Africa*[M]. Euro Action-ACROD, 1980.

[55] Thayer Scudder and Elizabeth Colson. *Involuntary Migration and Resettlement-the Patterns and Responses of Dislocated Nechle*[M]. West View Press, 1982.

[56] Ward C., Kennedy A.. Where's the "Culture" in Cross-cultural Transition? Comparative Studies of Sojourner Adjustment[J]. *Journal of Cross-cultural Psychology*, 1993, 24.

后　记

　　这是一项集体研究成果，其著作由彭豪祥与冯耕耘共同完成第一章，余下的第二、三、四、五、六、七、十章由彭豪祥撰写，第八、九、十一章由冯耕耘撰写，最后统稿由彭豪祥完成。除了本专著的撰稿者外，还有三峡大学田家炳教育学院的谭平副教授、三峡大学大学生心理健康咨询中心的张国兵副教授和三峡大学文学与传媒学院科研办主任李红梅。他们与本书作者一道，对三峡移民进行了深入的实地调研。在此要特别提及的是南京师范大学的蒋京川教授，她亲自参与该项目的前期工作，并在专业方面提出许多宝贵的建设性意见。可以说没有他们的付出与努力，也就没有今天该成果的面世。在此，首先要感谢他们为本研究成果所做出的巨大贡献。

　　在这里，还要感谢湖北省高校人文社科重点研究基地三峡大学移民研究中心主任段跃芳教授、三峡大学区域经济研究所所长周银珍教授、三峡大学人力资源管理研究所所长蔡厚清教授，他们为课题立项和整个研究给予了专业方面的精心指导和热情帮助。同时也要感谢三峡大学文学与传媒学院院长吴卫华教授、副院长李建国教授，三峡大学经济与管理学院院长田野教授，他们对完成本研究给予了多方面的大力支持。

　　另外，感谢湖北省兴山县的温旭蓉、蔡兆红、马运梅等老师对此研究所提供的帮助，是她们协助我们完成了部分的调查研究。同时还要感谢上海市及其所属的松山区有关移民办的领导、宜昌市及其所辖的当阳市、伍家区、猇亭区等其他负责移民管理地区的相关部门的领导给予我们的支持。当然，更需要感谢的是那些接受我们调查的三峡移民，如果没有他们的配合与支持，我们无法获取其第一手调查数据。在此，也向这些为三峡工程做出奉献的普通而平凡的三峡移民表示深深的敬意！

作者谨言于龙年岁末